乡村振兴研究文库

教育部人文社会科学研究项目“生态系统视角下小农户与新型农业经营主体协同发展研究”（项目编号：20YJC630144）

河南省软科学研究计划项目“乡村振兴战略背景下河南省新型农业经营主体金融支持研究”（项目编号：202400410403）

郑州航空工业管理学院青年科研专项基金“数字赋能小农户融入农业产业链的作用机理与实现路径研究”（项目编号：23ZHQN02001）

农业创业人才、小农户与新型农业经营主体系统研究

王洁琼◎著

中国经济出版社
CHINA ECONOMIC PUBLISHING HOUSE
·北京·

图书在版编目（CIP）数据

农业创业人才、小农户与新型农业经营主体系统研究／王洁琼著．--北京：中国经济出版社，2023.6

ISBN 978-7-5136-6684-8

Ⅰ．①农…　Ⅱ．①王…　Ⅲ．①农业经营-研究-中国　Ⅳ．①F324

中国国家版本馆 CIP 数据核字（2023）第 093544 号

组稿编辑　葛　晶
责任编辑　焦晓云
责任印制　马小宾
封面设计　任燕飞

出版发行　中国经济出版社
印 刷 者　北京艾普海德印刷有限公司
经 销 者　各地新华书店
开　　本　710mm×1000mm　1/16
印　　张　14.25
字　　数　226 千字
版　　次　2023 年 6 月第 1 版
印　　次　2023 年 6 月第 1 次
定　　价　88.00 元
广告经营许可证　京西工商广字第 8179 号

中国经济出版社　**网址** www.economyph.com　**社址** 北京市东城区安定门外大街 58 号　**邮编** 100011
本版图书如存在印装质量问题，请与本社销售中心联系调换（联系电话：010-57512564）

目　录

CONTENTS

第1章 Chapter 1 绪论

1.1 研究目的

习近平总书记指出："没有农业强国就没有整个现代化强国；没有农业农村现代化，社会主义现代化就是不全面的。"农业作为国民经济的基础产业，一直是我国政府关注的重点。但是，我国的农业发展面临着资源匮乏、产业结构不合理、劳动力素质低下、农民收入不高、现代化发展缓慢等诸多问题。2005 年，在党的十六届五中全会上，中央提出将"工业反哺农业，城市支持农村"作为发展"三农"的基本方针，确定了加快发展现代农业、"以工促农，以城带乡"的长效机制。2013 年，党的十八届三中全会提出加快构建新型农业经营体系、赋予农民更多财产权利等改革举措。2017 年，党的十九大提出实施乡村振兴战略，深入推进农业供给侧结构性改革，加快培育农业农村发展新动能，逐步实现"产业兴旺，生态宜居，乡风文明，治理有效，生活富裕"的目标。随着中央各项惠农政策的不断推出，中国的农业发展迎来黄金时期。"大众创业，万众创新"为乡村振兴注入了生机和活力。2016 年的中央一号文件提出，大力推进"互联网+"现代农业，应用物联网、云计算、大数据、移动互联等现代信息技术，推动农业全产业链改造升级。现代社会信息技术飞速发展，并逐渐渗透到各个领域，农业也不例外。在现代农业快速发展，农产品消费需求不断向多样化、个性化方向发展的背景下，以"淘宝村"为代表的农村农业电子商务发展迅猛。根据阿里研究院的统计，截至 2022 年，淘宝村已经覆盖全国28个省（自治区、直辖市）和180个市（地区），数量达到7780个。商务大数据显示，2022年，全国农村网络零售额达2.17万亿元，其中农村实物商品网络零售额为1.99万亿元。

小农户是中国数量庞大的农业经营主体。第三次全国农业普查数据显示，中国有农业经营户20743万个，其中，规模农业经营户398万个，农业经营单位204万个，农民合作社91万个，剩余20050万个为非规模农业经营户（广义的小农户数量占农业经营主体的96%以上）。在相当长一段时期内，小农户生产是中国农业生产经营的主要形式（陈锡文，2018；徐旭初、吴彬，2018）。基于我国的国情和农情，“十四五”规划纲要提出“实现小农户和现代农业有机衔接”，全面推进乡村振兴。在“互联网+”背景下成长起来的农业创业人才拥有创新思维和创新精神，善于学习，敢于接受新事物并付诸实践，改变了传统农业的经营和运作方式。

近年来，国家为解决“三农”问题制定的方针政策中也提出，新型农业经营主体能够有效促进农业产业结构转型升级、带动乡村振兴和实现农民致富增收，是现代化农业发展的必经之路。与传统的农业经营模式相比，新型农业经营主体更注重提升农业的社会化服务水平、建设农产品市场信息平台和提升农民综合素质，这也是推进现代化农业发展和解决“三农”问题的战略选择。基于以上背景，本书对农业创业人才、小农户和新型农业经营主体进行系统研究，以期为学术界的研究和相关部门制定政策提供理论支持与实践参考。

1.2 国内外研究综述

1.2.1 创业和创业人才研究

（1）创业理论

虽然“创业”一词早在几百年前就出现在经济学文献中，但是对于创业的含义，学术界至今仍未达成共识，而这并不妨碍学术界对创业的关注。一直以来，创业都是各领域的研究热点。美国百森商学院早在1967年就开设了创业管理研究生课程，是创业学研究领域的领跑者。*Journal of*

Management 杂志也早在 1987 年就开设了创业研究专题（Shane，1997）。创业研究涉及多种学科理论和研究方法，在其发展进程中形成了多个理论学派，主要有奥地利经济学派、新古典均衡理论学派、创新理论学派、风险理论学派、管理学派和社会学派。各学派代表人物和主要观点见表 1-1。

表 1-1 创业理论学派

学派	代表人物	主要观点
奥地利经济学派	C. Menger F. V. Wieser	创业者是在市场中发掘和实现机会的载体（Von et al.，1949）；个体拥有的资源和所处环境的不同会影响其对创业机会的获取，选择创业的主要原因是信息不对称（Shane et al.，2000）
新古典均衡理论学派	R. Rodan	创业机会形成了一个完全竞争市场（熊彼特，1990）；创业机会以合理的价格进行交换流通，创业者自身的特质是影响创业行为的主要因素（熊彼特，1999）
创新理论学派	J. A. Schumpeter	创业者被视为“创新者”，其职责是实现生产要素的重新组合（李宏彬 等，2009）；创业是经济发展的主要推动力（黄群慧，2000）
风险理论学派	R. Cantillon F. Knight	创业就是通过承担风险获取利润（普特曼 等，2000），创业者以固定价格买入某件商品后，再以一定的价格卖出这件商品，而买卖价格之间的差价就是创业者要承担的风险报酬（张健 等，2003）
管理学派	P. F. Drucker Stevenson	创业是一种个人行为而非个人特征，任何人通过学习都能够成为创业者（周小虎 等，2014）；创业的实质是一种管理手段，包含机会把握、战略制定、资源获取、资源控制、结构管理和薪酬政策六个方面（程聪，2015）；创业活动和战略管理的目标都是创造企业价值，可以将二者结合起来进行研究（Ireland et al.，2001）
社会学派	D. L. Sexton W. Woodward	企业家的积极情绪能够增强创业意愿、扩大创业认知范围和提升创业能力（黎常，2014）；创业者的心理资本对创业绩效有显著的正向影响（Woodward，1988）；创业社会文化影响在某种特定的文化环境中更容易产生创业活动和孕育出创业者（左晶晶 等，2013）；创业者社会网络与创业成功可能性之间有正相关关系（Stevenson et al.，1994）

奥地利经济学派虽然对创业动因进行了较深入的研究，但是没有对创业者自身特质进行研究，并且不讨论可持续性问题，这就大大削弱了其研

究在创业个体和创业企业成长方面的价值。新古典均衡理论学派持有与奥地利经济学派不同的观点，认为影响创业行为的并不是信息不对称，而是创业者自身的差异。新古典均衡理论学派放宽了对创业机会可交易性的假设，因此得到了与奥地利经济学派不一样的结论，为后来创业理论的发展奠定了基础。创新理论学派认为，创业者通过改革生产模式、运用新的发明或技术、生产新的商品、开辟新的销售渠道等方式实现创新，为创业企业带来利润。该观点打破了原有的经济理论假设，具有重大意义，直到现在依然是创业研究领域的热点。风险理论学派认为，创业者扮演着不确定性决策者的角色，能够承担风险，愿意并且擅长把握这种不确定性，从而成为企业的领导者并能获取风险收益。该学派不仅研究了风险收益与创业利润的关系，还在创业者特质方面取得了一定的成果。管理学派认为，创业的实质是一种管理手段，任何人通过学习都能够成为创业者，而且创业活动和战略管理的目标都是创造企业价值，可以将二者结合起来进行研究（Ireland et al.，2001）。社会学派之所以产生，是因为创业研究中涉及智力、情感、心理等因素，无法完全用经济学理论解释，需要与社会学的相关理论结合。有些学者认为，创业成功与创业者自身具备的某些特质有关。有学者则持相反的观点，认为创业者特质与创业决策之间没有关系。社会文化研究者认为，创业的产生受到一定社会文化的影响，在某种特定的文化环境中，更容易产生创业活动和孕育出创业者。社会网络研究者认为，创业者的社会资源能够影响创业活动。总的来说，到目前为止，虽然创业领域的研究没有形成一个完善的理论框架，但是其在与各个学科融合的过程中取得了突出的研究成果，为未来创业研究的不断发展奠定了基础。

（2）创业人才

国内学者将“人才”一词与创业活动联系起来，就形成了“创业人才”。国外研究中并没有“创业人才”的说法，主要是对创业者（Entrepreneur）进行研究。由《美国百科全书》（*Encyclopedia Americana*）可知，“创业者”一词最早由法国经济学家 R. Cantillon 于 1755 年提出，他将创业者定义为“充分把握那些未被他人发掘的市场机会，从中获取利益从而干出一番事业的人”。随后，不同领域的研究者展开了关于创业者的研究，他们关于创业者定义的关键词见表 1-2。

表 1-2 不同领域研究者关于创业者定义的关键词

研究者	定义关键词
Mill（1848）	风险承担
Schumpeter（1934）	创新、首创精神
Hartman（1959）	责任
Palmer（1971）	风险测度及管理
Hornaday 和 Aboud（1971）	成就感、自主性、创造性、权力欲、认同感、独立性
Winter（1973）	权力的需求
Gideon 等（2003）	自信心、坚持不懈、机会、人力资本
Fauchart 和 Gruber（2011）	经济利益、社会身份、使命感
周婷（2010）	开创新事业、推动某一产业进步、创新精神、实干精神
刘云等（2011）	目标和计划、理解、表达、怀疑、创新、正确面对

关于创业人才群体的研究，除了对定义的讨论外，还有关于创业人才评价和培养模式的研究。王进（2014）认为，对高层次创业人才的评价还存在指标体系不完善、评价方法单一、后续工作脱节等问题，并提出了高层次创业人才评价的四个维度：人格特质与行为、知识和经验、团队胜任力、技术和市场。段远鹏（2008）提出，我国创业人才的培养目标是培养具有社会主义市场经济竞争能力、适应能力和实践能力，具有良好创业能力和创业基本素质的创业人才。学者关于创业人才的某些特质与创业成功与否、创业企业绩效等关系的探究已经不再局限于理论，而是通过实证分析来证明自己的结论。Nobuyuki（2003）对 5911 个日本新创公司进行调查后发现，创业者的创业经验、初创公司规模与创业成功与否呈正相关关系，而创业者的年龄与创业成功与否呈负相关关系。

虽然人才通常指能力和素质较高的人，但是创业领域并没有对创业人才和创业者进行明确的区分，现有的关于创业人才或创业者个体的研究主要强调其具备的创新能力、专业知识技能、机会把握能力等，还有对创业人才具备的特质与创业环境、创业企业绩效之间关系的研究。

1.2.2 创业人才生态系统研究

（1）生态系统

生态系统理论起源于生物学，最早由英国生态学家 Tansley（1935）提出。Tansley 认为，自然生态系统不仅包括有机体，还包括由物理因素组成的复杂环境，有机体和复杂环境构成了不同种类与规模的生态系统。随着生态系统相关理论的提出，逐渐形成了一个独立的学科——生态学。生态系统中生物与非生物元素相互作用，并且发生物质循环和能量流动，其最初的物质能量是由太阳供给的（Ricklefs，1973）。随着 Pomeroy 等（1988）编制的《生态系统生态学概论》（*Concepts of Ecosystem Ecology*）一书的出版，生态系统理论的发展进入了一个新的阶段。生态系统理论经过半个多世纪的发展，逐渐得到理论界的认可，也被学者引入其他学科的研究。Odum（1969）将生态系统理论引入工程领域，提出了生态工程（Ecological Engineering）的概念，认为对自然环境和资源进行人为的系统控制，是未来人类与自然关系的发展趋势，生态工程就是对自然的管理。Hannan 和 Freeman（1977）将生态系统理论引入组织学的研究中，提出组织生态学基于组织种群和群落变化，由一般生态学模型演变而来，组织目标会随着时间变化影响组织结构，组织生态学理论由此诞生。Moore（1993）将生态系统理论引入企业管理领域，首次提出商业生态系统的概念，不仅将其定义为“一种基于组织互动的经济联合体”，还进一步指出，商业生态系统是一种由客户、主要生产商、供应商、投资商、贸易合作伙伴、政府、工会、标准制定机构、社会公共服务机构和其他利益相关者等有一定利益关系的组织或群体构成的动态系统（Moore，1996）。生态系统理论被用于研究各种对象，包含自然、半自然和人工等多种类型，涉及生态学、心理学、社会学、组织行为学、管理学等多学科，围绕生态系统的研究形成了百家争鸣的局面。

（2）创业生态系统

创业生态系统研究源于生态系统和创业学的融合。Spilling（1996）首次提出创业生态系统（Entrepreneurial Ecosystem）的概念，认为创业生态系统是指处于某一空间区域、相互依赖的参与者通过相互作用，最终影响参与者群体和整体经济发展轨迹和模式。目前，国内外学者对创业生态系统的研究主要集中在概念的界定和模型的构建方面。

创业生态系统在一定程度上具有复杂系统的特征，目前还没有形成统一的概念。关于创业生态系统的界定，目前主要分为两个派别：一个派别认为，创业生态系统是指创业企业外部的环境，不包括创业企业本身；另一个派别认为，创业企业是创业生态系统的一部分，与周围的环境相互作用，共同构成了创业生态系统。不同派别对创业生态系统概念的界定见表 1-3。

表 1-3 不同派别对创业生态系统概念的界定

派别	研究者	观点或结论
不包括创业企业	Cohen（2006）	一定区域内相互作用的主体，通过促进和帮助新企业的建立和发展来创造社会与经济价值
	Isenberg（2010）	从政府角度改善创业环境，通过建立具有区域特色的创业生态系统来提高当地的创业水平
	Mason 和 Brown（2014）	一系列已有或潜在的创业活动主体、服务机构、中介组织和创业过程等，以正式或非正式的途径相互作用，使当地的创业效果得到优化
包括创业企业	林嵩（2011）	由新创企业及其赖以存在和发展的创业生态环境构成的，彼此依存、相互影响、共同发展的动态平衡系统
	Vogel（2013）	随着时间的推移，创业主体和创业环境之间相互作用进而演变成的有机体，创业主体和创业环境共同发挥作用促进创业企业的成立
	王亚娟（2017）	一个开放、动态的复杂系统，一方面要接受来自系统外部的要素输入，如信息、知识、能量、人才、物质等；另一方面在运行的过程中会通过自身产生的社会经济效益向外部输出要素，如知识、能量、产品等

随着创业生态系统理论的不断发展，学者展开了对创业生态系统结构模型的研究。2013 年，世界经济论坛对 1000 多名创业者进行调查后，提出了创业生态系统应由人力资本、金融资金、教育培训、便捷市场、文化支撑、大学和研究机构、基础设施及创业导师 8 个要素构成，其中，人力资本、金融资金、便捷市场是对创业活动影响最大的要素（Foster and Shimizu，2013）。Isenberg（2011）提出创业生态系统由政策引导、金融资金、人力资本、市场、文化和支撑服务 6 个要素构成。项国鹏等（2016）以创业者为核心，在考虑了创业生态系统的构成要素和不同创业阶段的协同作用后，构建了创业生态系统动态模型。此外，部分学者运用实证分析和仿真分析等方法研究创业生态系统要素间的关系。张玲斌和董正英（2014）基于 364 份创业者的问卷调查数据，运用结构方程模型研究了创业生态系统内的种间协同效应对创业企业绩效的影响。结果发现，创业企

业与政府、研究机构、风险投资的种间协同效应均对创业企业的成长绩效有显著的正向影响，创业企业与研究机构、风险投资的种间协同效应对创业企业的盈利能力有显著的正向影响。杨勇和王志杰（2014）运用复杂系统理论构建了区域创业生态系统的多 Agent 模型，该模型模拟区域创业生态系统中各主体间的交互作用，发现了区域创业生态系统的演化规律。

（3）人才生态系统和创业人才生态系统

人才生态系统的概念最初是国内学者将人才学与生态学相结合进行研究后提出的。沈邦仪（2003）认为，人才生态学是研究人才生态系统以及人才开发与环境系统之间相互作用的规律及激励的一门新兴学科。他认为，人才生态系统是指在一定的空间区域内，人才内生态系统与周围环境之间发生交互形成的一种复杂系统。人才内生态系统是指人才个体内部各种要素构成的和谐统一体，如人格特质、身体素质。人才生态系统一经提出，就引起了各方学者的极大关注，被逐步运用于对科技人才、创新人才、创业人才等群体的研究。商华和王苏懿（2017）从人力资源价值链视角出发，通过实证分析构建了由区域环境、组织能力和人才胜任力三个方面构成的企业人才生态系统评价模型。李援越和吴国蔚（2010）认为，高技能人才内部生态系统由人才个体和各种高等院校、企业、行业组织组成的种群构成，高技能人才外部生态系统由影响高技能人才生存、成长和发展的所有外部因素构成，如政治经济、社会文化、企业单位、培养机构。

创业人才生态系统是创业生态系统和人才生态系统的交叉领域。目前，关于创业人才生态系统的研究成果较少，主要集中在概念探讨、评价指标制定和运行机制等方面。周方涛（2013）提出了科技创业人才生态系统的概念，认为科技创业人才生态系统是科技创业人才与创业生态环境交互作用形成的动态平衡系统，科技创业人才是该系统的核心，系统的运行对科技创业人才的聚集和流动起着决定性影响。他运用层次分析法和数据包络分析法构建了科技创业人才生态系统综合评价模型。该评价模型包含主体要素、服务与支持要素和环境要素 3 个一级指标、10 个二级指标和 9 个三级指标。赵頔和陈璐（2015）研究了高校创新创业人才生态系统的运作机制，指出高校、教育客体、教育载体和教育环境分别扮演了生产者、消费者、分解者和无机环境的角色。此外，还有部分学者虽然没有直接研究创业人才生态系统，但是探讨了创业人才与创业生态系统之间的关系。

1.2.3 农业创业研究

国内外关于农业领域创业的研究比较多，主要集中在农业创业群体、农业创业人才培养和农村电子商务三个方面。

（1）农业创业群体

农业创业群体主要包括创业农民、返乡农民工和农业创业者。对农业创业群体的研究主要围绕创业者特质、创业行为影响因素、创业环境、创业企业绩效以及它们之间的关系展开，见表1-4。

表1-4 农业创业群体相关研究

研究对象	研究者	观点
创业农民	Lauwere（2015）	创业农民战略偏好类型分为社会型（Social Farmers）、谨慎型（Prudent Farmers）、传统型（Traditional Growers）、新型（New Growers）、优柔寡断型（Indecisive Farmers）。社会型、新型创业农民比其他类型更成功，积极的个人特质如自我批评、创造力等会对农业创业活动产生积极的影响，消极的个人特质如懒惰、被动等会对农业创业活动产生消极影响
	孙红霞等（2013）	机会识别效能感、组织承诺效能感、管理控制效能感与农民的创业动机强度有显著的正相关关系，其中，机会识别效能感与农民创业动机的相关性最大
返乡农民工	石智雷等（2010）	返乡农民工的文化水平、家庭经济状况、生产积极性和个人信仰对其创业行为有显著正向影响；参加过技能培训、有制造业和个体经营务工经验、交际能力强、有共产主义信仰的返乡农民工，创业意愿更强烈
	朱红根和解春艳（2012）	社会资本、服务环境和企业家能力直接影响农民工返乡创业企业绩效，而政策支持和经营资源对返乡创业企业绩效的直接影响虽不显著，但可以通过服务环境间接影响返乡创业企业绩效，融资环境对返乡创业企业绩效的影响不显著
农业创业者	Abdullahaa 和 Sulaiman（2013）	态度、容忍度和知识是影响青年成为农业创业者的因素，其中，态度和容忍度是影响青年对农业创业兴趣的重要因素
	Hussin 等（2012）	年轻人参与农业创业的人数少，农业创业者受教育水平普遍较低；知识、资本、环境和培训可用性是小农户参与农业企业活动的制约因素
	Aggelopoulos 等（2011）	公司地理位置、公司结构、创业者受教育程度和公司投入资本类型均会对农业创业者的企业绩效产生正向影响

农业创业群体的研究成果不再是单纯的理论叙述，而是通过向研究对象发放调查问卷收集相关数据，进行研究主题的实证分析。对农业创业群体的研究主要集中在三个方面：①创业者个体积极特质与创业成功之间的关系；②影响创业者开展创业活动的动机或因素；③创业环境或创业者特征对创业企业绩效的影响。

（2）农业创业人才培养

关于农业创业人才培养的研究，主要集中在培养现状和培养目标两个方面。通过梳理发现，目前农业创业人才培养中存在创业实践缺乏、培养效果不理想、师资力量不足、培训经验不足等问题。关于农业创业人才培养目标的探讨，一方面讨论农业创业人才应具备的特征，如专业背景、创新思维、吃苦耐劳等；另一方面结合农业创业人才的特征和现状提出针对性培养建议，见表 1-5。

表 1-5　农业创业人才培养相关研究

类型	研究者	观点或结论
培养现状	Dollisso（2010）	对 537 名农业教师进行调研，其中，10%的农业教师看到商业机会，希望建立企业并成为自己企业的老板；43%的农业教师经常或总是将创业者概念融入他们的课程；60%的农业教师会培养学生的创业理念；只有约 30%的农业教师会为学生示范如何进行具体的产品创造、营销、销售和评估
	邓娜等（2014）	通过比较分析法和跟踪调查法，发现单纯的理论讲授模式和“理论讲授+考察”模式的效果并不理想，而把创业理论和创业实践结合起来的“三阶段六环节”模式具有项目选择上的针对性和操作性，培训效果更加显著
	谢平等（2014）	通过跟踪调查发现，农业创业培训机构在对培训学员提供持续服务方面存在师资力量不足、培训教师社会经验缺乏、培训服务机构与政府间沟通较少、服务成效较差等问题
培养目标	刘强和刘浩源（2008）	农业创业型本科人才应该具备乐于奉献、艰苦奋斗、敢于创业、服务“三农”等特质，农业创业型本科人才的培养应该围绕思想政治教育，科学制定培养方案，集中开展课外科技文化活动等
	张毅等（2015）	参考山西农业大学“大学生创业能力提升工程”的组织实施、创业实践收获和改革成果，提出农业创业人才培养应该从构建学习交流平台、参与企业日常管理、接触农业高新科技、培养团队合作精神、激发农业创业兴趣等方面着手

(3) 农村电子商务

以“淘宝村”为代名词的农村电子商务是一种极具中国特色的农业创业模式。阿里巴巴、京东等网络电商的飞速发展带动了以“义乌青岩刘”为代表的农村创业模式。国内学者随即展开了我国农村电子商务相关研究，主要集中在产业集群特征、发展模式、影响因素和发展建议四个方面，见表1-6。

表1-6 农村电子商务相关研究

类型	研究者	观点或结论
产业集群特征	凌守兴（2015）	以浙江省丽水市遂昌县、河北省保定市清苑县、江苏省苏州市为样本，总结了农村电子商务产业集群萌芽期、成长期、成熟期的演进特征
发展模式	乐冬（2012）	农产品电子商务模式分为目录模式、信息中介模式、虚拟社区模式、电子商店模式、电子采购模式、供应链整合模式和第三方电子交易市场模式
	韩剑鸣（2013）	提出P2G2B（农户—政府—农产品需求部门）和B2B&C（农业生产企业—农产品需求企业+个人需求者）两种农村电子商务供应链发展模式
影响因素	穆燕鸿等（2016）	通过实证分析发现，外部环境因素对基础设施、内生力量、电子商务平台、供需交易均有显著正向影响
	胡俊波（2011）	当前阻碍农产品电子商务发展的主要因素是卖方信息短缺、农村电子商务平台资源短缺、交易对象标准化程度偏低和交易过程面临“道德风险”等，可以通过培养农产品电子商务经纪人来解决
发展建议	张晓燕（2011）	我国在发展政府主导型农业电子商务时，应该加大农村信息基础设施建设的投入力度，完善服务体系，健全与农业电子商务相关的法律法规，加快农产品标准体系建设，加强农产品物流体系建设，建立一批具有专业化服务水平的品牌农业网站

1.2.4 小农户行为

农户是从事农业生产经营最基本的单位。广义上的农户既包括以自给自足为主的普通小农户，也包括从事大规模农业专业生产的农业产业组织，如种养大户、家庭农场等规模经营主体。狭义上的农户仅指小规模的经营群体，是在特定资源禀赋下以家庭为单位、集生产与消费于一体的农业微观主体（叶敬忠、张明皓，2019）。本书研究的是狭义上的农户。在不同的时代，农户有着不同的生产力与生产方式属性（郭庆海，2018）。对农户行为的研究需要深入挖掘和准确把握农户主体的属性与特点，进而对其动机和行为作出诠释与判断。这一过程需要充分了解农户行为理论的发展和农户行为模型的应用。

（1）农户行为理论的发展

农户行为理论产生的根本目的是分析农户的行为动机和生产决策。对现有文献进行梳理后可以发现，农户行为理论和农户经济理论均来源于“小农”一词，国内外学者通过不断深入挖掘和探究，赋予其丰富的内涵。例如，“传统小农”“剥削小农”“理性小农”“社会化小农”等，通过冠以不同定语来反映小农的属性特征。其中，最具代表性的是以恰亚诺夫（A. V. Chayanow）、舒尔茨（T. W. Schultz）和黄宗智为主的三大经典流派，见表 1-7。

表 1-7　小农户行为经典学派

学派	代表人物	主要观点
组织生产学派	恰亚诺夫（1996）	道义小农
理性行为学派	舒尔茨（1987）	理性小农
历史学派	黄宗智（2000）	商品小农

以俄国著名农学家恰亚诺夫为代表的组织生产学派，批判西方经济学中“经济人”和“完全竞争市场”的假设，认为经济活动与社会关系有直接关系，并不完全取决于利润最大化的行为动机，所以需要从社会学角度研究农户经济行为。恰亚诺夫（1996）提出“消费-劳动均衡”理论，指出小农经济的本质是一种家庭式劳动农场，即主要依靠自身的劳动力来满足家庭消费和需求，不雇用家庭以外的劳动力，也很少向外提供劳动力，且不考虑市场需求，也就是说，农户的生产经营决策取决于对自我需求的满足程度和劳动辛苦程度之间的权衡。对当时情境下的小农来说，任何风险和危机都无法抵御，他们最基本的行为动机是规避风险和确保安全。以坚持小农生存逻辑为研究基础的经济学家逐渐形成了“组织生产学派”，也称“道义小农”学派（叶敬忠、张明皓，2019）。以美国经济学家舒尔茨（1987）为代表的理性行为学派则持相反观点，认为在完善的市场条件

下，小农行为具有经济理性，与资本主义经济中的企业等经济组织相似。该学派在农户经济行为是理性的假说前提下，提出“农民是理性的个人或家庭福利的最大化者”的观点。农民是理性的个人主义者，他们能够在长短期利益及风险权衡下，为达到利益最大化作出合理行为的选择，就像一个“公司”的投资者一样，他们的行为选择完全是在权衡各种利弊之后，在利益最大化原则下作出的。以美国华裔著名学者黄宗智为代表的历史学派的观点既不同于“道义小农”，也不同于“理性小农”。黄宗智（2000）对中国20世纪30年代至70年代的农村经济状况进行分析后，提出了一种折中的理论，称为“商品小农”。他认为，中国农户经济行为既受“家庭劳动结构”的限制，又部分受到“市场经济”的冲击，中国的农民既不完全是生计生产者，也不是最大利润追逐者。中国农户家庭没有边际报酬的概念，也受到耕地规模制约，同时缺乏良好的就业环境，使得农户在家庭边际报酬较低的情况下，仍然会继续投入生产资源及劳动力。

除了以上经典农户理论外，部分学者或与其他学科结合，或基于本国国情进行拓展和创新。“社会化小农”理论在总结和借鉴经典农户行为理论的基础上，结合中国转型时期的小农特征提出：虽然中国农民在本质上属于小农，但是已经被卷入一个开放的社会化体系，传统农户行为理论难以充分解释该时期农民的行为动机，因此引入了区别于道义小农、理性小农和商品小农的“社会化小农”的概念（徐勇，2010）。进一步对“社会化小农”的行为和动机进行剖析后可以发现，农户行为倾向于选择短期较低收入，也倾向于采取低风险、低报酬的经济行为，更倾向于兼业化，即不放弃务农收入，同时获取非农收入（邓大才，2012）。此外，郑风田（2000）提出了中国农民经济行为的制度理性假说，从制度视角揭示中国农民经济行为的多样性和复杂性，认为中国制度限制了农民的经济行为，因为适宜的制度会催生农民的理性行为，而不适宜的制度会引发农民的非理性行为。随着国外农户行为理论研究的不断成熟，国内学者逐渐在国外学者研究的基础上基于我国的实际情况对农户行为理论进行了扩展，研究我国农户的各种行为决策（胡银根 等，2020）、行为目标（胡迪 等，2019）和现有供给制度环境下的农户行为（金媛、王世尧，2019；王莉 等，2019）。

（2）农户行为模型的应用

1924年，恰亚诺夫建立了农户行为模型，并在对苏联小农的生产行为进行实证研究后发现，当农户消费的边际效用等于获得商品的边际效用时，农户对某项活动的劳动时间投入停止。之后，关于农户行为模型的研究大多是在恰亚诺夫农户行为模型基础上逐步放松约束和假设，农户行为模型的应用范围逐渐扩大。有的学者提出了基于行为经济学理论的新农户经济行为模型（Becker，1965）；有的学者提出了既包括生产者又包括消费者的完整农户行为模型（Barnum and Squire，1979）；还有的学者在农户模型中加入了利润（禀赋）效应（Profit effects），采用完整的农户模型对农户经济行为进行实证分析（Strauss，1982）。

对农户行为模型的假设及结论的检验，通常是搜集农户个人或家庭的行为数据对构建的理论模型进行验证。一些应用研究假定生产决策和消费决策可以分开考虑，因此在农户生产供给和消费需求两个方面分别采用不同的计量方法进行估计（Emmanuel，1994）。有研究表明，在某些情况下，农户的生产和消费决策不可分离。Nigel 等（2000）发现，交易成本能够对农户商品和劳动力供给产生较大的影响，市场中商品竞争的激烈程度导致的农户交易成本变化会直接影响农户的生产经营决策。Hans 等（2003）构建了农户雇佣劳动、雇出劳动和自给自足三者不可分的农户模型，该模型包含交易成本和内生的市场机制选择，并将其用于一般均衡模型进行经验分析。目前，学术界对农户行为模型是否可分还存在一些争议，主要与农户家庭成员偏好的异质性程度和农户所在外部市场环境的竞争程度有关，不完全商品市场和要素市场会导致农户经济行为的不可分。

近年来，无论是在理论上还是在实证检验上，农户行为模型都呈现出多样化的发展趋势。Rafia 等（2019）通过在理性行动理论模型中加入感知障碍和社会经济变量，分析了农户采用该模型的意图，发现意识和感知到的障碍对老年人、受过高等教育和富裕的农户影响更大。农户的受教育程度、耕作经验、土地持有量、与市场的距离、推广人员的访问次数等因素都能够影响农户对传统市场和现代市场的偏好（Abdul et al.，2017），进而影响农户行为。Phaibun 和 Chuenjit（2020）的实证研究发现，农业生产的态度、农户行为控制的感知、行为的相对有用性、农业风险的感知和政府政策的支持均能影响农户从事有机农业的行为。Sengera 等（2017）运用理性行为理论（Theory of Reasoned Action，TRA）模型对农户的农业生产多样化意向进行研究后发现，态度和主观规范对农户农业生产多样化的意愿有积极影响。我国农业以农户家庭分散经营为基础，农户的行为动机和选择影响着我国现代农业的改革与发展，因此农户行为是国内学术界长期关注和研究的问题。国内学者对农户行为模型的拓展和实证可以划分为两个方面：一方面，从宏观视角研究农户行为与土地流转（陈飞、翟伟娟，2015）、耕地与粮食（王莉 等，2019）、农业补贴（周静 等，2019）等制度和政策的关系；另一方面，从微观视角研究农户具体行为的影响因素，如垃圾处理行为（唐林 等，2019）、有机肥施用行为（胡乃娟 等，2019）、秸秆处理行为（盖豪 等，2020；姜维军、颜廷武，2020）等。

1.2.5 小农户与现代农业

从研究动态来看，小农户与现代农业衔接是一个较新的中国化概念，是在政策引导下出现的新研究领域，因此本部分主要对国内相关文献进行梳理。纵观我国现代农业的发展过程，离不开对小农户和小农经济的改进和变革（叶敬忠 等，2018）。虽然政府部门通过培育新型农业经营主体、实施土地流转、规模化经营等措施实现农业现代化，但依然面临小农户长期是我国农业生产主体的困境，与此同时也带来了一系列社会经济问题，如小农户利益被剥夺（李云新、王晓璇，2017）、农地流转冲突加剧（李菁、欧良锋，2014）等。因此，如何创新规模化农业的模式和途径，实现小农户与现代农业的衔接，被认为是当前中国农业现代化的主要问题。国内学者研究小农户与现代农业主要从三个方面展开：小农户与现代农业的关系、小农户发展现代农业的限制和小农户与现代农业衔接的方式。

（1）小农户与现代农业的关系

国内学者对小农户与现代农业关系的讨论一直存在争议。有的学者认为，小农户与现代农业之间是互斥性关系（叶敬忠 等，2018）。小农户难以摆脱自身的局限性——文化水平较低、经济行为缺乏理性、抵御风险能力较弱，这阻碍了我国现代农业的发展进程（张新光，2008）。韩朝华（2017）提出，小农经营模式会阻碍经济的整体发展，加深农民的贫困程度，分散、弱势的个体小农经营已经无法适应现代农业生产的需要（张慧鹏，2019）。罗浩轩（2013）在实证研究后发现，在小农生产模式下推进农业资本深化的成本非常高，小农经济已经没有存在的必要，现代农业发展需要控制小农户的繁衍，减少小农户的数量。然而，有的学者持相反观点，认为小农户有其存在的价值和意义。虽然现阶段新型农业经营主体的数量在不断增加，但以小农户为主体的生产经营格局没有发生改变（阮文彪，2019）。小农户生产方式灵活，并且有顽强的生命力，具有追求自身效用最大化的能力，应该为其留出足够的成长空间。建设我国特色现代农业不仅需要对小农户的经营效率予以充分肯定，还要尊重小农户的主体地位，小农户将是我国农业生产的重要力量（姜安印、陈卫强，2019）。

（2）小农户发展现代农业的限制

中国传统农业具有经营规模小、土地细碎化的特点，但现代农业发展要求标准化和规模化。小农户自身规模小，拥有的土地较分散，不利于规模效益的形成，也不利于农产品质量标准的实施和应用（阮文彪，2019）。虽然小农户经济有一定的生产效率，但是较小的经营规模将导致农产品交易成本过高，进而影响小农户的家庭经营收入和从事农产品生产的积极性（徐旭初、吴彬，2018）。卢洋啸和孔祥智（2019）提出，虽然小规模经营能够更好地使用现代生化技术，但是难以承担高昂的农业机械投入成本，小农户需要依托农机企业或服务组织的帮助采纳农机技术，如何扶持农机组织并约束其机会主义行为，成为小农户采纳农机技术的关键。除此之外，小农户剩余劳动力老龄化问题十分突出，现有的农村劳动力尤其是青壮年劳动力外流严重，剩余的小农户文化素质普遍偏低，对新技术的接纳和运用滞后，势必会带来现代农业劳动力需求与供给之间的严重矛盾（阮文彪，2019）。除了小农户自身禀赋的问题以外，外部支撑要素的缺乏也使得小农户发展现代农业受阻，主要表现为政策支持偏好障碍（叶敬忠等，2018）、农村金融支持障碍和农村保险支持障碍（余晓洋、郭庆海，2019）。

（3）小农户与现代农业衔接的方式

关于小农户与现代农业衔接的方式，现有文献的结论主要集中在两个层面：制度层面和组织层面。在制度层面，阮文彪（2019）提出，实现小农户与现代农业有机衔接的关键是要按照“产权清晰可靠、生产安全高效、交易便捷顺畅、收入持续稳定”的目标要求，全面推进产权制度、生产耕作制度、交易制度和收入分配制度等与小农户经营相关的制度创新。刘同山和孔祥智（2019）将小农户与现代农业衔接的方式归纳为“规模扩大”“劳动力节约”“产值提升”“产业拓展”四种类型。刘闯等（2019）

对安徽省D村案例进行分析后发现，自耕经营、出租经营和规模经营三种农地经营方式并存且相互转化，并指出小农户与现代农业有机衔接的路径不能忽视村庄内部农户间的土地流转，也不能忽视三种农地经营方式的并存与转化。在组织层面，通过发展具有整合功能的服务组织载体，将小农户引入现代农业的轨道。服务组织分为三种类型，分别是市场服务组织、农民服务组织和产业服务组织。其中，市场服务组织与农民服务组织均能解决小农户整合的问题，但是二者的运行机制存在差异，一个是营利性，另一个是非营利性，而产业服务组织则以契约的方式将小农户整合进产业链（郭庆海，2018）。韩庆龄（2020）通过实地调研发现，村社统筹对内可以实现产前环节土地要素的整合、产中环节农业社会化服务的高质量供给，对外可以实现产后环节与销售市场的有效对接，是在小农户家庭经营基础上实现农业产业现代化的可行性组织路径。目前，个体型、组织型和关系型衔接机制的杂糅构成了中国小农户与现代农业衔接的多元形态，但未形成以小农户为主体的稳固衔接方式（叶敬忠 等，2018）。

1.2.6 小农户与农业产业链

农业产业链是以种植养殖环节为主的多环节连接系统，由上游投入产品生产、中游种植养殖与产品加工、下游产品流通与渠道销售组成（程华等，2019），是一个具有中国特色的概念，国外文献中通常称其为“供应链”或“价值链”。虽然三者的概念不完全相同，但本书研究的对象是微观主体小农户，对其在农业产业链、农产品供应链或价值链上的行为没有必要进行严格区分，因此本书在梳理文献的过程中同时关注了国内外有关小农户与农业产业链、农产品供应链（包括农业价值链）的相关研究。从20世纪末起，农业产业化就是中国发展现代农业的主要途径（黄祖辉，2018）。但是，在农业产业化经营实践中，小农户一直被视为落后的农业生产者，是被排斥和改造的对象，地方政府将大量资源投放给龙头企业、合作社和专业大户等，除了基本的惠农补贴，小农户基本上分享不到其他红利（孙圣红，2020）。随着农业现代化进程的加快，特别是农村一二三产业融合进入快速发展阶段，小农户规模小、经营分散的缺陷更加凸显，为了实现“农民分享全产业链增值收益”，小农户自我发展并与现代农业衔接的能力急需提升。在此背景下，学者围绕小农户参与产业链（供应链或价值链）问题进行了研究。

（1）小农户参与农业产业链的限制

国内外部分学者从小农户自身角度分析了制约其参与农业产业链的原因，主要有以下三个：一是小农户拥有的土地较为分散、自身规模较小、组织化程度低（Louw et al.，2007；阮文彪，2019）；二是小农户的资源禀赋有限，无法快速获取市场信息，政策感知和运用能力弱（胡雯 等，2019；郑黎阳 等，2021）；三是小农户自身能力较弱，客观条件缺乏，导致其在生产、仓储、流通、销售及其他环节缺乏相关技术，更缺乏掌握技术的动力（何秀荣，2016）。这些弱势降低了小农户在各种新型农业经营模式实践中的参与度（韩喜艳 等，2020）。除了自身的原因外，外部产业链的权利由上游逐步转移至下游，作为落后生产者的小农户难以满足下游各种标准化的需求，也增加了其融入农业产业链的难度（张悦，2012）。尽管政府或合作社构建了农业科技融资、信息、品牌服务平台，为小农户提供了采购、生产、销售和售后等环节的社会化服务，但是小农户能够享受的公共服务受到多方面的限制，严重受到“最后一公里”问题的影响（霍雨佳，2018）。除此之外，近年来，农产品质量安全问题频发，使得消费者对农产品的质量更加关注，而小农户在农产品生产与质量控制方面遇到许多挑战，市场上也缺乏完善的农产品质量控制机制（姜安印、杨志良，2021）。

（2）小农户参与农业产业链的途径

国内外学者提出的小农户参与农业产业链的途径主要有两种：一种是小农户通过与企业合作参与订单农业，另一种是小农户加入农业经营组织参与集体行动。有些学者认为，订单合约不仅能为小农户增加收入、降低市场风险，而且能为小农户提供资金和技术等方面的支持，通过订单合同将农业企业与小农户联系起来的供应链是实现农村地区增值和包容性增长的可行模式（侯晶 等，2018），因此支持小农户通过与农业企业签订合同参与农业产业链生产。然而，一些小农户对订单农业的态度并不积极，参与率较低且订单违约率高（Ochieng et al.，2017），他们更偏好非合同的销售渠道（Schipmann and Qaim，2011）。影响小农户参与订单农业的因素有很多，其中，社会资本和信息可得性是重要因素（郑黎阳、张心灵，2021）。胡恺丽等（2019）认为，订单企业是否提供技术指导、是否进行农产品质量控制会对小农户参与订单农业产生正向影响。也有学者支持小农户通过参与农业经营组织融入农产品产业链。农业经营组织在解决小农户与大市场之间的矛盾、保障农产品质量安全等方面起着十分重要的作用（汪爱娥、包玉泽，2014）。典型的农业经营组织就是合作社，合作社具有的合作制属性、产业化前景和特色制度设计特征，可以有效扶持与巩固小农户生产，稳定小农户与龙头企业及大市场的合作关系，解决小农户生产与大市场对接的矛盾，实现小农户规模化生产和服务，进而促使小农户融入农业产业链（路逸妃、窦学诚，2019）。除了模式上的探索外，互联网的普及也为小农户融入产业链带来了利好。周月书等（2020）认为，小农户可以通过"互联网+农业产业链"的形式与产业链上的其他主体处于同等市场地位，这种形式契合"去中心化"的思路，有助于解决小农户信息不畅的问题。

1.2.7 新型农业经营主体

新型农业经营主体第一次被正式提出是在2012年的中央农村工作会议文件中，对新型农业经营主体的研究主要集中在国内。国内学者关于新型农业经营主体的研究可以归纳为两个方面：一方面是基础理论研究，主要包括新型农业经营主体的概念、构成和功能等；另一方面是实践价值研究，主要包括新型农业经营主体的现实问题、制约因素和发展方向等。

（1）基础理论研究

黄祖辉和俞宁（2010）、张红宇（2018）等认为，新型农业经营主体主要包括家庭农场、农业产业化龙头企业、专业大户和农业合作组织等。有些学者认为，新型农业经济主体主要基于中国国情、农情与现实发展阶段进行生产，但现阶段农业经营主体的多元化发展现状反映出单一最佳经营主体不适合中国的农情需要，因此多种不同的农村经营主体是发展趋势（王征兵，2016）。国内学者对新型农业经营主体功能作用的研究主要围绕农民增收、农村建设和农业结构升级展开。姜长云（2017）重点分析了新型农业经营主体中龙头企业的功能，发现龙头企业对地区农业发展具有较强的辐射溢出效应，能够围绕龙头企业建立以市场为导向、以企业为辐射源、以生产基地为依托的现代化农业生产模式。孟丽等（2015）认为，各个新型农业经营主体在农业生产经营中应有不同的功能定位，专业大户和家庭农场是未来中国农业生产的基本主体，农民合作社为生产经营主体提供社会化服务，是联结各个农业经营主体的纽带，龙头企业是农产品加工和流通领域的基本主体。郭庆海（2013）认为，现阶段中国新型农业经营主体包括家庭农场、农民合作社和农业企业三种类型。家庭农场代表着未来生产经营组织发展的方向；要注重多种类型农民合作社的发展，重视农民合作社的内涵式发展；农业企业应主要从事耕地以外的经营，要高度重视非农民主体进行农地经营产生的负面效应。

（2）实践价值研究

阮荣平等（2017）通过调研全国2615个新型农业经营主体的带动效应发现，新型农村经营主体对地区农业经济发展的带动作用良好，尤其体现在龙头企业和农业合作社两个类别上，其带动效应主要通过龙头企业和合作社的信息沟通、渠道共享和技术支撑实现。周志超（2018）以南宁市为例进行了新型农业经营主体综合功能的研究，发现新型农业经营主体的数量与农产品综合收益成正比。他还提出“特色居民村”建设在南宁市特色农业产品市场化中的重要地位。新型农业经营主体的制约因素主要集中在资金、土地、服务、信息化、人才等方面。刘婷婷（2016）以中国家庭金融微观调查数据为基础，通过建立随机边界模型分析外部融资对农业生产经营的影响，测度农业生产经营的金融支持效果，并探寻金融支农改革路径。她通过研究发现，绝大多数新型农业经营主体的生产效率处于较低水平，在一定程度上反映出农业生产经营项目仍面临着较严峻的融资困境。林乐芬和法宁（2015）在对江苏省盐城市460家新型农业经营主体进行访谈的基础上，对新型农业经营主体“融资难”的问题进行了深层次分析。研究结果表明，要解决新型农业经营主体的“融资难”问题，需要新型农业经营主体自身、银行等金融机构和政府三方合力。张海鹏和曲婷婷（2014）认为，培育和发展新型农业经营主体面临的首要问题是其能否获得农地经营权，农户在农地流转过程中的受益度和在新型农业生产方式中的参与度是影响农地流转的关键因素。发展新型农业经营主体，要妥善处理好农户的流转意愿与新型经营主体对土地集中连片的需求之间的矛盾，农民希望获得稳定递增的土地流转收益与农业经营效益波动的矛盾等问题。陆利军和何建雄（2016）提出了通过科技服务提升新型农业经营主体市场竞争力的对策，认为加大农业技术推广和宣传力度、激励经营主体采用新的生产技术和生产资料等是有效提升市场竞争力的关键。韩旭东等（2018）基于 5166 份全国范围新型农业经营主体的调查数据，从信息需求、信息获取、信息平台应用及信息化发展制约因素等方面分析当前我国新型农业经营主体信息化建设状况，发现我国新型农业经营主体信息供需之间尚存在一定程度的脱节，农业信息服务平台应用效率偏低。提升新型农业经营主体的信息化水平，应从提升新型农业经营主体信息获取能力和应用能力、强化农业信息供给与宣传、加强基础设施建设等方面着手。杨永珍（2017）认为，新型农业经营主体的人才培养是发展的基础，也是当前我国农业经济体制改革的关键，因此应通过各类培训机制的完善提升农民的综合素质，形成以大学生为主体、以农业专业技术人才为辅助的完善体系。

第2章 Chapter 2

研究理论基础

2.1 相关概念

2.1.1 农业创业人才的概念及特征

（1）农业创业人才的概念

目前，学术界对农业创业人才的界定还没有统一。陈闻冠（2007）提出，创业人才是开创新事业的人才，具备较高的沟通协作、组织决策和学习创新能力，能够运用相关知识、技术、信息创建新的生产力和就业岗位，进而积累财富，创造经济价值。王慧、易自力和任湘（2008）认为，农业创业者是指在农业领域开拓进取、勇于创新、刻苦钻研，进行技术革新和管理改革，提高农业生产效率，创造出非凡业绩的农业生产劳动者。目前，在“互联网+”大背景下，农业创业人才不再采用传统的创业方式，而是与互联网技术紧密结合，创新理念、创新思维，在农业领域或农村捕捉机会，开辟新业态、开拓新领域，提供商品或服务，创造经济和社会价值。

与农业经营活动相关的群体有许多，学者研究较多的还有创业农民、新农人、返乡创业农民工、职业农民和新型农业经营主体。为了更好地对农业创业人才进行分析，本章对这几个群体进行了讨论和区分。创业农民，是指农民以市场需求为导向，开辟新的经营形式和生产领域，扩大劳动就业，从而实现自身利益最大化（马驰、喻文婷，2007）。新农人是指在农村或县域经济内，那些通过投入一定的自有资本创建新组织或者扩大生产规模的农民，他们通过从事新的生产活动、开展新的事业实现组织发展和财富增加（郭军盈，2006）。返乡创业农民工，是指一部分农民工外出打工或经商一段时间，在知识、技能、信息和资金方面都得到了积累和提升后回到家乡，在乡村、城镇创办企业或其他农业组织，发展工商服务业、投资商品性农业（韩俊，2009）。职业农民，是指将从事农业生产经营作为自身事业，具有较高的专业技能、文化素质和职业道德素养，以及较强的自我发展能力，能够充分运用市场机制和规则实现利润最大化的理性经济人（曲建勋，2005）。职业农民是国家工业化、城镇化发展中产生的一种新型职业群体，也是农民自身分化、农业内部分工的必然结果，他们具有高素质、高收入、全职务农和社会地位较高等特点（周稽裘，2012）。新型农业经营主体，是指具有相对较大的经营规模、较好的物质装备和经营管理能力，劳动生产率、资源利用率和土地产出率均较高，以商品化生产为主要目标的农业经营组织。新型农业经营主体包括专业大户、家庭农场、农民专业合作社、龙头企业和经营性农业服务组织。新型农业经营主体是基于我国传统的小规模、半自给的家庭经营农户提出的，具有适度规模、专业化生产、集约化经营和市场化程度高的特点（张照新、赵海，2013）。几种涉及农业经营活动群体的对比见表 2-1。

表 2-1　几种涉及农业经营活动群体的对比

名称	构成	关键特征
农业创业人才	创业人才	创业、创新性、“互联网+”、能力和素质较高者
创业农民	普通农民	开辟新的经营形式、扩大劳动就业
新农人	农业生产经营者	以自有资本创建新组织或者扩大生产规模
返乡创业农民工	农民工	外出打工或有经商经验、返回家乡创业
职业农民	非普通农民	高素质、高收入、全职务农、社会地位较高
新型农业经营主体	专业大户、家庭农场、农民专业合作社、龙头企业、经营性农业服务组织	适度规模、专业化生产、集约化经营、市场化程度高

通过对比和分析可以发现，农业创业人才与其他涉农群体虽有相似之处，但不尽相同。农业创业人才是一个抽象的概念，并不局限于特定的身

份，可以是农民、城镇居民、大学生、农民工，只要符合其特有的属性，都可以称为“农业创业人才”。他们是农业创业群体中素质和能力较强者，具备农业专业知识和技能，具有较强的学习能力和管理能力，拥有创新思维和创新精神，善于把握市场机会和运用新技术。“互联网+”背景下的农业创业人才改变了传统农业的经营和运作方式，是中国农业未来发展急需的人才。

（2）农业创业人才的特征

农业创业人才主要有以下五个特征。

第一，有专业知识背景。农业作为基础产业，是一个古老的传统行业，由于自身的地域性、生物性和生产过程的特殊性，其在整个生产和销售过程中面临着许多风险，是典型的高风险产业。首先，农作物依赖自然条件。其次，在农业生产和农产品销售的过程中，由于市场的供求关系会发生变化，以及农业生产周期的滞后性，农产品价格极易发生变动。再次，现代农业的大力发展使得农业经营对科学技术的依赖性大大增加，如品种的改良、产品收割机械化，但科学技术在给人类带来便利的同时也带来了潜在的威胁，如果使用不当，就会造成巨大的危害，如农药污染等。最后，农业极易受到政策、制度的影响，国家对市场的管控、对某些产品的扶持政策等都会对农产品的效益产生较大影响。因此，农业创业人才必须具备一定的农业专业知识和技能。只有充分了解农产品的特性，才能获得高质量和高产量的农产品；只有在自然灾害发生时及时作出合理安排，才能最大限度地减少损失；只有及时了解市场和政策变化，才能积极作出生产调整；只有准确运用现代科技服务农业生产，才能在提高生产效率的同时保证食品安全。

第二，综合素质和能力转强。为了在竞争激烈的市场环境中生存下来，农业创业人才需要具备较高的综合素质和能力。一方面，农业创业人才需要具备一定的经营管理能力。在农业企业或组织成立初期，各方面还不完善，大多依靠创业者及其团队的经营管理。农业创业人才是企业的创办人和领导者，应具备分析决策能力、沟通和谈判能力、机会识别能力、信息搜寻能力、资源整合能力、组织协调能力、风险承担能力等。另一方面，农业创业人才需要具备良好的心理素质和品德。开创事业必然面临困难和挫折，尤其是农业行业，风险较高且不确定性较大，这就需要农业创业人才具有较强的心理素质，在面对各种问题和挑战时，能以稳定的心态坚持不懈、开拓进取，不轻言放弃。农业产品是关乎国民日常生计的重要产品，其安全问题不容小觑，这就要求农业创业人才拥有良好的职业道德，秉持服务社会和人类的价值观，生产值得信赖的农产品。

第三，有创新思维。在“互联网+”背景下，农业创业人才中大部分是大学毕业或拥有从商经验后跨界入行的，他们接受过良好的教育，思维活跃、视野开阔，拥有远大的理想抱负，对市场动向和创业机会有着敏锐的洞察力，对新鲜事物勇于尝试，善于开拓，学习和吸收其他行业先进的思想，积极运用新技术手段服务于自身的创业事业，引入科学的企业经营理念和管理方法，改变了传统的农业企业运作方式，为农业转型、农业创新贡献着自己的力量。

第四，秉持绿色理念。传统的农业生产使用大量的农药和化肥，不仅使农产品在生长过程中容易出现质量问题，产品中也会残留大量对人体有害的物质，而且会严重污染土壤、水源，影响生物多样性，对自然环境造成破坏，阻碍农业的可持续发展。农业创业人才并非一味追求盈利，而是从整个社会价值出发，秉持生态农业的生产理念，倡导绿色农产品生产方式，追求产品的高安全性和高质量，这与国家提出的转变农业发展方式、追求农产品质量和数量的均衡发展相契合。他们合理安排土地休耕，注重土壤土质的改良，控制灌溉用水，尽量减少农药和化肥的使用，尽可能采用有机肥，采用有机农业、自然农法等对环境友好的生产方式，积极推进循环农业的实施，努力实现资源的节约。

第五，有互联网思维。互联网思维是“互联网+”背景下农业创业人才与其他农业经营者的最大差异。农业创业人才是随着互联网技术发展成长起来的一代人，互联网方式已经融入他们的日常生活和企业生产经营的全过程。相对于电视、广播、报纸等传统的传播媒介，互联网媒介有着速度快、成本低、范围广的特点，其在信息获取和搜集方面的及时性与有效性无可取代。农业创业活动需要掌握市场变化和政策动向，及时根据变化调整采购计划和生产安排，互联网能够在最短的时间为其提供所需信息。以互联网为基础的电商网站还为农业创业人才提供了展示自己产品的平台，提高了品牌知名度，拓宽了销售渠道，并且运用新媒体制造和传播热点，从而形成新的营销方式。此外，网络通信工具也拉近了企业与顾客之间的距离，使企业能及时获得顾客的意见和反馈，完善自身的产品和服务，还能满足顾客的个性化需求，为其定制特色产品。

2.1.2 农业创业人才生态系统的概念和构成

（1）农业创业人才生态系统的概念

人才生态系统是生态系统理论应用在人力资源管理领域而形成的理论，是系统论、生态论和人才学相结合的产物。沈邦仪（2003）认为，人才生态系统是指在一定的空间环境内，人才内生系统与周围环境之间发生交互形成的一种复合系统。人才内生系统，是指由人才各种内在要素构成的和谐统一体，如人格特质、身体素质。李援越和吴国蔚（2010）认为，人才生态系统中的个体、种群及群落，以及外部环境之间都存在相互影响的关系，种群与个体、其他种群之间存在协同竞争关系，个体、种群与环境之间存在相互适应与反馈的关系，而且存在着物质、能量和信息的交换与流动。因此，本章基于人才生态系统理论，并参考有关学者的研究成果，将农业创业人才生态系统界定为在一定的区域范围内，以农业创业人才为核心形成的，人才个体、相关组织、创业环境之间通过物质循环、能量流动和信息传递等相互作用、相互依存的，动态稳定的网络系统。

具体而言，农业创业人才生态系统的含义可以从以下三个方面理解：第一，农业创业人才生态系统是基于自然生态系统理论提出的概念。人才的本质是人，也是自然界生物的一种，是具有复杂特征的有机体。农业创业人才在脱离其他主体或环境的情况下，无法独自完成其创业使命，因此农业创业人才生态系统在概念特征、构成要素和演化机理等方面与自然生态系统有着较大的相似之处。第二，农业创业人才是农业创业人才生态系统的基础和核心。创业企业的实质是农业创业人才开展的创业活动，农业企业的经营和管理也依靠农业创业人才及其团队。农业创业人才生态系统中的其他主体（如金融机构、研究机构、政府机构）提供的资金、技术和信息也以农业创业人才为载体。第三，农业创业人才生态系统是对创业研究的拓展。目前，对创业和创业生态系统的研究大多围绕创业企业开展，而人才、技术、资金被视为企业拥有的资源。所有的创业活动都源于如何满足和创造人类价值。农业创业人才是创业企业成立的基础，也决定着创业企业未来的发展。因此，农业创业人才生态系统研究的是如何构建有利于农业创业人才开展创业活动的管理机制。自然生态系统与农业创业人才生态系统的对比见表2-2。

表2-2 自然生态系统与农业创业人才生态系统的对比

项目	自然生态系统	农业创业人才生态系统
组成要素	无机环境（阳光、水、土壤）、生产者、消费者和分解者等生物群落	人才个体、创业企业、政府、金融机构、研究机构、服务机构和中介机构
内部结构	食物链和食物网	信息流、技术流、资金流
系统特性	多样性：营养等级和功能多样化	多样性：人才特质、组织类型、生产产品、地区特色多样化
	开放性：对外界开放，接纳新物种	开放性：知识共享、技术借鉴
	整体性：食物链网络整体性	整体性：创业网络整体性
	中心性：强有力的物种维持系统稳定	中心性：以农业创业人才为核心维持系统稳定
	竞争性：生物群落之间相互竞争、相互依存	竞争性：人才之间、企业之间的竞争与合作
	稳定性：环境变化慢，静态稳定平衡	稳定性：环境变化快，动态稳定平衡
演化机理	遗传、变异、共生、竞争	耗散、协同、演化、共生
系统边界	地理区域明显，边界比较清晰	跨区域、无边界或者边界模糊
生命周期	诞生、成长、成熟、衰退、死亡的单向过程	产生、发展、成熟、衰退的可持续循环过程
系统容量	受有限自然资源的限制，稀缺性	受到社会经济资源的限制，成熟后数量稳定

（2）农业创业人才生态系统构成

人才是人才生态系统的核心要素，人才生态系统由人才要素和非人才要素构成。人才要素指人才个体、人才种群和人才群落，也可以指人才生产者、人才消费者和人才分解者；非人才要素指人才生态环境和其他要素（李月，2012）。在一个人才生态系统中，人才生产者、人才消费者和人才分解者不是孤立存在的，而是按照系统中人才种群在类别、功能和层次上的匹配关系，以及物质循环、能量流动和信息传递的规律，形成了人才生态链。人才生态链是指以人才自身具备的价值和能力为基础，人才生产者、人才消费者和人才分解者按照某种衔接关系形成的人才梯队（黄梅、吴国蔚，2008）。在农业创业人才生态系统中，农业创业人才个体、农业创业人才种群、农业创业人才群落按照相互作用关系组合成为农业创业人才生产者、农业创业人才消费者、农业创业人才分解者，这三者在一定的创业环境中，不断进行着物质循环、能量流动和信息传递。因此，农业创业人才生态系统由农业创业人才生产者、农业创业人才消费者、农业创业人才分解者和创业环境构成。

农业创业人才生产者。在农业创业人才生态系统中，农业创业人才生产者扮演着输送农业创业人才的角色，主要由教育培训机构和农业院校组成。其中，教育培训机构为基础人才生产者，培养的农业创业人才属于基础性人才；农业院校为关键人才生产者，培养的农业创业人才属于关键性人才。此外，有少量农业创业人才来源于研究机构中的研发人员，此时研究机构也扮演农业创业人才生产者的角色。

农业创业人才消费者。农业创业人才生态系统中的人才消费者，是指需要农业创业人才的组织或机构，主要有家庭农场、农民专业合作社、创业企业和经营性农业服务组织。这些组织或机构的产生和发展以农业创业人才及其创业团队为依托，同时农业创业人才开展创业活动也是以创业组织或机构为载体。人才消费者之间有着竞争或合作的微妙联系。

农业创业人才分解者。农业创业人才分解者是指创业活动的转化机制和退出机制。当农业创业人才创业成功时，创业企业趋于成熟，不能再以初创企业的标准来衡量，创业企业将转变为行业内的成熟企业。在实现转化的过程中，转化机制发挥着重要作用。当农业创业人才创业失败时，创业企业无法继续经营，在最大限度地减少损失方面，退出机制将起到重要作用。同时，失败的农业创业人才是选择重新创业还是转行，也会受到农业创业人才生态系统退出机制的影响。

创业环境。农业创业人才生态系统中的创业环境是指不能被划分为农业创业人才生产者、农业创业人才消费者、农业创业人才分解者，但是与农业创业人才的创业活动密切相关的主体或因素。例如，市场环境虽然与农业创业人才没有直接联系，但是决定着企业产品的销售，直接影响着创业企业的经营；地理环境和基础设施虽然与农业创业人才没有直接联系，但是对创业企业的生产成本有较大影响，对创业企业的成立和发展也发挥着关键作用。此外，经济形势、文化氛围等因素也能对农业创业人才的创业活动产生较大影响。农业创业人才生态系统的构成如图 2-1 所示。

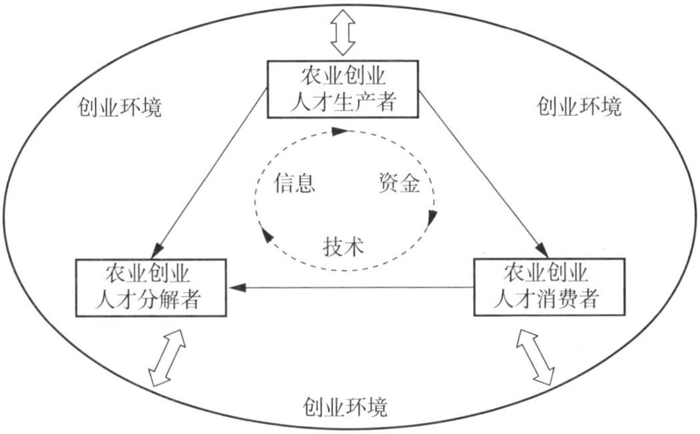

图 2-1 农业创业人才生态系统的构成

2.1.3 小农户的概念与特征

(1) 小农户的概念

张红宇（2018）认为，小农户通常是指因人多地少等禀赋产生的以家庭为单位、集生产与消费于一体的农业微观主体。谢文帅（2022）认为，既然农户是以家庭为基本经营单位、占有土地等生产资料、部分或全部家庭成员长期居住在农村且依然承担农业生产职能的经济组织，那么小农户就是指小规模生产经营的农户家庭。其中，“小”是指经营规模，“农”是指产业类别，“户”是指组织形式。国家统计局在界定规模农业经营户时，采取经营规模和农业经营收入两种标准：从经营规模的角度，明确给出了种植业、畜牧业、林业、渔业和农林牧渔服务业规模农户的界定标准；从农业经营收入的角度，将虽不满足经营规模标准但“全年农林牧渔业各类农产品销售总额达到 10 万元及以上的农业经营户”纳入规模农户的范畴（国务院第三次全国农业普查领导小组办公室、国家统计局，2019），而不满足上述任一标准的农户被间接地界定为小农户。

(2) 小农户的特征

现阶段我国的小农户主要有以下几个特征：①生产经营活动主要基于现代农业科学技术和工业装备的应用，除少数落后地区外，原始的手工劳动基本不再参与农业生产，畜力农具也较少使用，农业生产活动基本摆脱了依靠家庭原始劳动力的阶段，土地的生产效率大大提升。②小农户是一个开放的生产系统，高度依赖外部市场。一方面，随着现代工业的进步和科学技术的发展，农业经营活动中的重要环节效果不断提升，成为小农户提高土地生产率和劳动生产率的必备条件，需要依靠外部市场交易获得；另一方面，尽管小农户的生产规模较小，主要生产一种或两种产品，但是其生产不仅仅为满足自身生存需要，也为换取货币收入，生产的农产品将进入外部市场进行交易。小农户的生产经营已具备商品化、专业化的特征。③现阶段小农户农业生产收入占家庭总收入的比重显著下降。在农业资源禀赋较低的地区，小农户的家庭经营收入占家庭人均可支配收入的比重逐渐下降至25%（郭庆海，2018），而工资性收入逐渐上升到60%以上（郭庆海，2018），这表明小农户对农业经营的依赖程度越来越低，收入结构的变化使得农户家庭经营破产的风险降低。④农户的生产经营结构发生了变化。小农户的生产经营项目在逐渐减少，满足家庭消费的家庭经营结构在逐步消失，除耕种自给性较强的蔬菜外，其他日常需要的消费品大部分从市场购入，专业化生产程度明显提升，使得小农户与外界的联系增强，改变了封闭或半封闭的家庭消费方式。⑤农户的社会交往方式发生了改变。各类专业合作社、农民技术协会等外部经营组织出现，农户通过农业生产订单和农业产业化经营与外部经营组织的合作越来越频繁。综上所述，现代生产力高度发展带来社会经济结构与社会组织结构的变化，使我国现阶段的小农户脱离了传统农业小农经济的特征和属性。

2.1.4 新型农业经营主体的概念与类型

（1）新型农业经营主体的概念

2012年的中央农村工作会议文件正式提出了“新型农业经营主体”这一概念，随后2013—2018年的中央一号文件多次对新型农业经营主体的发展提出了明确要求。《浙江省人民政府办公厅关于大力培育新型农业经营主体的意见》提出，新型农业经营主体“是指在家庭承包经营制度下，经营规模大、集约程度高、市场竞争力强的农业经营组织和有文化懂技术会经营的农民”。学术界关于新型农业经营主体的概念最早来源于张照新和赵海（2013）的研究，他们认为新型农业经营主体是基于我国传统的小规模、半自给的家庭经营农户提出的，主要包括专业大户、家庭农场、农民专业合作社、龙头企业和经营性农业服务组织。本书对新型农业经营主体作出如下定义：具有较大的经营规模、较好的物质装备条件和经营管理能力，劳动生产率、资源利用率和土地产出率较高，以商品化生产为主要目标的农业经营组织。郭庆海（2013）认为，新型农业经营主体的关键在于“新”，有两层含义：一是相对于传统农业的“新”，新型农业经营主体是与现代农业发展相适应的农业经营主体；二是相对于传统体制的“新”，新型农业经营主体是与改革开放后实行的家庭经营制度及市场经济体制相适应的农业经营主体。新型农业经营主体着眼于规模性、组织性、多元性和社会性。关于新型农业经营主体概念的界定，目前尚未形成统一的说法，学术界虽在研究视角上各有不同，但对其内涵达成了一定的共识，即新型农业经营主体是规模化生产的农业产业组织，通过先进的经营管理理念和发达的产业技术、装备等，提高了农业现代化生产的水平。

（2）新型农业经营主体的类型

国内外学者将新型农业经营主体分为专业大户、家庭农场、农民专业合作社和农业龙头企业四大类。①专业大户。虽然国内学者关于专业大户的定义并未统一，但大多认为专业大户不同于普通农户，是具备较大生产规模和拥有专业化生产技术，专门从事某一类农产品生产的农户，并且经营理念较普通农户先进。一些地方政府为了对当地的专业大户进行统计，规定土地管理面积超过 50 亩的农户可以称为“专业大户”。②家庭农场。家庭农场的生产经营模式起源于欧美国家，我国在 2013 年的中央一号文件中首次提出。目前，该模式已经成为新型农业经营主体中的重要类型。相关研究指出，家庭农场是基于家庭内部的血缘关系，以家庭内部人员为主要生产劳动力，在农业生产中采取规模化和专业化生产的一种新型农业经营主体类型。家庭农场虽在规模化经营、土地流转经营和家庭基本经营模式等方面与专业大户没有太大差别，但在劳动力构成上，成员之间以亲属血缘关系为主，而其他新型农业经营主体则以外聘劳动力的雇佣关系为主。家庭农场与其他类型主体最大的不同在于农业生产经营不限于某一特定的产品或生产环节，生产分工更灵活。③农民专业合作社。农民专业合作社以农民自身利益最大化为目标，在农民自愿参与的基础上实行农业规模化生产和规范化管理，并通过农业生产经营过程，对农民手中分散的生产要素资源进行集聚并重新配置，有效增强了农民对农业生产经营过程中风险的抵抗能力，并大大提高了农民的收入水平。农民专业合作社与专业大户和家庭农场的最大不同在于，农民专业合作社作为管理农民成员的组织，始终把农民的利益放在第一位，以服务合作社成员为原则实现民主管理，合作社的盈利与亏损由合作社成员共同负责，并及时向成员提供市场信息、技术支持、产品加工和物流配送等服务和帮助，大大减少了农民在采购和推广方面的阻碍。④农业龙头企业。农业龙头企业是农业现代科技企业，在先进的企业管理理念和模式下，对农产品进行专业化的生产、加工、销售和配送等，带动农业产业链上的其他企业和农户参与到农业经济一体化生产中。农业龙头企业是现阶段我国新型农业经营主体中带动农村经济发展最有效的组织。与农民专业合作社相比，农业龙头企业具有更加灵活的组织形式和经营管理模式，其管理制度与利润分配方式也不同于传统企业。农业龙头企业以现代化的企业管理为发展方向，基于劳动力雇佣关系进行制度化管理，按照参与主体在企业经营中的占比进行股份分红。

2.2 农业创业人才生态系统运行机理

在自然生态系统中，生物个体、种群、群落和无机环境等要素会根据自身的特点，按照一定的规律，自发形成特定的结构，这种自发形成的结构就是系统自身的运行机理。类似地，在一定的环境条件下，为了实现物质循环、能量流动和信息传递，农业创业人才生态系统中的各要素也会按照一定的方式、规则和原理相互作用。农业创业人才生态系统的运行主要遵循协同演化机理、耗散结构机理和共生机理。

2.2.1 协同演化机理

协同演化是普遍存在于自然生态系统中的一种现象或规律，是指两个或多个互相依赖的主体随着互相之间关系的改变而发生变化的过程。协同演化的实质就是主体间的互动与演变。农业创业人才生态系统并不是几种主体要素间的随机组合，而是围绕农业创业人才自发形成的有利于主体自身价值增长的复杂系统。农业创业人才生态系统的协同演化，是指系统内的农业创业人才个体、创业企业、政府机构等主体之间通过竞争、合作、互补等方式形成相互关联、相互依赖的统一整体，从而实现整个系统以及系统中各主体经济价值最大化的过程。系统中的主体在实现自身变化的同时，也通过相互作用实现了其他主体的变化。因此，农业创业人才生态系统中的每个主体都处在协同演化的过程中，与其他主体和整个系统形成了不可分割的共同体。

农业创业人才生态系统协同演化具备以下三个特征。

第一，主体间具有双向或多向因果关系。农业创业人才生态系统中各主体间的关系并非单一方向的，两个主体之间存在双向因果关系，有时甚至一个主体与多个主体之间存在双向关系。例如，研究机构与创业企业之间，研究机构为创业企业提供新产品和新技术，同时创业企业为研究机构提供研发所需的经费。正是因为有这种双向或多向关系，农业创业人才生态系统中的某一主体一旦发生改变，就会波及其他主体，甚至引起整个系统的变动。因此，在研究农业创业人才生态系统时，我们不仅要关注系统中的主体，还要关注系统中主体间的关系。

第二，主体间存在非线性关系。非线性，是指系统中主体自身的属性以及主体之间的相互关联过程并非单纯地按照简单的线性关系组合，而是呈现出一种混沌、复杂、多维的现象。在农业创业人才生态系统中，各主体间相互作用、相互影响，共同构成了一个具有多个节点、多个维度的复杂网络。每个主体自身变量发生变化都会影响与其关联的其他主体，并可能引起其他主体之间关系的变动，这种过程无法用简单的线性关系表达。此外，农业创业人才生态系统中的变量不具有叠加性。例如，系统整体拥有的技能、资金和信息量总和，并非创业企业、政府机构、金融机构等主体技术、资金和信息拥有量的总和，也并不等于农业创业人才个体拥有量的总和，当这些量发生变化时，各主体和整个系统不一定会发生同比例或同等程度的变化。

第三，多层嵌套。多层嵌套是指协同演化不仅发生在一个层级中，而且可能发生在其他较低或较高层级中，还会发生在层级之间。协同演化是一个跨越层级的现象，既包含了系统中主体间的协同演化，也包含了主体与外部环境的协同演化。农业创业人才生态系统是以农业创业人才为核心聚集形成的系统，不仅包括农业创业人才个体的协同演化，人才个体与创业企业的协同演化，还包括与外部政治、经济、社会环境的协同演化，人才个体的行为活动会对宏观环境产生影响，同时宏观环境的变化也会对人才个体产生影响。因此，农业创业人才生态系统的协同演化是跨越不同层级的。

2.2.2 耗散结构机理

比利时物理学家 Glansdorff 和 Pirgoigne（1971）提出了耗散结构理论，他将宏观系统划分为三种类型：开放系统、封闭系统和孤立系统。开放系统又存在三种状态：远离平衡状态、近平衡状态和热力学平衡状态。在一定条件下，远离平衡状态的开放系统会通过与环境不断交换物质和能量，自发形成从无序到有序、从较低有序到较高有序的新的结构和组织，这种自发形成的有序结构被称为“耗散结构”。耗散结构的形成有三个基本条件：①是开放系统；②系统处于远离平衡状态；③是非线性系统。农业创业人才生态系统实际上是一个耗散结构的自组织系统，具有开放性，远离平衡状态，且是非线性系统。农业创业人才生态系统能够不断地与外界进行物质循环、能量流动和信息传递，自发地从无序状态变为有序状态，形成稳定结构。对于农业创业人才生态系统的耗散结构，我们可以从以下三个方面来理解。

第一，农业创业人才生态系统是开放系统。农业创业人才生态系统不是独立于人类社会的存在，其产生源于人类对于创造价值的不断追求。因此，农业创业人才生态系统的产生和发展都需要外部宏观环境为其提供各种资源，实现外界环境对该系统的资源输入。同时，农业创业人才生态系统在接收到外部提供的资源后，通过自身的加工和整理，以及价值创造和积累，能够实现对外部环境的输出。此外，农业创业人才生态系统的核心是农业创业人才，而人才的本质是人，人的生物学和社会学特性决定了人们不完全存在于一个群体或组织中，而是必然会以不同的身份与周围环境进行交流。因此，农业创业人才生态系统是开放系统。

第二，农业创业人才生态系统远离平衡状态。耗散结构理论认为，系统如果处于平衡状态，就不会发生变化或形成新的结构，只有远离平衡状态的系统，才能在不断变化的过程中形成新的稳定状态。平衡是一种静止的状态，非平衡是一种运动的状态。农业创业人才生态系统是一个不断变化的非平衡系统，不论是系统主体与主体之间、主体与环境之间，还是系统自身与外界之间，都在不断地进行物质循环、能量流动和信息传递，而循环、流动或传递本身就是运动状态。农业创业人才生态系统只有不断变化，才能实现价值的创造和积累。

第三，农业创业人才生态系统是非线性系统。非线性系统，是指系统的组成要素在数量和特征上具有差异性与独立性，即非线性系统的独立要素至少有两个。农业创业人才生态系统的组成要素有许多，根据要素的特点可以划分为主体要素和环境要素。主体要素是以农业创业人才为基础形成的个体、种群和群落。环境要素是指经济环境、社会环境和文化环境等。可见，农业创业人才生态系统是由许多不同性质的独立要素构成的，是非线性系统。

2.2.3 共生机理

共生理论是德国生物学家贝里（A. D. Bary）提出的，他认为自然界中不同物种的生物因为某种物质联系而生活在一起的现象就是共生（杨玲丽，2010）。共生理论最初被用于研究生物种群间的物质循环、能量流动及竞争合作关系。共生理论不断发展，逐渐引起了社会学家、经济学家、人类学家和管理学家的关注，其思想和研究方法被引入其他学科。共生系统包括共生单元、共生模式和共生环境三个部分。共生单元，是指构成共生体或共生关系的基本单位。共生模式，是指不同共生单元相互作用的方式，反映了物质、能量和信息的传递关系。共生单元以外的因素总和被称为“共生环境”。共生单元、共生模式和共生环境相互影响、相互作用，共同反映共生系统的演化规律和动态变化。共生单元、共生模式和共生环境之间相互作用的媒介（办公场所、通信网络、交通运输等）被称为“共生界面”，它是系统中物质循环、能量流动和信息传导的媒介和载体。农业创业人才生态系统也是一种共生系统，其共生机理可以从以下三个方面来理解。

第一，农业创业人才生态系统的共生单元。农业创业人才生态系统可以被视为一个共生体，其中的主体要素（创业企业、政府机构、金融机构、研究机构、服务机构和中介机构等）和主体要素自身拥有的资源（资金、技术、信息等）就是共生单元，是构成农业创业人才生态系统的基本单位。在研究共生单元之间的共生模式时，共生度与关联度是重要的指标，能够反映农业创业人才生态系统共生单元之间的影响程度。

第二，农业创业人才生态系统的共生环境。农业创业人才生态系统的共生环境可以理解为文化氛围、政治体制、社会价值观等宏观环境。一般来说，共生环境与共生单元的相互作用通过物质循环、能量流动和信息传递实现。在农业创业人才生态系统中，共生单元与其所在的共生环境之间实现双向激励是保证该共生系统不断运行的必要条件。因此，既要提高创业企业、政府机构、金融机构、研究机构、服务机构和中介机构等共生单元在创业活动中的积极性，又要在平等、互利的前提下，规范各共生单元之间的利益转移，以实现利益在农业创业人才生态系统各共生单元之间的合理分配。

第三，农业创业人才生态系统的共生界面。畅通的共生界面能够为农业创业人才生态系统中资金、技术、信息等资源的流通提供通道，从而保证该系统持续创造价值，不断发展和完善。反之，如果共生界面出现问题，就会导致传递通道受阻，从而使农业创业人才生态系统运行的动力不足，无法创造出预期的价值，最终面临系统的衰落和解体。因此，提高共生界面的质量是保障农业创业人才生态系统正常运行的必要条件。

第3章

Chapter 3

农业创业人才生态系统要素分析

农业创业人才生态系统是一个复杂系统，形成于多种主体和要素的相互作用、相互影响，简单的文字描述很难厘清其中的构成要素。扎根理论是一种自下而上的研究方法，在对原始资料进行收集和整理分析的基础上形成，具有科学性和严谨性。本章基于扎根理论，探索农业创业人才生态系统的构成要素，为开展农业创业人才生态系统的实证研究和仿真分析奠定基础。

3.1 基于扎根理论的研究设计

3.1.1 扎根理论简介

扎根理论由哥伦比亚大学学者 Glaser 和 Strauss（1967）提出，目的是解决研究过程中理论支撑不足的问题。扎根理论是一种自下而上建立实质理论的方法，直接从实际观察入手，对收集到的原始资料进行分析归纳，再采用数据编码方法，总结归纳出相关理论和模型（田霖，2012）。扎根理论从资料的收集和整理到概念化和范畴化，再到最终形成理论和模型，都遵循严谨的流程。该理论虽然对收集的原始资料类型没有要求（文献资料、访谈记录、调查数据、案例报道等均可以使用），但是要求原始资料的内容必须真实可靠。在完成对原始资料的收集和整理后，按照开放性编码（Open Coding）、主轴性编码和选择性编码的步骤进行数据处理。开放性编码，是指在确定对一个中心特征和范畴进行编码前的持续比较分析过程（李志刚，2007）。研究者需要抱有开放和客观的心态，对原始资料进行反复的分析、斟酌和修改，从而达到概念提炼饱和。主轴性编码，是指通过分析和梳理，对分散的概念和范畴进行组合，发现它们彼此之间的联系，构建完整的体系结构。主轴性编码一般按照“因果条件—现象—情境—中介条件—行动—结果”的过程构建全面的理论模型，这一过程被称为“典范模型”（张敬伟、马东俊，2009）。选择性编码，是指在进一步的数据收集和理论性采样中，由研究者通过某种关系将核心范畴与其他范畴联系起来，并对初步的理论与资料进行持续比较来完善各个范畴之间的相互关系，从而建立概念完全、关系充分的最终理论。在选择性编码阶段，研究者应尽可能地收集数据佐证核心范畴，并且和前后不断形成的范畴保持理论上的一致性。扎根理论的步骤如图 3-1 所示。

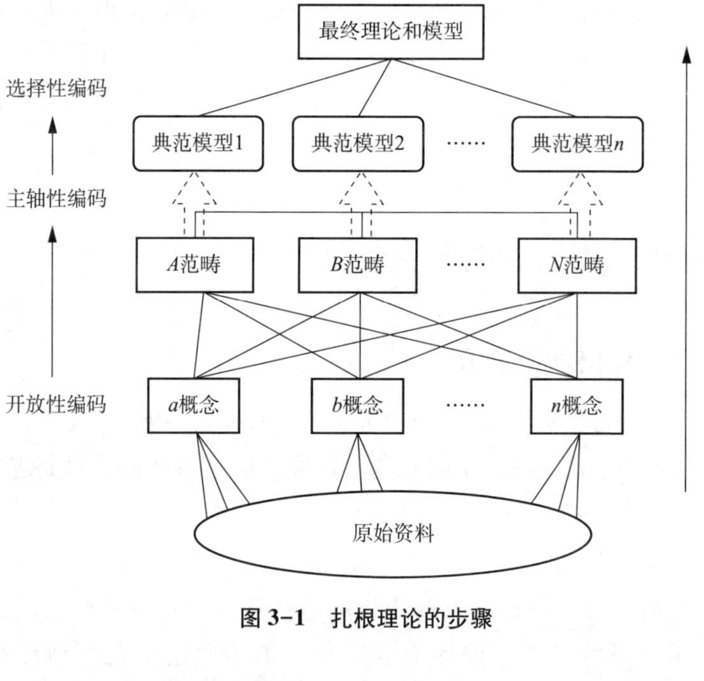

图 3-1　扎根理论的步骤

综上所述，扎根理论是一种从原始资料总结出理论的自下而上的定性研究方法，具有严谨性和科学性。目前，我国农业创业人才生态系统构成要素的相关研究还处于起步阶段，缺少充足的理论依据，非常适合采用扎根理论开展研究。

3.1.2 研究设计

本阶段的研究目的是运用扎根理论构建农业创业人才生态系统构成要素。农业创业人才生态系统是以农业创业人才为核心的创业系统，研究其构成要素不仅要明确构成主体或要素，还要厘清主体或要素的类别。因此，本阶段的研究主题包括：①探讨农业创业人才开展创业活动的影响因素；②探究农业创业人才生态系统的概念范畴；③整理农业创业人才生态系统的构成要素。

基于以上研究主题，本阶段的研究主要采用深度访谈和案例整理的方式收集数据。深度访谈对象分为两种：一种是正在创业的农业创业人才，另一种是农业创业领域的专家学者。访谈提纲主要包含以下内容：①访谈者的性别、年龄、学历、创建企业类型（或涉及的领域）等基本资料；②农业创业人才的创业动机、机会来源、资金获取渠道、创业过程中的障碍；③农业创业人才开展创业活动过程中涉及的组织或机构；④农业创业人才创业成功的影响因素；⑤农业创业人才个体素质、能力、特质对创业活动的影响；⑥农业创业人才创办的企业或组织绩效的影响因素；⑦农业创业人才创办的企业或组织在发展和运营中涉及的机构或组织。在访谈的过程中，应注意结合访谈对象的身份，进行有针对性的提问。

3.2 数据收集和分析

3.2.1 数据收集

（1）案例整理

案例整理是基于扎根理论进行研究的基础性工作，通过案例收集和整理，可以对研究领域有直观的认识和了解，为进一步开展研究奠定基础。本章通过数据访问、书籍阅读、文献搜索等方式，对农业创业领域的经典案例、新闻报道、重要书籍和相关文献进行系统梳理与学习，同时参加农业行业协会、创业协会等相关组织举办的交流会、行业论坛等，重点在于收集不同程度和不同类型的农业创业成功案例，以尽可能全面了解和掌握农业创业人才创业的现状、经验及问题；同时，广泛结识农业领域和创业领域的精英与专家，走访农业部门、创业服务机构，为后续的深度访谈积累人脉资源。

（2）深度访谈

深度访谈是一种非结构化的定性数据收集方法，通过对行业专家和农业创业人才进行针对性访问，深度揭示访谈对象关于农业创业人才创业和农业创业人才生态系统构成要素的态度与看法。研究者可以引导访谈对象围绕研究主题，结合自身情况或掌握的信息，阐述对农业创业人才开展创业活动的认识和想法，提高原始资料的完整性和有效性。在访谈对象的选择上，采用目的性抽样方式。目的性抽样是以理论饱和原则为基准，不断抽取样本，直到新抽取的样本无法提供新信息为止。研究信息趋于饱和的样本数量通常为20~30个（王睿，2012）。通过目的性抽样，本章最终选取了27个访谈对象，访谈对象的基本信息统计见表3-1。

表3-1　访谈对象基本信息统计

内容	项目	样本数（个）	占比（%）
性别	男	19	70.37
	女	8	29.63
年龄	25岁以下	2	7.41
	26~35岁	8	29.63
	36~45岁	8	29.63
	46~55岁	7	25.93
	55岁以上	2	7.41
学历	小学及以下	1	3.70
	初中	4	14.81
	高中	7	25.93
	大中专	7	25.93
	大学本科及以上	8	29.63
创业企业类型	生产（如个体农户、农业合作社、农产品生产企业）	12	44.44
	流通（如批发商、零售商、经纪人）	6	22.22
	服务（如综合服务商、物流服务商、代运营服务商、农业生产资料经营者）	7	25.93
	其他	2	7.41

在访谈进行的前一周，预约访谈对象，并以电子邮件或手机短信的形式提前告知被访谈者此次访谈的主要内容。正式访谈应在访谈对象熟悉的环境中进行，以便访谈对象保持轻松的心态，能够畅所欲言，全面真实地表达内心的想法。在访谈正式开始前，研究者会对农业创业人才、农业创业人才生态系统以及相关概念进行阐述，以帮助访谈对象更准确地理解访谈问题，从而获取有效的信息。

3.2.2 数据分析

在收集到的原始资料基础上，按照程序化扎根理论的过程，对已经整理的原始资料进行深度分析，通过开放性编码、主轴性编码和选择性编码三个步骤，分析农业创业人才生态系统的构成要素。

（1）开放性编码分析

开放性编码是数据分析的第一步。将前期整理得到的资料进行逐句提炼，并且把得到的资料和概念打散、拼接，归纳组合后得到以农业创业人才生态系统构成要素为主题的初级范畴。本阶段主要运用手工编码的方式对访谈对象的原话进行分析和编码，并参考人才生态系统理论和创业生态系统理论及相关文献，在对原始资料语句进行深入研究的基础上将其概念化和范畴化。在剔除与研究主题无关的语句后，提炼出 73 个概念（见附录 A）。经过初次编码提炼的概念比较分散且层级较低，需要进一步归纳和处理，将概念进一步聚合和提炼的过程被称为“范畴分析”。对 73 个概念做进一步的提炼和归纳，可得到 17 个范畴，见表3-2。

表 3-2 开放性编码的范畴和含义

编号	范畴	代码	含义
1	政府机构	A1	工作人员办公效率较高
		A8	优惠的税收政策
		A35	创业用地优惠政策
		A41	政府规范创业的法制环境
		A46	当地政府出台了许多优惠政策
		A55	政府提供创业项目
		A57	当地政府态度较好

续表

编号	范畴	代码	含义
2	满怀希望	A2	努力实现目标
		A7	任何问题都能解决
		A64	认为自己成功
3	创业能力	A3	社交能力
		A4	沟通能力
		A11	学习能力
		A19	应变能力
		A34	市场洞察能力
		A50	创新
4	服务机构	A5	信息咨询服务
		A9	创业法律指导
		A70	知识培训服务
		A71	注册、登记、审批程序帮助
5	市场环境	A6	市场公平公正
		A26	方便销售产品
		A30	创造新产品
		A33	市场竞争压力小
		A51	有广阔的市场资源
		A65	从市场上获得有效消息
		A67	市场变化程度
6	社会关系	A10	与政府人员的关系
		A31	与研究机构交流
		A44	供应商关系
		A45	与金融机构的关系
		A47	参与行业协会活动
		A52	客户关系
		A59	关注出台的政策法规
		A61	与其他企业的关系
		A62	与竞争对手的关系

续表

编号	范畴	代码	含义
7	金融机构	A12	完善的融资政策
		A14	容易获得低息贷款
		A39	创业基金
		A53	融资渠道多样
8	基础设施	A13	交通便利
		A20	水电便利
		A32	原材料丰富
		A37	通信便利
		A43	可用土地资源
9	身体素质	A15	身体健康
		A18	工作时精力充沛
10	忍耐力	A16	克服挫折
		A48	主动解决问题
		A60	扛得住压力
11	创业氛围	A17	当地文化鼓励创业
		A27	参与创业的人较多
		A42	家人的支持
		A69	成功的创业榜样
12	创业信心	A21	目标正确
		A49	沟通顺利
		A58	准确表达自己
13	创业知识	A22	学历较高
		A24	参加创业培训
		A25	管理知识
		A56	农业专业背景
		A66	参加农业知识培训
14	创业经验	A23	管理经验
		A28	打工经验
		A29	创业经验

续表

编号	范畴	代码	含义
15	积极乐观	A36	按期望发展
		A38	期盼好结果
		A40	企业未来会良好发展
16	企业绩效	A54	利润增长
		A63	规模扩大
		A72	顾客满意度提高
17	研究机构	A68	成果转化
		A73	研发合作

（2）主轴性编码

主轴性编码是扎根理论的第二步，是将开放性编码中得到的范畴按照一定的相关性进行关联形成一个整体。主轴性编码可以采用典范模型进行范畴关系的构建。在开放性编码阶段，原始资料经过提炼得到的概念和范畴是相互独立的，彼此间的关系并不明确。在主轴性编码阶段，把分散的范畴通过“因果条件—现象—情境—中介条件—行动—结果”这一过程进行聚类分析，找出不同范畴间的内在联系。运用典范模型对 17 个范畴做进一步整合，如图 3-2 所示。

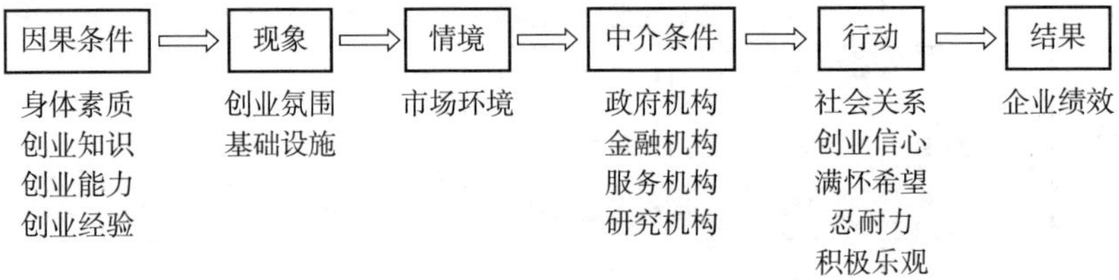

图 3-2　典范模型

（3）选择性编码

选择性编码是扎根理论的第三步，是对开放性编码和主轴性编码得出的范畴之间关系的检验和补充，并在此基础上整合提取核心范畴。通过扩充和持续对比资料和数据，不断完善范畴之间的关系，从而达到理论饱和。在选择性编码阶段，可以采用“故事线”分析方法构建核心范畴与其他范畴之间的关系。“故事线”分析方法是将案例中的现象描述和故事脉络概念化，将主要范畴连接起来产生核心范畴，继而构建研究的理论框架。根据前文分析，可以对农业创业人才生态系统构建如下“故事线”：农业创业人才个体凭借自身具备的创业知识和能力，在家人的支持下，受到周围创业榜样的影响，把握合适的创业机会，在与农业创业相关的主体（如政府机构、金融机构）支持下，克服各种困难，开展创业活动，成立一定的组织或机构，获得利益回报并创造价值。总的来看，农业创业人才生态系统就是基于农业创业人才个体开展创业活动形成的，它最终以农业创业人才创办的企业或组织为载体完成价值创造。对整个故事脉络进行分析，再结合数据资料，总结出农业创业人才生态系统的四个核心范畴：农业创业人才生态系统主体要素、农业创业人才生态系统环境要素、农业创业人才个体和农业创业人才创业企业。这四个核心范畴之间没有遗漏和重复，共同构成了农业创业人才生态系统，如图 3-2 所示。

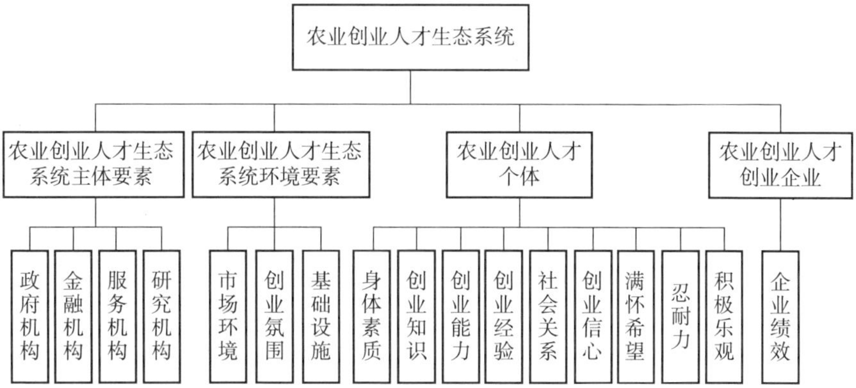

图 3-3　农业创业人才生态系统“故事线”

3.3　信度与效度检验

相较于其他理论分析方法，扎根理论的优点在于不受数据类型的限制，能够灵活运用各种典型案例、访谈记录、新闻报道和文献提炼研究理论，但是采用扎根理论得到的结论在适用性方面有一定的不确定性，并且通过深入访谈收集到的资料很容易受到访谈对象工作背景和生活经历的影响。因此，在扎根理论分析的过程中，一定要严格遵守相关要求和步骤，并进行一定的信度检验和效度检验，以确保研究的可信性和有效性。

3.3.1 信度检验

扎根理论的信度检验有以下三种方式。①在原始资料的收集上确保可信度。开展深入访谈时，应全程录音，在对典型案例、新闻报道、重要书籍和相关文献进行整理时，不能加入研究者个人的主观想法，要完全采用原始语句整理，并且资料收集完成后立即着手处理，减少时间间隔，确保原始资料整理的连贯性和真实性。②在资料的编码上确保可信度。农业创业人才是一个新兴群体，研究文献较少，因此编码的资料主要是访谈记录和典型案例，在对原始资料进行整理的过程中，应尽可能收集出现的所有概念和要素，并重点关注出现频率较高的概念和要素，确保编码的完整性和有序性。③在理论的补充上确保可信度。在扎根理论分析的过程中，研究者会继续收集资料，并将得到的概念和范畴与新资料进行对比，一旦发现有新的概念出现，就及时通过邮件、电话等方式与访谈对象进行沟通，直到没有新的概念和范畴出现，确保研究理论达到饱和。

3.3.2 效度检验

单纯依靠访谈资料构建理论可能因为访谈对象的记忆偏差和表述模糊造成理论有效性不高。在扎根理论的效度检验中，一般采用三角检验法，通过多角度和立场收集与主题相关的资料，对其进行比较（朱荣，2010）。首先，本书的访谈对象不仅是农业创业人才，还邀请了领域内的研究专家和学者，避免了访谈结果的主观性和片面性。其次，在开展正式的深入访谈之前，进行了多次试访谈，一旦发现访谈大纲的不足之处，立刻进行修改，并且在访谈结束后将访谈记录交给访谈对象审阅，在得到访谈对象的确认和许可后才用于资料的分析，这在一定程度上提高了资料的有效性。最后，本书采用权威媒体关于农业创业人才创业成功的一些新闻报道（覆盖了我国主要的农业生产省份和农业行业类型），补充了深入访谈和文献中没有获取到的信息。以上做法在一定程度上提高了扎根理论研究的有效性。

3.4 农业创业人才生态系统构成要素

采用扎根理论研究方法，对农业创业人才生态系统的构成要素进行分析，构建包含 4 个核心范畴、17 个主要范畴和 73 个概念的要素框架，见表 3-3。

表 3-3 农业创业人才生态系统构成要素

名称	核心范畴	主要范畴	概念
农业创业人才生态系统	农业创业人才生态系统主体要素	政府机构	工作人员办公效率较高，优惠的税收政策，创业用地优惠政策，政府规范创业的法制环境，当地政府出台了许多优惠政策，政府提供创业项目，当地政府态度较好
		金融机构	完善的融资政策，容易获得低息贷款，创业基金，融资渠道多样
		服务机构	信息咨询服务，创业法律指导，知识培训服务，注册、登记、审批程序帮助
		研究机构	成果转化，研发合作
	农业创业人才生态系统环境要素	市场环境	市场公平公正，方便销售产品，创造新产品，市场竞争压力小，有广阔的市场资源，从市场上获得有效消息，市场变化程度
		创业氛围	当地文化鼓励创业，参与创业的人较多，家人的支持，成功的创业榜样
		基础设施	交通便利，水电便利，原材料丰富，通信便利，可用土地资源
	农业创业人才个体	身体素质	身体健康，工作时精力充沛
		创业知识	学历较高，参加创业培训，管理知识，农业专业背景，参加农业知识培训
		创业能力	社交能力，沟通能力，学习能力，应变能力，市场洞察能力，创新
		创业经验	管理经验，打工经验，创业经验
		创业信心	目标正确，沟通顺利，准确表达自己

续表

名称	核心范畴	主要范畴	概念
农业创业人才生态系统	农业创业人才个体	忍耐力	克服挫折，主动解决问题，扛得住压力
		积极乐观	按期望发展，期盼好结果，企业未来会良好发展
		满怀希望	努力实现目标，任何问题都能解决，认为自己成功
		社会关系	与政府人员的关系，与研究机构交流，供应商关系，与金融机构的关系，参与行业协会活动，客户关系，关注出台的政策法规，与其他企业的关系，与竞争对手的关系
	农业创业人才创业企业	企业绩效	利润增长，规模扩大，顾客满意度提高

（1）农业创业人才生态系统主体要素

农业创业人才生态系统主体要素，是指在农业创业人才生态系统中，除了人才个体及其创立的企业之外，与农业创业活动相关的主体。农业创业人才生态系统主体要素包括政府机构、金融机构、服务机构和研究机构，这些主体要素在农业创业人才开展创业的过程中起到了重要作用。政府机构一方面是创业政策的制定者，能够影响市场机制和行业的发展；另一方面能为农业创业人才提供创业扶持资金、税收优惠等福利。金融机构能够为创业企业提供所需资金。服务机构能够为农业创业人才提供法律、信息等方面的咨询和帮助，还能开展相关知识培训。研究机构可以与企业合作，为企业研发新的产品和技术，而企业可以将研究出的新产品投入生产，向市场推广。这些主体要素是农业创业人才生态系统的重要组成部分。

（2）农业创业人才生态系统环境要素

农业创业人才生态系统环境要素，是指在农业创业人才或创业企业开展创业活动的过程中，能够对农业创业人才或创业企业产生影响，但是无法归属于某个具体组织或机构的要素。农业创业人才生态系统环境要素包括市场环境、创业氛围和基础设施。市场环境直接影响农业创业人才能否创业成功，如果市场资源广阔，信息交流畅通，并且竞争和交易相对公平，那么农业创业人才创业成功的概率就会较高；反之，如果市场信息较闭塞，恶性竞争和不公平交易泛滥，创业成功的概率就会较低。如果家人和周围的朋友都积极支持创业，并且处在鼓励创业的氛围中，农业创业人才选择创业的可能性和动力就会加大。此外，农业行业的创业对基础设施的要求较高，良好的水电和通信、便利的交通运输、丰富的原材料和土地资源都是创业成功的必要条件。

（3）农业创业人才个体

农业创业人才个体是开展创业活动的关键主体，也是农业创业人才生态系统的核心。农业创业活动起源于农业创业人才自身对事业和价值创造的追求，并且创业企业初期的发展主要依靠农业创业人才的个体特质。"身体是革命的本钱"，只有拥有健康的身体，才能更好地开展创业活动。扎实的专业技能和丰富的知识结构能帮助农业创业人才作出正确合理的判断与决策。企业不仅要创办，还要运营，这就离不开农业创业人才的社交能力、沟通能力、应变能力和市场洞察力等。积极乐观的心态、吃苦耐劳的品德能使农业创业人才在面临困难和挫折时沉着应对。此外，拥有一定的人脉，也能帮助农业创业人才获取重要的资源和信息。因此，农业创业人才个体的身体素质、知识技能、能力经验、心态品格及其拥有的社会资源，都会对创业活动的成败产生巨大影响。

（4）农业创业人才创业企业

农业创业人才创业企业是指农业创业人才创立的机构或组织，是开展创业活动的载体，也是农业创业人才生态系统中物质交换、能量流动和信息传递的中心。农业创业人才通过创立企业实现自身的事业目标和利益回报。农业创业人才创业企业的良好运营和不断成长就代表了创业活动的成功。

第4章

Chapter 4

农业创业人才生态系统要素关系实证分析

上一章结合扎根理论分析了农业创业人才生态系统的构成要素。本章将以此为基础，对农业创业人才生态系统构成要素之间的关系提出研究假设、设计测量变量、发放调查问卷，并运用结构方程模型进行实证分析，以验证农业创业人才生态系统要素间的相关性，并为开展农业创业人才生态系统的仿真研究奠定基础。

4.1 模型构建

4.1.1 概念模型

农业创业人才生态系统要素之间的关系如图 4-1 所示。但是，人类是一种复杂的生物，人才个体具有多种特征和禀赋，而且从农业创业人才生态系统要素框架中可以发现，农业创业人才个体的概念较多，对其难以进行量化。因此，本章对农业创业人才个体要素做进一步分类，以便更好地进行实证分析。人力资本研究开始于 20 世纪中期，社会资本在过去 20 年间一直是组织行为学研究的热点，而心理资本则是近 10 年人力资源管理领域的热点问题。人力资本是指个体通过培训、学习获得的专业知识、技能和经验；社会资本是指通过社会关系、朋友网络建立的人际关系资源；心理资本是指对工作绩效有促进作用，并且在特定情境下表现出的一种积极的心理能力，它能够被测量和开发。尽管这三种资本来源于不同的研究领域，但是它们共同构成了人才个体可以客观测量、投资开发和有效管理的人力资源（仲理峰，2007）。人力资本、社会资本和心理资本共同存在于个体身上，人力资本和社会资本是显在的、可见的部分，具有极大的变动性，而心理资本是潜在的、隐含的部分，具有相对的稳定性（张洪霞，2013）。人才的价值可以通过其拥有的人力资本、社会资本和心理资本来衡量，这三种资本共同决定了人才的竞争力（陈向军、莫莉，2008）。因此，本章将农业创业人才个体划分为农业创业人才人力资本、农业创业人才社会资本和农业创业人才心理资本。农业创业人才生态系统概念模型如图 4-2 所示。

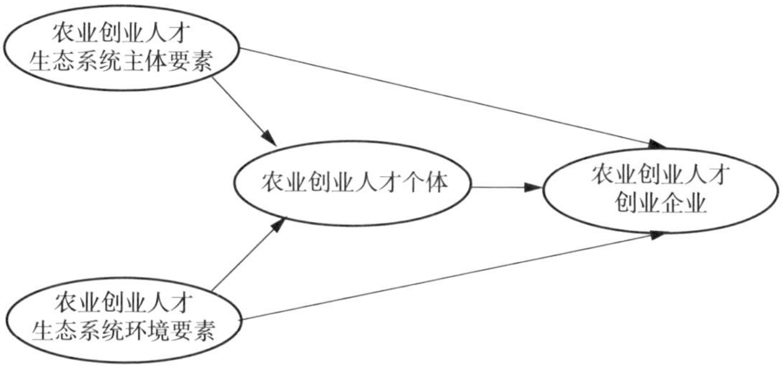

图 4-1　农业创业人才生态系统要素之间的关系

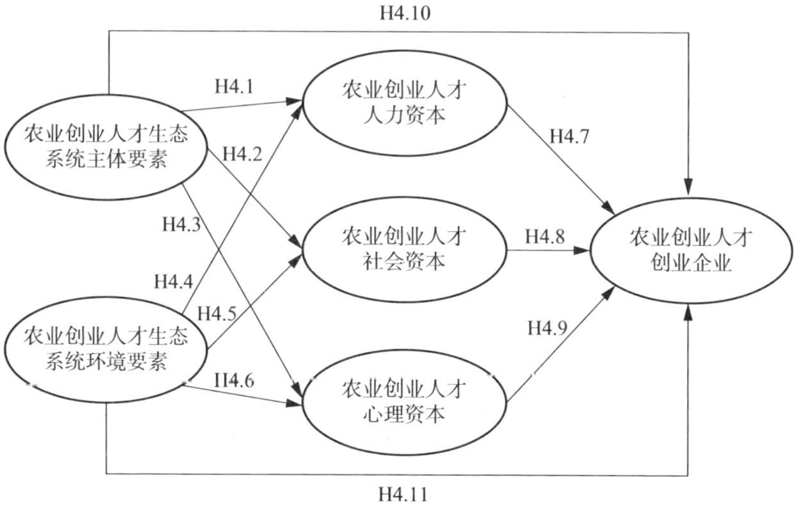

图 4-2　农业创业人才生态系统概念模型

4.1.2 研究假设

（1）农业创业人才生态系统主体对农业创业人才人力资本、社会资本和心理资本的影响

人力资本通常包括知识、经验和能力等。屈小博（2013）通过研究证实了培训是提高劳动力专业技能水平和专业人力资本积累水平的有效途径之一。当地政府或者创业服务机构开展的创业培训、法律咨询等活动能有效帮助农业创业人才积累创业所需的知识和技能。当地行业协会举办的交流活动也能为创业人才创建经验分享的平台。农业创业人才在与金融机构、服务机构和科研机构进行交易或合作时，也能积累知识和经验，提高各方面的能力。基于以上分析，提出以下假设：

H4.1：农业创业人才生态系统主体正向影响农业创业人才人力资本。

服务机构开展的创业培训、行业协会举办的交流会等活动为农业创业人才提供了与供应商、竞争对手、其他企业接触和交流的机会；农业创业人才在与政府机构、金融机构、科研机构打交道的同时，也与之建立了关系，这是一种社会资本的积累。基于以上分析，提出以下假设：

H4.2：农业创业人才生态系统主体正向影响农业创业人才社会资本。

班杜拉（2007）提出，个体心理和周围环境是独立的实体，二者存在相互作用。当个体感知到周围环境友好时，会根据感知到的环境中的机会和资源评估自己的创业能力，个体的自信心会提升；反之，当个体感知到周围环境恶劣时，其创业信心会下降。因此，政府机构为农业创业人才制定优惠的创业政策，金融机构为农业创业人才提供便利的贷款通道，以及服务机构与研究机构友好的合作态度，都能增强农业创业人才创业成功的希望和信心。基于以上分析，提出以下假设：

H4.3：农业创业人才生态系统主体正向影响农业创业人才心理资本。

（2）农业创业人才生态系统环境对农业创业人才人力资本、农业创业人才社会资本和农业创业人才心理资本的影响

张治栋和荣兆梓（2009）提出，创业环境除了能为创业者提供创业机会外，还具有示范效应和榜样作用。如果处在鼓励创业的氛围中，周围有共同创业的朋友，还有成功创业的榜样，农业创业人才个体就会在耳濡目染中了解农业行业的运作规律和创业步骤，学习到在什么情况下可以开展

什么创业活动，在提高创业动力的同时，还能不断积累知识、提升能力。另外，在市场环境中，对创业机会的追求和把握也是对人力资本的一种锻炼和提升。基于以上分析，提出以下假设：

H4.4：农业创业人才生态系统环境正向影响农业创业人才人力资本。

每个人都处在一定的社会网络中，但是每个个体在社会网络中的位置却不同，获取和掌握的信息也不尽相同。信息本身就有一定的权利和价值。农业创业人才在市场中收集和交换信息时会与对方建立联系，形成社会网络，积累社会资本。基于以上分析，提出以下假设：

H4.5：农业创业人才生态系统环境正向影响农业创业人才社会资本。

蒋剑勇和郭红东（2012）研究后发现，长期形成的创业氛围会影响嵌入其中的创业者意向，周围有成功的创业榜样将增强创业者的创业意向，同时家人、亲戚或朋友的支持能增强创业者的信心。农业创业有较高的风险，家人、亲戚或朋友的支持和鼓励不仅能增强农业创业人才创业的信心，在其遭遇挫折时，也能使其以积极的心态面对。基于以上分析，提出以下假设：

H4.6：农业创业人才生态系统环境正向影响农业创业人才心理资本。

（3）农业创业人才人力资本、社会资本和心理资本对农业创业人才创业企业的影响

创业过程非常艰难，需要创业者具备多方面的能力。有关研究指出，创业者需要具备对市场变化作出及时反应的能力，识别潜在发展机会、构建和维持与投资者良好关系的能力，以及创新能力和企业管理能力等（赵浩兴、张巧文，2013）。创业者多方面的能力对新创企业的发展有积极的影响。创业经验和行业经验能够帮助创业者克服创业过程中遇到的困难，也有助于其创建企业的发展（王晓文 等，2012）。基于以上分析，提出以下假设：

H4.7：农业创业人才人力资本正向影响农业创业人才创业企业。

农业创业人才社会资本是其拥有的一种外部关系优势，能够帮助其更好地发现创业机会、整合创业资源，推动创业活动顺利开展。在人脉关系网络的帮助下，农业创业人才不仅能以较低的价格获得企业经营所需的生产资料，还能获得对新创企业发展有重大影响的关键信息（秦剑、张玉利，2013）。丰富的社会资本还能增强农业创业人才的风险意识和环境适

应性，帮助新创企业降低外部风险，有助于企业技术的不断升级。基于以上分析，提出以下假设：

H4.8：农业创业人才社会资本正向影响农业创业人才创业企业。

目前，学术界普遍认同的心理资本理论是由 Luthans 等（2004）提出的，他们将心理资本划分为自我效能感、乐观、希望和韧性四个维度。许多学者通过实证分析证明了员工心理资本与工作绩效呈正相关关系。程聪（2015）通过实证分析验证了创业者心理资本对创业绩效有显著的正向影响。自我效能感较高的创业者在面对具有挑战性的工作时能够拼尽全力；乐观的创业者在面对创业困难时能够保持良好的心态，较快走出低谷；抱有较高希望的创业者在创业过程中也拥有较大的动力，坚韧的特质使创业者在逆境中拥有百折不挠的斗志（王迪 等，2015）。农业创业人才的优秀特质在企业的建立和发展过程中都起到了重要作用。基于以上分析，提出以下假设：

H4.9：农业创业人才心理资本正向影响农业创业人才创业企业。

（4）农业创业人才生态系统主体对农业创业人才创业企业的影响

政府机构制定的创业优惠政策，既是帮助农业创业人才的，也是扶持创业企业的。创业政策是当地政府对创业企业态度的反映，政策支持力度越大，企业越容易获得各种要素资源，对企业经营和发展越有利。完善的金融法规，多样的融资渠道，使企业更容易获得外部融资，从而提升企业绩效。刘畅等（2015）在对 272 家农村微型企业进行调查后发现，政策支持和金融支持对农村微型企业的生存绩效、成长绩效、创新绩效有显著的正向影响。基于以上分析，提出以下假设：

H4.10：农业创业人才生态系统主体正向影响农业创业人才创业企业。

（5）农业创业人才生态系统环境对农业创业人才创业企业的影响

刘畅等（2015）基于黑龙江、辽宁、河南三省 129 家农村微型企业的调查数据分析，发现基础设施对农村微型企业的成长绩效具有显著的正向影响，市场环境对农村微型企业的创新绩效具有显著的正向影响，地区文化对农村微型企业的生存绩效具有显著的正向影响。便利的水、电、通信、交通资源是创业企业正常运营的必要条件，而丰富的原材料不仅能提高创业企业的生产效率，还能减少生产成本。基于以上分析，提出以下假设：

H4.11：农业创业人才生态系统环境正向影响农业创业人才创业企业。

4.1.3 数学模型

根据分析，系统主体、系统环境、人力资本、社会资本、心理资本和创业企业在同一个系统内相互作用，而传统的经济计量方法不能同时分析多个自变量和因变量，因此结构方程模型更加符合本章的研究要求，其公式为

$$X=\Lambda_X\xi+\delta \tag{4-1}$$

$$Y=\Lambda_Y\eta+\varepsilon \tag{4-2}$$

$$\eta=B\eta+\Gamma\xi+\zeta \tag{4-3}$$

式（4-1）为外生变量测量方程。其中，$X=(x_1, x_2, \cdots, x_n)^T$ 为创业环境的外生指标列向量；Λ_X 为系数矩阵，反映外生指标与外生潜变量（系统主体和系统环境）之间的关系；ξ 为创业环境潜变量；δ 为误差项。式（4-2）为内生变量测量方程。其中，$Y=(y_1, y_2, \cdots, y_r)^T$ 为人力资本、社会资本、心理资本和创业企业绩效的内生指标列向量；Λ_Y 为系数矩阵，反映内生指标与内生潜变量（人力资本、社会资本、心理资本和创业企业绩效）之间的关系；$\eta=(\eta_1, \eta_2, \eta_3, \eta_4)^T$ 为人力资本、社会资本、心理资本和创业企业绩效潜变量列向量；ε 为误差项。式（4-3）为结构方程。其中，ξ、η 含义与前两个公式相同；B 为系数矩阵，反映人力资本、社会资本、心理资本、创业企业绩效潜变量之间的关系；Γ 为系数矩阵，反映系统主体、系统环境潜变量对人力资本、社会资本、心理资本、创业企业绩效潜变量的影响；ζ 为残差向量。

4.2 研究设计

4.2.1 变量测量

（1）农业创业人才生态系统主体

根据农业创业人才的特点，在朱红根和解春艳（2012）、高小锋和魏凤（2014）等的量表基础上，结合第 3 章扎根理论统计出的相关概念，将农业创业人才生态系统主体变量设计为政府机构、金融机构、服务机构和研究机构 4 个二级潜变量和 14 个观察变量，见表 4-1。

表 4-1 农业创业人才生态系统主体变量

二级潜变量	代码	观察变量	代码
政府机构	ZF	农业创业税收优惠政策	ZF1
		农业创业用地优惠政策	ZF2
		农业创业门槛较低	ZF3
金融机构	JR	容易获得低息贷款	JR1
		为创业提供资金支持或补助	JR2
		多种融资渠道	JR3
		完善的融资政策	JR4
服务机构	FW	注册、登记、审批程序帮助	FW1
		知识培训服务	FW2
		创业法律指导	FW3
		信息咨询服务	FW4
研究机构	YJ	成果转化	YJ1
		鼓励使用新技术	YJ2
		研发合作	YJ3

（2）农业创业人才生态环境主体

根据农业创业人才的特点，在高小锋和魏凤（2014），刘畅、齐斯源和王博（2015）的量表基础上，结合第 3 章扎根理论统计出的相关概念，将农业创业人才生态系统环境变量设计为市场环境、创业氛围、基础设施 3 个二级潜变量和 9 个观察变量，见表 4-2。

表 4-2 农业创业人才生态系统环境变量

二级潜变量	代码	观察变量	代码
市场环境	SC	产品市场需求量	SC1
		市场竞争压力	SC2
		产品发展前景	SC3
创业氛围	CY	周围有很多人创业成功	CY1
		得到家人和朋友支持	CY2
		鼓励创业	CY3
基础设施	SS	交通、通信、水电设施良好	SS1
		土地资源丰富	SS2
		原材料丰富	SS3

（3）农业创业人才人力资本

目前，学者对创业者人力资本的研究从各自的角度出发，对人力资本维度的划分也不尽相同。性别、学历、民族、年龄等个体特征都被纳入人力资本的范畴。例如，王晓文等（2012）、房路生等（2010）从年龄、学历、身体状况、受教育程度、工作经验、对创业成功的期望值等方面测量创业者的人力资本状况；罗明忠和陈明（2014）从打工经历、文化程度两个方面测量农民创业者的人力资本水平。本章从人才的角度出发，在赵浩兴和张巧文（2013）、胡江霞和文传浩（2016）的量表基础上，结合农业创业人才的特点，将农业创业人才人力资本划分为身体素质、创业知识、创业能力、创业经验 4 个二级潜变量和 17 个测量变量，见表 4-3。

表 4-3 农业创业人才人力资本变量

二级潜变量	代码	观察变量	代码
身体素质	ST	健康状况	ST1
		工作时精力充沛	ST2
创业知识	ZS	较高的学历	ZS1
		丰富的农业知识	ZS2
		农业知识培训	ZS3
		创业培训	ZS4
		管理知识	ZS5
创业能力	NL	学习能力	NL1
		市场洞察能力	NL2
		应变能力	NL3
		沟通能力	NL4
		社交能力	NL5
		创新能力	NL6
		管理能力	NL7
创业经验	JY	管理经验	JY1
		创业经验	JY2
		打工经验	JY3

（4）农业创业人才社会资本

目前，学术界对社会资本的划分方法有很多种。有的学者从商业网络嵌入的角度，将农民创业者的社会资本划分为结构嵌入型社会资本和关系嵌入型社会资本（黄洁、蔡根女，2010）。Sequeira 等（2007）认为，来源于社会资本的创业支持主要有获取资金、分享商业经验、交流创业信息和商业机会、介绍客户、合作伙伴、供应商。考虑到农业创业人才集合了创业者、人才和农业产业三种因素，本章在张鹏等（2015）、解蕴慧等（2013）、黄洁（2010）量表的基础上，将农业创业人才社会资本分为纵向社会资本、横向社会资本和社会关系资本 3 个二级潜变量和 10 个观测变量，见表 4-4。

表 4-4　农业创业人才社会资本变量

二级潜变量	代码	观察变量	代码
纵向社会资本	ZX	与供应商关系良好	ZX1
		与客户关系良好	ZX2
横向社会资本	HX	与竞争对手关系良好	HX1
		与其他企业（除竞争对手和供应商以外）关系良好	HX2
社会关系资本	GX	经常参与行业协会组织的活动	GX1
		经常与科研机构交流	GX2
		与各级行政人员关系良好	GX3
		与金融机构关系良好	GX4
		关注出台的政策法规	GX5
		与大学和科研机构有合作项目	GX6

（5）农业创业人才心理资本

目前，较为成熟的心理资本测量量表是 Luthans 等（2007）的 PCQ-24 量表，该量表将心理资本划分为自我效能感（Self-efficacy）、希望（Hope）、韧性（Resilience）、乐观（Optimism）4 个维度，其信度和效度也得到了验证。本章借鉴 PCQ-24 量表的题目对农业创业人才心理资本进行测量。

（6）农业创业人才创业企业

考虑到农业创业人才创业企业类型的多样性，单纯选择销售收入或利润等定量指标衡量创业企业绩效缺乏公平性。因此，本章参考朱红根和解春艳（2012）、高小锋和魏凤（2014）的量表，从企业利润、销售收入、员工人数、企业规模、新产品开发和顾客满意度 6 个方面，设计主观评价指标对农业创业人才创业企业的绩效进行测量，见表 4-5。

表 4-5 农业创业人才创业企业变量

潜变量	代码	测量变量	代码
创业企业	QY	企业利润不断增长	QY1
		企业销售收入不断增加	QY2
		企业员工人数不断增加	QY3
		企业规模不断扩大	QY4
		企业不断开发新产品	QY5
		顾客满意度越来越高	QY6

4.2.2 问卷设计

在设计农业创业人才生态系统调查问卷时，不仅要遵循简单、清晰、完整、规范、可靠等原则，还要考虑后续的数据分析问题。此次问卷设计主要分为两个部分。第一部分是农业创业人才个体基本信息的调查，包含性别、年龄、学历、创业前的工作经历、创业企业的类型、创业企业所在地区、创业资金来源和互联网技术的使用。第二部分是农业创业人才生态系统要素关系的调查，在综合考虑农业创业人才和测量变量的特征后，选用李克特量表。李克特量表是社会学、管理学和心理学领域常用的一种态度量表，能够直观、准确地表明被调查者对某一事物的态度和看法。常见的李克特量表有 5 分量表、7 分量表和 10 分量表。本章的调查问卷选用 5 分量表，被调查者从“完全不同意”“基本不同意”“不确定”“基本同意”“完全同意”中选择最能表达其观点的选项。在进行数据统计时，分别用 1 分、2 分、3 分、4 分、5 分进行计分，各题项得分累加后得出总分（亓莱滨，2006）。

4.3 小样本预调查

本次调查在对小部分农业创业人才和专家发放调查问卷之后，收集问卷并进行数据分析和信效度检验，再根据相关标准对测量量表进行修改，从而生成正式测量量表。

4.3.1 预调查数据收集

为了确保测量量表的合理性和适用性，我们邀请了农业经济管理、企业管理和人力资源管理领域的 12 名专家和 31 位农业创业人才进行小样本预调查，并请他们对调查问卷提出修改建议。农业创业人才与普通创业者不同，他们具备一定的农业专业知识或专门技能，具有较高的能力和素质。农业创业人才应符合以下 4 个条件：①是企业或组织的创办人；②其创业活动在农业或相关领域；③具有一定的农业专业背景或接受过农业技能培训；④其创办的企业运用互联网技术开展经营活动，如购买原材料、销售产品、宣传企业、沟通客户。我们通过电子邮件将调查问卷发放给每一位被调查者，回收的问卷数据运用 SPSS 22.0 软件进行分析。

4.3.2 预调查量表信度检验

采用修正的项目总相关系数（Corrected Item-Total Correlation，CITC）和克隆巴赫系数（Cronbach's α）对测量量表题项进行筛选和信度检验。筛选和检验的步骤与标准如下：首先，将 CITC 值小于 0.5 的题项删除；其次，对删除后的测量量表进行 Cronbach's α 系数计算，Cronbach's α 系数均大于 0.6，表明测量量表通过了检验。本章分别对农业创业人才生态系统主体要素、农业创业人才生态系统环境要素、农业创业人才人力资本、农业创业人才社会资本、农业创业人才心理资本和农业创业人才创业企业绩效的测量量表进行 CITC 值和 Cronbach's α 系数分析。

（1）农业创业人才生态系统主体要素信度检验

农业创业人才生态系统主体要素的 CITC 值和 Cronbach's α 系数见表 4-6，14 个测量题项的 CITC 值均大于 0.5，且整体 Cronbach's α 系数为 0.902，大于 0.6，达到了判断标准，表明农业创业人才生态系统主体要素的测量量表符合标准，其内部一致性较好，信度较高。

表 4-6 农业创业人才生态系统主体要素信度检验

编号	CITC 值	Cronbach's α 系数	
ZF1	0.528	0.898	初始 α 系数 = 0.902 最终 α 系数 = 0.902
ZF2	0.556	0.896	
ZF3	0.582	0.895	
JR1	0.629	0.893	
JR2	0.708	0.890	
JR3	0.567	0.896	
JR4	0.599	0.895	
FW1	0.550	0.897	
FW2	0.666	0.892	
FW3	0.691	0.891	
FW4	0.748	0.889	
YJ1	0.580	0.895	
YJ2	0.598	0.895	
YJ3	0.551	0.897	

（2）农业创业人才生态系统环境要素信度检验

农业创业人才生态系统环境要素的 CITC 值和 Cronbach's α 系数见表 4-7，9 个测量题项的 CITC 值均大于 0.5，且整体 Cronbach's α 系数为 0.870，大于 0.6，达到了判断标准，表明农业创业人才生态系统环境要素的测量量表符合标准，其内部一致性较好，信度较高。

表 4-7 农业创业人才生态系统环境要素信度检验

编号	CITC 值	Cronbach's α 系数	
SC1	0.702	0.849	初始 α 系数 = 0.870 最终 α 系数 = 0.870
SC2	0.514	0.851	
SC3	0.711	0.847	
CY1	0.554	0.861	
CY2	0.639	0.853	
CY3	0.688	0.849	
SS1	0.694	0.848	
SS2	0.669	0.851	
SS3	0.634	0.854	

（3）农业创业人才人力资本信度检验

农业创业人才人力资本的 CITC 值和 Cronbach's α 系数见表 4-8，其中，编号为 ZS1、ZS5、NL1、NL3、NL5 题项 CITC 值小于 0.5，不符合标准，将其删除。删除这些题项后，测量量表整体 Cronbach's α 系数由 0.851 变为 0.913，大于 0.6，达到了判断标准，此时的农业创业人才人力资本测量量表符合标准，其内部一致性较好，信度较高。

表 4-8　农业创业人才人力资本信度检验

编号	CITC 值	Cronbach's α 系数	
ST1	0.679	0.849	初始 α 系数=0.851 最终 α 系数=0.913
ST2	0.721	0.848	
ZS1	~~0.273~~	~~0.857~~	
ZS2	0.632	0.850	
ZS3	0.677	0.849	
ZS4	0.586	0.851	
ZS5	~~0.402~~	~~0.846~~	
NL1	~~0.208~~	~~0.866~~	
NL2	0.842	0.846	
NL3	~~0.313~~	~~0.856~~	
NL4	0.828	0.846	
NL5	~~0.394~~	~~0.847~~	
NL6	0.843	0.846	
NL7	0.852	0.845	
JY1	0.823	0.846	
JY2	0.732	0.848	
JY3	0.574	0.852	

（4）农业创业人才社会资本信度检验

农业创业人才社会资本的 CITC 值和 Cronbach's α 系数见表 4-9，其中，编号为 GX3、GX5 题项的 CITC 值小于 0.5，不符合标准，将其删除。删除这些题项后，测量量表整体 Cronbach's α 系数由 0.857 变为 0.893，大于 0.6，达到了判断标准，此时的农业创业人才社会资本测量量表符合标准，其内部一致性较好，信度较高。

表 4-9 农业创业人才社会资本信度检验

编号	CITC 值	Cronbach's α 系数	
ZX1	0.605	0.885	初始 α 系数=0.857 最终 α 系数=0.893
ZX2	0.549	0.889	
HX1	0.659	0.881	
HX2	0.757	0.875	
GX1	0.762	0.874	
GX2	0.693	0.879	
GX3	~~0.425~~	~~0.887~~	
GX4	0.514	0.891	
GX5	~~0.417~~	~~0.898~~	
GX6	0.692	0.879	

（5）农业创业人才心理资本信度检验

农业创业人才心理资本的 CITC 值和 Cronbach's α 系数见表 4-10，24 个测量题项的 CITC 值均大于 0.5，且整体 Cronbach's α 系数为 0.869，大于 0.6，达到了判断标准，表明农业创业人才心理资本的测量量表符合标准，其内部一致性较好，信度较高。

表 4-10 农业创业人才心理资本信度检验

编号	CITC 值	Cronbach's α 系数	
SEF1	0.815	0.867	初始 α 系数=0.869 最终 α 系数=0.869
SEF2	0.705	0.868	
SEF3	0.808	0.867	
SEF4	0.785	0.867	
SEF5	0.769	0.868	
SEF6	0.701	0.868	
HOP1	0.784	0.867	
HOP2	0.806	0.867	
HOP3	0.793	0.867	
HOP4	0.614	0.869	
HOP5	0.791	0.867	
HOP6	0.742	0.868	

续表

编号	CITC 值	Cronbach's α 系数	
RSL1	0. 850	0. 867	初始 α 系数=0. 869 最终 α 系数=0. 869
RSL2	0. 809	0. 867	
RSL3	0. 686	0. 868	
RSL4	0. 852	0. 867	
RSL5	0. 753	0. 868	
RSL6	0. 652	0. 869	
OPT1	0. 564	0. 869	
OPT2	0. 775	0. 868	
OPT3	0. 581	0. 869	
OPT4	0. 740	0. 868	
OPT5	0. 761	0. 868	
OPT6	0. 729	0. 868	

（6）农业创业人才创业企业绩效信度检验

农业创业人才创业企业绩效的 CITC 值和 Cronbach's α 系数见表 4-11，6 个测量题项的 CITC 值均大于 0. 5，且整体 Cronbach's α 系数为 0. 842，大于 0. 6，达到了判断标准，表明农业创业人才创业企业绩效的测量量表符合标准，其内部一致性较好，信度较高。

表 4-11 农业创业人才创业企业绩效信度检验

编号	CITC 值	Cronbach's α 系数	
QY1	0. 764	0. 826	初始 α 系数=0. 842 最终 α 系数=0. 842
QY2	0. 761	0. 827	
QY3	0. 774	0. 824	
QY4	0. 760	0. 826	
QY5	0. 709	0. 833	
QY6	0. 585	0. 847	

4. 3. 3 预调查量表效度检验

为了避免测量题项重叠，在形成正式测量量表之前还需要进行探索性因子分析，通过因子载荷系数对测量量表的区分度进行检验。通过 KMO

值和 Bartlett 球形检验判断是否适合进行因子分析，当 KMO 值大于 0.7，且 Bartlett 球形检验值显著，即 Sig.（显著性水平）值小于 0.05 时，说明可以进行因子分析。本章分别对农业创业人才生态系统主体要素、农业创业人才生态系统环境要素、农业创业人才人力资本、农业创业人才社会资本、农业创业人才心理资本和农业创业人才创业企业绩效进行探索性因子分析，进而确定最终的测量量表。

（1）农业创业人才生态系统主体要素因子分析

农业创业人才生态系统主体要素测量量表的 KMO 值为 0.854，大于 0.7，Bartlett 球形检验的卡方统计值为 968.823，其 Sig. 值达到 0.000，表明数据适合进行因子分析。通过对农业创业人才生态系统主体要素的测量题项进行因子分析，可以提取 4 个共性因子，其累计方差解释比例达到了 72.036%，超过 60% 的最低标准，并且各测量题项的因子载荷均大于 0.6，表明农业创业人才生态系统主体要素测量量表具有较高的结构效度。农业创业人才生态系统主体要素因子载荷见表 4-12。

表 4-12　农业创业人才生态系统主体要素因子载荷

编号	因子载荷			
	1	2	3	4
ZF1	0.755			
ZF2	0.765			
ZF3	0.702			
JR1		0.772		
JR2		0.767		
JR3		0.804		
JR4		0.776		
FW1			0.760	
FW2			0.838	
FW3			0.811	
FW4			0.771	
YJ1				0.702
YJ2				0.726
YJ3				0.711

（2）农业创业人才生态系统环境要素因子分析

农业创业人才生态系统环境要素测量量表的 KMO 值为 0.887，大于 0.7，Bartlett 球形检验的卡方统计值为 494.688，其 Sig. 值达到 0.000，表明数据适合进行因子分析。通过对农业创业人才生态系统环境要素的测量题项进行因子分析，可以提取 3 个共性因子，其累计方差解释比例达到了 71.560%，超过 60%的最低标准，并且各测量题项的因子载荷均大于 0.6，表明农业创业人才生态系统环境要素测量量表具有较高的结构效度。农业创业人才生态系统环境要素因子载荷见表 4-13。

表 4-13　农业创业人才生态系统环境要素因子载荷

编号	因子载荷		
	1	2	3
SC1	0.765		
SC2	0.874		
SC3	0.660		
CY1		0.861	
CY2		0.719	
CY3		0.830	
SS1			0.781
SS2			0.706
SS3			0.744

（3）农业创业人才人力资本因子分析

农业创业人才人力资本测量量表的 KMO 值为 0.880，大于 0.7，Bartlett 球形检验的卡方统计值为 1235.552，其 Sig. 值达到 0.000，表明数据适合进行因子分析。第一次对农业创业人才人力资本的测量题项进行因子分析后发现，只能提取 3 个共性因子，其中，编号为 ST1、ST2 题项与编号为 NL2、NL4、NL6、NL7 题项的构念重合，考虑到 ST1、ST2、NL6 题项的因子载荷较小，故将这 3 个测量题项删除，见表 4-14。删除题项后再次进行因子分析，可以提取 3 个共性因子，其累计方差解释比例达到了 78.305%，超过 60%的最低标准，并且各测量题项的因子载荷均大于 0.6，表明此时的农业创业人才人力资本测量量表具有较高的结构效度。删除前后的农业创业人才人力资本因子载荷见表 4-14 和表 4-15。

表 4-14 农业创业人才人力资本因子载荷（删除前）

编号	因子载荷		
	1	2	3
~~ST1~~		~~0.604~~	
~~ST2~~		~~0.606~~	
ZS2	0.761		
ZS3	0.814		
ZS4	0.718		
NL2		0.897	
NL4		0.909	
~~NL6~~		~~0.543~~	
NL7		0.718	
JY1			0.724
JY2			0.754
JY3			0.862

表 4-15 农业创业人才人力资本因子载荷（删除后）

编号	因子载荷		
	1	2	3
ZS2	0.776		
ZS3	0.891		
ZS4	0.901		
NL2		0.881	
NL4		0.896	
NL7		0.710	
JY1			0.705
JY2			0.731
JY3			0.842

（4）农业创业人才社会资本因子分析

农业创业人才社会资本测量量表的 KMO 值为 0.819，大于 0.7，Bartlett 球形检验的卡方统计值为 549.189，其 Sig. 值达到 0.000，表明数据适合进行因子分析。通过对农业创业人才社会资本的测量题项进行因子分析，可以提取 3 个共性因子，其累计方差解释比例达到了 79.630%，超过60%的最低标准，并且各测量题项的因子载荷均大于0.6，表明农业创业人才社会资本测量量表具有较高的结构效度。农业创业人才社会资本因子载荷见表4-16。

表4-16　农业创业人才社会资本因子载荷

编号	因子载荷		
	1	2	3
ZX1	0.889		
ZX2	0.914		
HX1		0.834	
HX2		0.732	
GX1			0.832
GX2			0.679
GX4			0.704
GX6			0.930

（5）农业创业人才心理资本因子分析

农业创业人才心理资本测量量表的KMO值为0.875，大于0.7，Bartlett球形检验的卡方统计值为741.790，其Sig.值达到0.000，表明数据适合进行因子分析。通过对农业创业人才心理资本的测量题项进行因子分析，可以提取4个共性因子，其累计方差解释比例达到了72.154%，超过60%的最低标准。其中，编号为SEF2、SEF3、HOP2、HOP6、RSL1、RSL4、OPT3、OPT4题项的因子载荷小于0.6，将其删除，其他测量题项的因子载荷均大于0.6，表明农业创业人才心理资本测量量表的结构效度较高。农业创业人才心理资本因子载荷见表4-17。

表4-17　农业创业人才心理资本因子载荷

编号	因子载荷			
	1	2	3	4
SEF1	0.814			
~~SEF2~~	~~0.587~~			
~~SEF3~~	~~0.571~~			
SEF4	0.730			
SEF5	0.689			

续表

编号	因子载荷			
	1	2	3	4
SEF6	0. 829			
HOP1		0. 656		
~~HOP2~~		~~0. 513~~		
HOP3		0. 686		
HOP4		0. 849		
HOP5		0. 722		
~~HOP6~~		~~0. 539~~		
~~RSL1~~			~~0. 552~~	
RSL2			0. 696	
RSL3			0. 784	
~~RSL4~~			~~0. 583~~	
RSL5			0. 865	
RSL6			0. 715	
OPT1				0. 850
OPT2				0. 691
~~OPT3~~				~~0. 571~~
~~OPT4~~				~~0. 527~~
OPT5				0. 879
OPT6				0. 760

（6）农业创业人才创业企业绩效因子分析

农业创业人才创业企业绩效测量量表的 KMO 值为 0. 880，大于 0. 7，Bartlett 球形检验的卡方统计值为 712. 841，其 Sig. 值达到 0. 000，表明数据适合进行因子分析。通过对农业创业人才创业企业绩效的测量题项进行因子分析，可以提取 1 个共性因子，其累计方差解释比例达到了 77. 823%，超过 60%的最低标准，并且各测量题项的因子载荷均大于 0. 6，表明农业创业人才创业企业绩效测量量表具有较高的结构效度。农业创业人才创业企业绩效因子载荷见表 4-18。

表 4-18　农业创业人才创业企业绩效因子载荷

编号	因子载荷
	1
QY1	0.912
QY2	0.911
QY3	0.920
QY4	0.907
QY5	0.867
QY6	0.765

通过对初始测量量表进行筛选和检验，最终得到 62 个测量题项。其中，农业创业人才生态系统主体包括 14 个测量题项，农业创业人才生态系统环境包括 9 个测量题项，农业创业人才人力资本包括 9 个测量题项，农业创业人才社会资本包括 8 个测量题项，农业创业人才心理资本包括 16 个测量题项，农业创业人才创业企业绩效包括 6 个测量题项。正式的农业创业人才生态系统测量量表包含的题项见表 4-19。

表 4-19　正式的农业创业人才生态系统测量量表题项

变量	测量题项编号	数目（个）
农业创业人才生态系统主体	ZF1、ZF2、ZF3、JR1、JR2、JR3、JR4、FW1、FW2、FW3、FW4、YJ1、YJ2、YJ3	14
农业创业人才生态系统环境	SC1、SC2、SC3、CY1、CY2、CY3、SS1、SS2、SS3	9
农业创业人才人力资本	ZS2、ZS3、ZS4、NL2、NL4、NL7、JY1、JY2、JY3	9
农业创业人才社会资本	ZX1、ZX2、HX1、HX2、GX1、GX2、GX4、GX6	8
农业创业人才心理资本	SEF1、SEF4、SEF5、SEF6、HOP1、HOP3、HOP4、HOP5、RSL2、RSL3、RSL5、RSL6、OPT1、OPT2、OPT5、OPT6	16
农业创业人才创业企业绩效	QY1、QY2、QY3、QY4、QY5、QY6	6

4.4　正式调研与数据分析

4.4.1　数据来源与样本统计

在预调研的基础上形成正式调查问卷。本章的调查对象是农业创业人才。课题组采取分层抽样和随机抽样相结合的方式抽取样本：首先，登录互联网电商平台（淘宝、京东等），根据网站信息，将农业企业按照生产、流通、服务和其他进行分类；其次，在每个类型中随机抽取 50 家企业，通过网络与企业主进行联系，向其发放电子版调查问卷，同时到河南、湖北的创业孵化基地、创业园等，根据基地内的企业名单，随机抽取农业领域或与农业相关的企业，向其创办者发放纸质调查问卷。此次调查共发放问卷 513 份，回收 249 份，其中，有效问卷 225 份。样本特征见表 4-20。

表 4-20　样本特征

特征	分类	样本数（个）	占比（%）
性别	男	160	71.11
	女	65	28.89
年龄	25 岁以下	6	2.67
	26~35 岁	76	33.78
	36~45 岁	69	30.67
	46~55 岁	62	27.56
	55 岁以上	12	5.33
学历	小学及以下	7	3.11
	初中	29	12.89
	高中	64	28.44
	大中专	76	33.78
	大学本科及以上	49	21.78
创业企业类型	生产（如个体农户、农业合作社、农产品生产企业）	103	45.78
	流通（如批发商、零售商、经纪人）	47	20.89
	服务（如综合服务商、物流服务商、代运营服务商、农业生产资料经营者）	53	23.56
	其他	22	9.78

4.4.2　信度分析

在进行模型计算前，还需要对正式测量量表的信度进行分析。农业创业人才生态系统测量量表的信度分析采用 Cronbach's α 系数，运用 SPSS 22.0 软件进行数据分析。

（1）农业创业人才生态系统主体

由表 4-21 可知，农业创业人才生态系统主体测量量表的信度值均大于 0.7，表明该测量量表有较高的信度，能够满足研究要求。对该量表数据进行 KMO 值分析和 Bartlett 球形检验，结果显示，KMO 值为 0.861，Bartlett 球形检验卡方值为 730.262，达到 0.001 的显著性水平。

表 4-21　农业创业人才生态系统主体测量量表信度分析

变量	题项编号	均值	因子载荷	Cronbach's α	KMO	Bartlett
政府机构	ZF1	3.99	0.770	0.703	0.861	730.262***
	ZF2	3.86	0.724			
	ZF3	4.25	0.624			
金融机构	JR1	3.43	0.823	0.866		
	JR2	3.87	0.875			
	JR3	3.55	0.852			
	JR4	3.40	0.831			
服务机构	FW1	4.09	0.741	0.774		
	FW2	4.01	0.778			
	FW3	3.98	0.802			
	FW4	4.03	0.770			
研究机构	YJ1	3.83	0.781	0.740		
	YJ2	3.88	0.851			
	YJ3	3.72	0.801			

注：***表示 0.001 的显著性水平。

（2）农业创业人才生态系统环境

由表 4-22 可知，农业创业人才生态系统环境测量量表的信度值均大于 0.7，表明该测量量表有较高的信度，能够满足研究要求。对该量表数据进行 KMO 值分析和 Bartlett 球形检验，结果显示，KMO 值为 0.882，Bartlett 球形检验卡方值为 491.727，达到 0.001 的显著性水平。

表 4-22 农业创业人才生态系统环境测量量表信度分析

变量	题项编号	均值	因子载荷	Cronbach's α	KMO	Bartlett
市场环境	SC1	4.00	0.867	0.719	0.882	491.727***
	SC2	3.88	0.543			
	SC3	4.10	0.772			
创业氛围	CY1	4.00	0.676	0.773		
	CY2	4.20	0.713			
	CY3	4.04	0.811			
基础设施	SS1	4.10	0.761	0.744		
	SS2	4.07	0.850			
	SS3	4.05	0.826			

注：***表示 0.001 的显著性水平。

（3）农业创业人才人力资本

由表 4-23 可知，农业创业人才人力资本测量量表的信度值均大于 0.7，表明该测量量表有较高的信度，能够满足研究要求。对该量表数据进行 KMO 值分析和 Bartlett 球形检验，结果显示 KMO 值为 0.877，Bartlett 球形检验卡方值为 533.049，达到 0.001 的显著性水平。

表 4-23 农业创业人才人力资本测量量表信度分析

变量	题项编号	均值	因子载荷	Cronbach's α	KMO	Bartlett
知识	ZS2	3.98	0.683	0.803	0.877	533.049***
	ZS3	4.04	0.812			
	ZS4	4.01	0.743			
能力	NL2	4.03	0.781	0.789		
	NL4	4.12	0.743			
	NL7	4.06	0.832			
经验	JY1	3.98	0.800	0.801		
	JY2	4.04	0.764			
	JY3	4.03	0.637			

注：***表示 0.001 的显著性水平。

（4）农业创业人才社会资本

由表 4-24 可知，农业创业人才社会资本测量量表的信度值均大于 0.7，表明该测量量表有较高的信度，能够满足研究要求。对该量表数据进行 KMO 值分析和 Bartlett 球形检验，结果显示，KMO 值为 0.902，Bartlett 球形检验卡方值为 567.909，达到 0.001 的显著性水平。

表 4-24 农业创业人才社会资本测量量表信度分析

变量	题项编号	均值	因子载荷	Cronbach's α	KMO	Bartlett
纵向社会资本	ZX1	4.10	0.847	0.760	0.902	567.909***
	ZX2	3.75	0.816			
横向社会资本	HX1	4.08	0.823	0.722		
	HX2	3.99	0.801			
社会关系资本	GX1	4.05	0.742	0.735		
	GX2	4.00	0.792			
	GX4	3.87	0.694			
	GX6	4.08	0.760			

注：***表示 0.001 的显著性水平。

（5）农业创业人才心理资本

由表 4-25 可知，农业创业人才心理资本测量量表的信度值均大于 0.7，表明该测量量表有较高的信度，能够满足研究要求。对该量表数据进行 KMO 值分析和 Bartlett 球形检验，结果显示，KMO 值为 0.900，Bartlett 球形检验卡方值为 1042.589，达到 0.001 的显著性水平。

表 4-25 农业创业人才心理资本测量量表信度分析

变量	题项编号	均值	因子载荷	Cronbach's α	KMO	Bartlett
自我效能感	SEF1	3.64	0.714	0.746	0.900	1042.589***
	SEF4	4.11	0.706			
	SEF5	3.98	0.716			
	SEF6	4.24	0.696			
希望	HOP1	4.06	0.769	0.744		
	HOP3	3.83	0.689			
	HOP4	3.96	0.637			
	HOP5	4.12	0.759			

续表

变量	题项编号	均值	因子载荷	Cronbach's α	KMO	Bartlett
韧性	OPT1	4.21	0.667	0.706	0.900	1042.589***
	OPT2	4.07	0.702			
	OPT5	4.12	0.732			
	OPT6	3.81	0.638			
乐观	RSL2	3.88	0.775	0.775		
	RSL3	4.04	0.606			
	RSL5	4.12	0.698			
	RSL6	4.11	0.747			

注：***表示 0.001 的显著性水平。

（6）农业创业人才创业企业绩效

由表 4-26 可知，农业创业人才创业企业绩效测量量表的信度值大于 0.7，表明该测量量表有较高的信度，能够满足研究要求。对该量表数据进行 KMO 值分析和 Bartlett 球形检验，结果显示，KMO 值为 0.803，Bartlett 球形检验卡方值为 334.627，达到 0.001 的显著性水平。

表 4-26　农业创业人才创业企业绩效测量量表信度分析

变量	题项编号	均值	因子载荷	Cronbach's α	KMO	Bartlett
创业企业绩效	QY1	4.06	0.734	0.785	0.803	334.627***
	QY2	3.82	0.777			
	QY3	4.06	0.647			
	QY4	3.94	0.686			
	QY5	4.10	0.636			
	QY6	4.05	0.688			

注：***表示 0.001 的显著性水平。

4.4.3 效度分析

效度分析主要包括三个方面：内容效度分析、收敛效度分析和区别效度分析。由于农业创业人才生态系统测量量表的构成严格按照扎根理论的步骤进行，并且各测量量表的题项均借鉴了国内外核心文献中的成熟量表，因此具有较高的内容效度。本章通过验证性因子分析、平均方差抽取（Average Variance Extracted，AVE）和组合信度（Composite Reliability，

CR）对测量量表的收敛效度进行分析，通过潜变量 AVE 值的平方根与其他潜变量相关系数的比较进行区别效度的分析。数据分析运用 SPSS 22.0 软件和 AMOS 21.0 软件。

（1）农业创业人才生态系统主体的效度分析

农业创业人才生态系统主体的收敛效度分析结果见表 4-27。由表 4-27 可知，各测量题项因子载荷的范围是 0.647~0.778，满足了大于 0.5 的判断标准；各维度的 AVE 值分别是 0.501、0.519、0.503、0.501，满足大于 0.5 的判断标准；各维度的 CR 值分别是 0.749、0.811、0.802、0.743，满足大于 0.7 的判断标准。此外，各拟合指标均达到了适配标准，表明农业创业人才生态系统主体测量量表具有较好的收敛效度。

表 4-27　农业创业人才生态系统主体收敛效度分析结果

维度	题项编号	因子载荷	AVE 值	CR 值	拟合指标
政府机构	ZF1	0.650	0.501	0.749	CMIN/DF=1.860 GFI=0.976 RMSEA=0.031 NFI=0.972 RFI=0.954 IFI=0.986 TLI=0.988 CFI=0.974 PGFI=0.758
	ZF2	0.688			
	ZF3	0.778			
金融机构	JR1	0.699	0.519	0.811	
	JR2	0.778			
	JR3	0.746			
	JR4	0.651			
服务机构	FW1	0.759	0.503	0.802	
	FW2	0.695			
	FW3	0.718			
	FW4	0.662			
研究机构	YJ1	0.647	0.501	0.743	
	YJ2	0.735			
	YJ3	0.719			

注：“拟合指标”列各项含义如下：CMIN/DF—卡方除以自由度指数；GFI—适配度指数；RMSEA—渐进残差均方根指数；NFI—规范适配指数；RFI—相对适配指数；IFI—增值适配指数；TLI—非规范适配指数；CFI—比较适配指数；PGFI—简约适配度指数。

农业创业人才生态系统主体的区别效度分析结果见表 4-28。由表 4-28 可知，农业创业人才生态系统主体测量量表各维度 AVE 值的平方根均大于其与其他维度的相关系数，表明农业创业人才生态系统主体测量量表具有较高的区别效度。

表 4-28 农业创业人才生态系统主体区别效度分析结果

维度	政府机构	金融机构	服务机构	研究机构
政府机构	(0.708)			
金融机构	0.517	(0.720)		
服务机构	0.690	0.468	(0.709)	
研究机构	0.608	0.469	0.593	(0.708)

注：对角线数值为各维度 AVE 值的平方根。

(2) 农业创业人才生态系统环境的效度分析

农业创业人才生态系统环境的收敛效度分析结果见表 4-29。由表 4-29 可知，各测量题项因子载荷的范围是 0.691~0.833，满足大于 0.5 的判断标准；各维度的 AVE 值分别是 0.606、0.534、0.628，满足大于 0.5 的判断标准；各维度的 CR 值分别是 0.821、0.775、0.835，满足大于 0.7 的判断标准。此外，各拟合指标均达到了适配标准，表明农业创业人才生态系统环境测量量表具有较好的收敛效度。

表 4-29 农业创业人才生态系统环境收敛效度分析结果

维度	题项编号	因子载荷	AVE 值	CR 值	拟合指标
市场环境	SC1	0.812	0.606	0.821	CMIN/DF=2.134 GFI=0.958 RMSEA=0.001 NFI=0.964 RFI=0.955 IFI=0.996 TLI=0.998 CFI=0.987 PGFI=0.626
	SC2	0.826			
	SC3	0.691			
创业氛围	CY1	0.714	0.534	0.775	
	CY2	0.728			
	CY3	0.751			
基础设施	SS1	0.759	0.628	0.835	
	SS2	0.785			
	SS3	0.833			

农业创业人才生态系统环境的区别效度分析结果见表 4-30。由表 4-30 可知，农业创业人才生态系统环境测量量表各维度 AVE 值的平方根均大于

其与其他维度的相关系数，表明农业创业人才生态系统环境测量量表具有较高的区别效度。

表 4-30 农业创业人才生态系统环境区别效度分析结果

维度	市场环境	创业氛围	基础设施
市场环境	(0.778)		
创业氛围	0.632	(0.731)	
基础设施	0.560	0.529	(0.792)

注：对角线数值为各维度 AVE 值的平方根。

(3) 农业创业人才人力资本的效度分析

农业创业人才人力资本的收敛效度分析结果见表 4-31。由表 4-31 可知，各测量题项因子载荷的范围是 0.621~0.883，满足大于 0.5 的判断标准；各维度的 AVE 值分别是 0.556、0.620、0.517，满足大于 0.5 的判断标准；各维度的 CR 值分别是 0.789、0.829、0.760，满足大于 0.7 的判断标准。此外，各拟合指标均达到了适配标准，表明农业创业人才人力资本测量量表具有较好的收敛效度。

表 4-31 农业创业人才人力资本收敛效度分析结果

维度	题项编号	因子载荷	AVE 值	CR 值	拟合指标
知识	ZS2	0.728	0.556	0.789	CMIN/DF = 2.347 GFI = 0.917 RMSEA = 0.075 NFI = 0.916 RFI = 0.905 IFI = 0.950 TLI = 0.924 CFI = 0.949 PGFI = 0.589
	ZS3	0.793			
	ZS4	0.714			
能力	NL2	0.744	0.620	0.829	
	NL4	0.726			
	NL7	0.883			
经验	JY1	0.828	0.517	0.760	
	JY2	0.693			
	JY3	0.621			

农业创业人才人力资本的区别效度分析结果见表 4-32。由表 4-32 可知，农业创业人才人力资本测量量表各维度 AVE 值的平方根均大于其与其他维度的相关系数，表明农业创业人才人力资本测量量表具有较高的区

别效度。

表 4-32 农业创业人才人力资本区别效度分析结果

维度	知识	能力	经验
知识	(0.746)		
能力	0.601	(0.787)	
经验	0.681	0.647	(0.719)

注：对角线数值为各维度 AVE 值的平方根。

(4) 农业创业人才社会资本的效度分析

农业创业人才社会资本的收敛效度分析结果见表 4-33。由表 4-33 可知，各测量题项因子载荷的范围是 0.694～0.830，满足大于 0.5 的判断标准；各维度的 AVE 值分别是 0.667、0.622、0.552，满足大于 0.5 的判断标准；各维度的 CR 值分别是 0.800、0.766、0.831，满足大于 0.7 的判断标准。此外，各拟合指标均达到了适配标准，表明农业创业人才社会资本测量量表具有较好的收敛效度。

表 4-33 农业创业人才社会资本收敛效度分析结果

维度	题项编号	因子载荷	AVE 值	CR 值	拟合指标
纵向社会资本	ZX1	0.814	0.667	0.800	CMIN/DF=1.570 GFI=0.959 RMSEA=0.062 NFI=0.955 RFI=0.927 IFI=0.983 TLI=0.972 CFI=0.983 PGFI=0.553
	ZX2	0.819			
横向社会资本	HX1	0.745	0.622	0.766	
	HX2	0.830			
社会关系资本	GX1	0.761	0.552	0.831	
	GX2	0.784			
	GX4	0.694			
	GX6	0.729			

农业创业人才社会资本的区别效度分析结果见表 4-34。由表 4-34 可知，农业创业人才社会资本测量量表各维度 AVE 值的平方根均大于其与其他维度的相关系数，表明农业创业人才社会资本测量量表具有较高的区别效度。

表 4-34　农业创业人才人力资本区别效度分析结果

维度	纵向社会资本	横向社会资本	社会关系资本
纵向社会资本	（0.817）		
横向社会资本	0.679	（0.789）	
社会关系资本	0.573	0.706	（0.743）

注：对角线数值为各维度 AVE 值的平方根。

（5）农业创业人才心理资本的效度分析

农业创业人才心理资本的收敛效度分析结果见表 4-35。由表 4-35 可知，各测量题项因子载荷的范围是 0.608~0.801，满足大于 0.5 的判断标准；各维度的 AVE 值分别是 0.534、0.525、0.527、0.509，满足大于 0.5 的判断标准；各维度的 CR 值分别是 0.820、0.814、0.816、0.806，满足大于 0.7 的判断标准。此外，各拟合指标均达到了适配标准，表明农业创业人才心理资本测量量表具有较好的收敛效度。

表 4-35　农业创业人才心理资本收敛效度分析结果

<table>
<tr><th>维度</th><th>题项编号</th><th>因子载荷</th><th>AVE 值</th><th>CR 值</th><th>拟合指标</th></tr>
<tr><td rowspan="4">自我效能感</td><td>SEF1</td><td>0.801</td><td rowspan="4">0.534</td><td rowspan="4">0.820</td><td rowspan="16">CMIN/DF=2.113
GFI=0.940
RMSEA=0.077
NFI=0.941
RFI=0.905
IFI=0.959
TLI=0.942
CFI=0.957
PGFI=0.605</td></tr>
<tr><td>SEF4</td><td>0.762</td></tr>
<tr><td>SEF5</td><td>0.698</td></tr>
<tr><td>SEF6</td><td>0.653</td></tr>
<tr><td rowspan="4">希望</td><td>HOP1</td><td>0.756</td><td rowspan="4">0.525</td><td rowspan="4">0.814</td></tr>
<tr><td>HOP3</td><td>0.736</td></tr>
<tr><td>HOP4</td><td>0.621</td></tr>
<tr><td>HOP5</td><td>0.774</td></tr>
<tr><td rowspan="4">韧性</td><td>RSL2</td><td>0.782</td><td rowspan="4">0.527</td><td rowspan="4">0.816</td></tr>
<tr><td>RSL3</td><td>0.738</td></tr>
<tr><td>RSL5</td><td>0.699</td></tr>
<tr><td>RSL6</td><td>0.681</td></tr>
<tr><td rowspan="4">乐观</td><td>OPT1</td><td>0.641</td><td rowspan="4">0.509</td><td rowspan="4">0.806</td></tr>
<tr><td>OPT2</td><td>0.608</td></tr>
<tr><td>OPT5</td><td>0.713</td></tr>
<tr><td>OPT6</td><td>0.693</td></tr>
</table>

农业创业人才心理资本的区别效度分析结果见表 4-36。由表 4-36 可知，农业创业人才心理资本测量量表各维度 AVE 值的平方根均大于其与其他维度的相关系数，表明农业创业人才心理资本测量量表具有较高的区别效度。

表 4-36 农业创业人才心理资本区别效度分析结果

维度	自我效能感	希望	韧性	乐观
自我效能感	(0.731)			
希望	0.611	(0.725)		
韧性	0.601	0.634	(0.726)	
乐观	0.534	0.602	0.553	(0.713)

注：对角线数值为各维度 AVE 值的平方根。

（6）农业创业人才创业企业绩效的效度分析

农业创业人才创业企业绩效的收敛效度分析结果见表4-37。由表 4-37可知，各测量题项因子载荷的范围是 0.627～0.846，满足大于 0.5 的判断标准；各维度的 AVE 值为 0.514，满足大于 0.5 的判断标准；各维度的 CR 值为 0.863，满足大于 0.7 的判断标准。此外，各拟合指标均达到了适配标准，表明农业创业人才创业企业绩效测量量表具有较好的收敛效度。由于农业创业人才创业企业绩效只有一个维度，无法进行区别效度分析。

表 4-37 农业创业人才创业企业绩效收敛效度分析结果

维度	题项编号	因子载荷	AVE 值	CR 值	拟合指标
创业企业绩效	QY1	0.680	0.514	0.863	CMIN/DF = 2.267 GFI = 0.960 RMSEA = 0.079 NFI = 0.913 RFI = 0.905 IFI = 0.948 TLI = 0.901 CFI = 0.947 PGFI = 0.511
	QY2	0.846			
	QY3	0.627			
	QY4	0.710			
	QY5	0.629			
	QY6	0.690			

4.5 研究结果

4.5.1 模型适配度

通过测量量表的信效度分析，确认正式调研收集的数据能够用于农业创业人才生态系统结构方程模型。其中，一级变量有6个，二级变量有17个，测量变量有62个。首先，将一级变量和二级变量作为潜变量构建二阶结构方程模型。但是，该二阶结构方程模型拟合度不高，无法对研究假设进行验证。本章研究农业创业人才生态系统主体、农业创业人才生态系统环境、农业创业人才人力资本、农业创业人才社会资本、农业创业人才心理资本和农业创业人才创业企业绩效变量之间的关系，当变量和测量题目数量较多时，采用题项打包法构建结构方程模型。吴艳和温忠麟（2011）提出，当题目数量较多时，直接使用原始题目建模容易产生较大的参数估计偏差，如果注重的是结构模型分析，在满足单维、同质的条件下，采用题目打包策略能够使数据质量变好、模型拟合程度提高，并且不会产生较大偏差。因此，本章将农业创业人才生态系统主体、农业创业人才生态系统环境、农业创业人才人力资本、农业创业人才社会资本、农业创业人才心理资本按照其二级变量分别打包为4个、3个、3个、3个、4个测量指标。农业创业人才创业企业绩效没有二级变量，因此不予打包。最终，结构方程模型达到了整体适配。模型拟合指数见表4-38。

表4-38 模型拟合指标

统计检验量	拟合标准	检验结果
χ^2 值	显著性概率值 $p>0.05$	137.624（$p=0.117$）
χ^2 自由度比	<2.00	1.157
GFI	>0.90	0.939
RMSEA	<0.05（适配良好），<0.08（适配合理）	0.026
NFI	>0.90	0.957
RFI	>0.90	0.944
IFI	>0.90	0.984

续表

统计检验量	拟合标准	检验结果
TLI	>0.90	0.982
CFI	>0.90	0.984
PGFI	>0.50	0.653

4.5.2 模型结果

结构方程模型运行的最终结果见表4-39。由表4-39可知，农业创业人才生态系统主体对农业创业人才人力资本、社会资本和心理资本均有显著的正向影响。其中，系统主体与人力资本之间的标准化路径系数为0.808，在0.001的水平上通过了显著性检验，表明农业创业人才生态系统主体对农业创业人才人力资本有显著的正向影响，H4.1得到证实。系统主体与社会资本之间的标准化路径系数为0.796，在0.001的水平上通过了显著性检验，表明农业创业人才生态系统主体对农业创业人才社会资本有显著的正向影响，H4.2得到证实。系统主体与心理资本之间的标准化路径系数为0.837，在0.001的水平上通过了显著性检验，表明农业创业人才生态系统主体对农业创业人才心理资本有显著的正向影响，H4.3得到证实。比较以上三条路径的标准化系数可以发现，农业创业人才生态系统主体对农业创业人才心理资本的正向影响最大。其原因可能是，系统主体越友好，农业创业人才对创业成功的希望和信心越大，心理资本较人力资本和社会资本受到系统主体的影响就越直接。

由表4-39可知，农业创业人才生态系统环境对农业创业人才人力资本、社会资本和心理资本均有显著的正向影响。其中，系统环境与人力资本之间的标准化路径系数为0.810，在0.001的水平上通过了显著性检验，表明农业创业人才生态系统环境对农业创业人才人力资本有显著的正向影响，H4.4得到证实。系统环境与社会资本之间的标准化路径系数为0.782，在0.001的水平上通过了显著性检验，表明农业创业人才生态系统环境对农业创业人才社会资本有显著的正向影响，H4.5得到证实。系统环境与心理资本之间的标准化路径系数为0.813，在0.001的水平上通过了显著性检验，表明农业创业人才生态系统环境对农业创业人才心理资本有显著的正向影响，H4.6得到证实。比较以上三条路径的标准化系数可以发现，农业创业人才生态系统环境对农业创业人才心理资本的正向影响最大。其原因在于，创业环境越好，农业创业人才对创业成功的希望和信心越大，心理资本较人力资本和社会资本受到创业环境的影响就越直接。

表 4-39 模型路径系数及检验值

关系	标准化路径系数	p
人力资本←系统主体	0.808	***
社会资本←系统主体	0.796	***
心理资本←系统主体	0.837	***
人力资本←系统环境	0.810	***
社会资本←系统环境	0.782	***
心理资本←系统环境	0.813	***
创业企业绩效←人力资本	0.372	0.016
创业企业绩效←社会资本	0.064	0.463
创业企业绩效←心理资本	0.266	0.048
创业企业绩效←系统主体	0.413	***
创业企业绩效←系统环境	0.452	***
政府机构←系统主体	0.832	***
金融机构←系统主体	0.672	***
服务机构←系统主体	0.791	***
研究机构←系统主体	0.609	***
市场环境←系统环境	0.757	***
创业氛围←系统环境	0.717	***
基础设施←系统环境	0.886	***
创业知识←人力资本	0.812	***
创业能力←人力资本	0.842	***
创业经验←人力资本	0.723	***
纵向社会资本←社会资本	0.780	***
横向社会资本←社会资本	0.637	***
社会关系资本←社会资本	0.858	***

续表

关系	标准化路径系数	p
自我效能感←心理资本	0.876	***
希望←心理资本	0.871	***
韧性←心理资本	0.888	***
乐观←心理资本	0.799	***
企业利润不断增长←创业企业绩效	0.610	***
企业销售收入不断增加←创业企业绩效	0.527	***
企业员工人数不断增加←创业企业绩效	0.746	***
企业规模不断扩大←创业企业绩效	0.680	***
企业不断开发新产品←创业企业绩效	0.529	***
顾客满意度越来越高←创业企业绩效	0.600	***

注：***表示 0.001 的显著性水平。

由表 4-39 可知，农业创业人才人力资本对创业企业绩效有显著的正向影响，人力资本与创业企业绩效之间的标准化路径系数为 0.372，在 0.05 的水平上通过了显著性检验，表明农业创业人才人力资本水平越高，其所创企业的绩效越高，H4.7 得到证实。农业创业人才社会资本对创业企业绩效的正向影响不显著，社会资本与创业企业绩效之间的标准化路径系数为 0.064，未通过显著性检验，H4.8 未得到证实，但这并不代表农业创业人才社会资本与创业企业绩效之间没有关系。究其原因，一方面，由于农业产业的独特性，农业创业人才及其企业的分布较为分散，不利于同行之间交流；另一方面，互联网的发展提高了信息的可获取性和流动性，使创业者不必完全依靠传统的人脉资源和社交圈获取重要信息。这些都削弱了农业创业人才社会资本与创业企业绩效之间的相关关系。农业创业人才心理资本对创业企业绩效有显著的正向影响，心理资本与创业企业绩效之间的标准化路径系数为 0.266，在 0.05 的水平上通过了显著性检验，表明农业创业人才心理资本水平越高，其所创企业的绩效越高，H4.9 得到证实。比较人力资本、社会资本、心理资本与创业企业绩效的标准化路径系数可以发现，农业创业人才人力资本对创业企业绩效的正向影响最大。其原因是，在创业过程中，特别是在农业领域，企业的创立和运营主要依靠创业者的经验与能力，而创业者个人具备的一些人格特质，如乐观、忍耐力，在一定程度上也能影响企业的发展。

由表 4-39 还可知，农业创业人才生态系统主体对农业创业人才创业企业绩效有显著的正向影响，二者之间的标准化路径系数为 0.413，在 0.001 的水平上通过了显著性检验，表明农业创业人才生态系统主体越友好，农业创业人才创业企业的绩效越高，H4.10 得到证实。农业创业人才生态系统环境对农业创业人才创业企业绩效有显著的正向影响，二者之间的标准化路径系数为 0.452，在 0.001 的水平上通过了显著性检验，表明农业创业人才生态系统环境越好，农业创业人才创业企业的绩效越高，H4.11 得到证实。上述研究结果证实了本章提出的大部分假设，假设验证结果汇总见表 4-40。

表 4-40　假设验证结果汇总

编号	假设内容	验证结论
H4.1	农业创业人才生态系统主体正向影响农业创业人才人力资本	支持
H4.2	农业创业人才生态系统主体正向影响农业创业人才社会资本	支持
H4.3	农业创业人才生态系统主体正向影响农业创业人才心理资本	支持
H4.4	农业创业人才生态系统环境正向影响农业创业人才人力资本	支持
H4.5	农业创业人才生态系统环境正向影响农业创业人才社会资本	支持
H4.6	农业创业人才生态系统环境正向影响农业创业人才心理资本	支持
H4.7	农业创业人才人力资本正向影响农业创业人才创业企业	支持
H4.8	农业创业人才社会资本正向影响农业创业人才创业企业	不支持
H4.9	农业创业人才心理资本正向影响农业创业人才创业企业	支持
H4.10	农业创业人才生态系统主体正向影响农业创业人才创业企业	支持
H4.11	农业创业人才生态系统环境正向影响农业创业人才创业企业	支持

第5章

Chapter 5

农业创业人才生态系统多主体建模

本章在农业创业人才生态系统主体要素、农业创业人才生态系统环境要素、农业创业人才、农业创业人才创业企业之间关系的基础上，运用复杂适应系统理论和多 Agent 技术，构建农业创业人才生态系统多 Agent 模型。

5.1 复杂适应系统理论与多 Agent 技术

5.1.1 复杂适应系统简介

复杂适应系统（Complex Adaptive System，CAS）是复杂性科学研究的一个分支，它为人们了解、控制、管理复杂系统提供了新的视角和方法，能够帮助我们更加准确地认识和管理生物、生态、社会、经济领域的复杂系统。CAS 理论是美国圣塔菲研究所（Santa Fe Institute）约翰·霍兰教授在 1994 年提出的。CAS 理论认为，CAS 中的个体（Active Agent）与其他个体以及周围环境不断发生相互作用，同时个体本身在不断发生变化，周围环境也会因受到个体影响而改变。在 CAS 中，所有个体存在于一个共同的宏观环境中，但是个体又与周围的、局部的小环境组成了子系统，每个个体在其所在的子系统中同时、独立进行着适应性演化和学习（Holland，1995）。个体自身具备的适应性能力是智能化的表现，因此个体又被称为“智能体”。一方面，个体为了在环境中生存，会不断改变和调整自身的结构和行为。另一方面，大量个体在与环境不断交互的过程中，会影响和改变周围环境。因此，个体的变化、环境的变化以及个体与环境的交互变化反复进行，使 CAS 处于不断演化的动态过程中（谭跃进、邓宏钟，2001）。

CAS 具有以下五个特点：①层次性。CAS 是由不同层级构成的，且不同层级之间有明显的界线。②独立性。CAS 中各个层级相对独立，层级之间虽然有直接或间接联系，但是层级之间并非像建筑楼层一样，一个层级并不依赖另一个层级。③适应性。系统中的个体会根据周围环境的变化调整自身状态、改变自身结构和行为，个体之间也会发生共生、合作、竞争等行为，从而实现利益最大化。同时，当群体变化达到一定程度时，会对周围环境造成影响，使整个系统的结构和功能发生相应改变。④并发性。系统中的个体在面对环境刺激时会同时发生变化，而非按照一定的顺序或规律。⑤存在随机因素。在 CAS 中还存在着随机因素，这些随机因素不仅会影响系统的状态，而且会影响系统的结构和行为方式（张永安、李晨光，2010）。

5.1.2 多 Agent 技术简介

Agent 最初源于人工智能，目前已经被广泛应用到各个领域，但是到目前为止，学术界对 Agent 还没有形成统一的定义，许多学者对 Agent 具有的特性展开了激烈的讨论，最经典和广为接受的是 Wooldridge 等关于 Agent “弱定义” 和 “强定义” 的讨论（Wooldridge and Jennings，1995）。他们认为，Agent 具备以下四个特征：①自治性（Autonomy）。Agent 在运行时，不需要其他物体或个人介入，就能自主采取行动达到自己的目标。②主动性（Pro-activeness）。Agent 能够在感知周围环境发生变化后自发地、主动地作出反应，不需要外界触发。③社会性（Social Ability）。组成 Agent 的群体有一定规则，个体的 Agent 通过某种语言交流，实现彼此之间的交互作用，从而达到各自的目的。④应激性（Reactivity）。Agent 能够通过行动影响和控制环境。在以上特征基础上加上意图、信念、责任、能力等智能方面的描述，就构成了 Agent 的“强定义”（黄天辰、韩京才，2005）。总的来说，Agent 是在一定环境中，为了满足一定目标自主采取行动的主体，具有感知并改变周围环境的能力。另外，社会科学领域研究的 Agent 大多被视为“对象”（Object），但是 Agent 与对象有显著差别，对象虽然能控制自身状态，但是无法控制自身行为，即对象无法自己决定是否执行某一项行动，需要听从指挥，而 Agent 具有自主性，其状态和行为由自身决定。

由多个交互作用 Agent 组成的系统称为“多 Agent 系统”（Multi-Agent Systems，MAS）。MAS 协作解决某一问题的能力强于单个 Agent，这是产生 MAS 研究最初和最直接的原因。在社会科学研究中，Agent 可以代表某个人或组织，MAS 可以用于研究 Agent 所在的组织环境，以及 Agent 之间的组织关系，如团队、群体和集群。同时，MAS 中的关系和结构可以随着 Agent 的变化而变化，更加适用于成员不断流动的组织研究。因此，MAS 除了可以用于传统的客户服务器交互研究以外，还可以用于复杂社会交互模式研究。目前，MAS 已经被应用于许多领域，比较热门的有电子商务、产业集群、生态系统等。

5.1.3 多 Agent 建模流程

多 Agent 建模流程如下：

第一，建模者根据自己的研究主题，确定研究目标。

第二，通过观察、归纳和分析，找出需要研究的内容和方向，确定研究系统范围和构成，明确系统边界和环境，将系统与其他无关内容剥离。

第三，建模者对研究系统进行剖析，将整体划分成若干个相互关联的部分，确定系统局部范围，对局部特征和属性进行定义。

第四，将研究系统局部转化为 Agent，根据局部的特征和属性建立 Agent 模型并提出一定假设。

第五，确定 Agent 自身变化规则，确定 Agent 之间、Agent 与环境之间的交互规则。

第六，将多个 Agent 按照相互关系组合成一个整体，构建研究系统的多 Agent 演化模型。在建模过程中，既要遵循原复杂系统的特征和规律，又要将原系统进行简化，忽略无关内容。

第七，建模者运用计算机，对整体模型的运行参数进行设定，使模型运行结果与真实的复杂系统保持一致。

第八，建模者在运行模型过程中不断与真实的复杂系统进行对比，确定是否获得预期仿真结果。若存在偏差，则通过对系统层次重新进行分析、Agent 重新确定、更改模型规则和参数，获得与真实复杂系统一致的仿真结果。

在多 Agent 建模流程中，最重要也是最难的一步是实现真实的复杂系统与多 Agent 模型的转化。现实社会中的系统非常复杂，许多个体和因素相互交织、重叠，如何从中找出研究重点和方向，并制定合理假设、规则和参数，是对建模者研究能力的一大考验。在大多数情况下，多 Agent 模型的建立不会一次成功，需要经过不断分析和数次修改才能得到满意的结果。多 Agent 建模流程如图 5-1 所示。

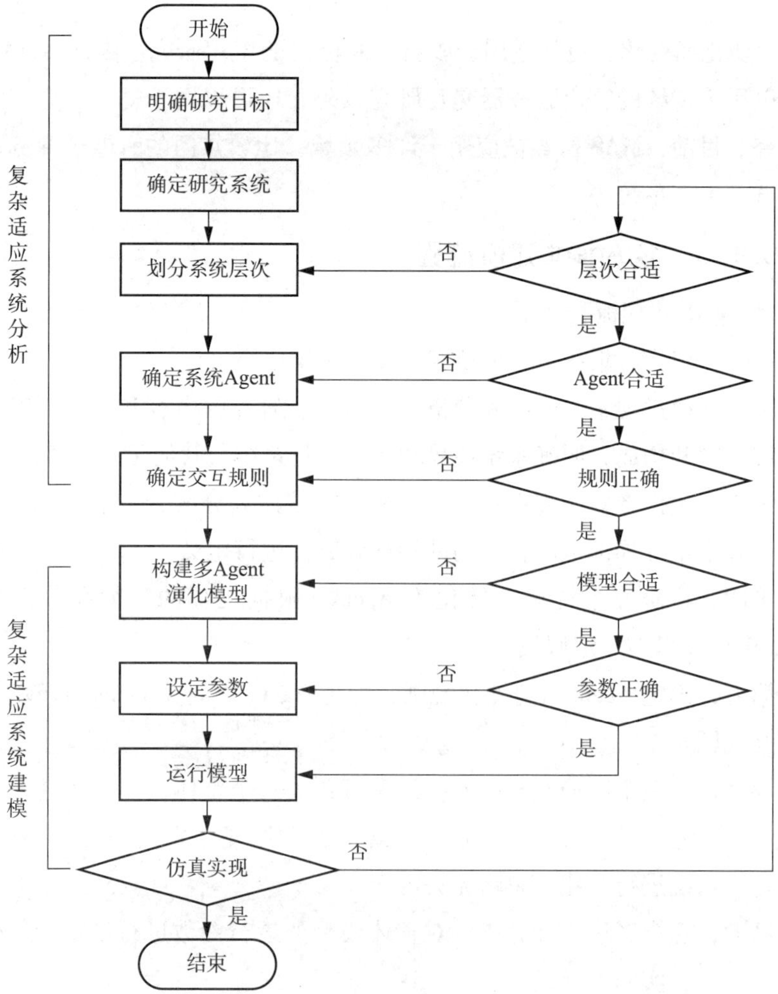

图 5-1　多 Agent 建模流程

5.2 农业创业人才生态系统分析

基于 Agent CAS 建模的第一步是明确研究目标，对研究系统进行深入分析。本书的研究对象是农业创业人才生态系统。第 3 章基于扎根理论剖析了农业创业人才生态系统的构成要素，第 4 章通过实证分析验证了农业创业人才生态系统要素之间的相互关系，本章运用 CAS 理论对农业创业人才生态系统进行分析，为构建农业创业人才生态系统多 Agent 模型奠定基础。

5.2.1 系统内涵

本书的理论部分已经对农业创业人才生态系统进行了概念的界定。通过分析不难发现，农业创业人才生态系统是一个复杂适应系统，具有三个特征。

第一，系统具有层次性。系统的核心层是农业创业人才，其次是其创办的企业或组织，再次是与农业创业人才或创业企业有直接联系的组织或机构（政府机构、金融机构、服务机构、研究结构），最后是市场中已有的成熟企业。这些层级都被宏观环境包裹。层次之间有独立性，农业创业人才及创业企业的产生和存在并不完全依赖其他层级与主体，而政府机构、金融机构、成熟企业等主体也并不依赖农业创业人才和创业企业。

第二，系统中的主体具有智能性和适应性。农业创业人才生态系统中的主体包括农业创业人才、创业企业、政府机构、金融机构、成熟企业等，这些主体不需要其他主体和因素介入，可以控制自身状态，决定自身行为，选择是否与其他主体合作或竞争。例如，农业创业人才可以自主决定是否开展创业活动，创业企业根据自身需求决定是否与科研机构合作。同时，农业创业人才生态系统主体处于不断演化的过程中，会随着周围环境的变化，调整自己的结构和功能，以适应周围环境。例如，创业企业会根据市场需求调整自己的生产计划，也会根据顾客喜好改进自己的产品。此外，系统中的主体通过彼此间的协作，能够影响周围的环境，改变环境中的不良因素。例如，当市场不景气、创业活动开展困难时，政府机构通过与金融机构、服务机构合作，制定出鼓励创业的扶植政策，帮助创业企业建立和运营。

第三，系统中存在重要的环境因素。在农业创业人才生态系统中，市场环境、创业氛围、基础设施等环境因素不容小觑，它们对系统的良好运行也起到了重要作用。市场环境直接影响创业企业的经营绩效，如市场竞争是否公平、市场有效信息能否及时流通、地区市场资源是否丰富等因素都会对创业企业产生巨大影响，家人的支持、榜样的鼓励等积极的创业氛围都会增强农业创业人才的创业信心。

通过对农业创业人才生态系统特征的分析可以发现，能够运用 CAS 理论对其进行研究，为构建农业创业人才生态系统多 Agent 模型，并进行仿真分析奠定了理论基础。

5.2.2 系统主体

CAS 的运行由多种主体共同交互影响驱动，对 CAS 进行研究首先要分析其构成主体。杨勇和王志杰（2014）认为，区域科技创业生态系统的构成主体有企业、高校及科研机构、政府、中介组织、金融机构。Koltai（2013）认为，以创业者为中心参与创业活动的主体有企业、政府机构、投资机构、学术机构、基金会和非营利组织。本章参考其他学者的研究成果，在前文研究基础上，认为农业创业人才生态系统的主体包括农业创业人才、创业企业、政府机构、金融机构、服务机构、研究机构和成熟企业。

（1）农业创业人才

农业创业人才在农业创业人才生态系统中扮演着重要角色——把握市场机会，开展创业活动，是创业企业的建立者和初始经营者，是农业创业人才生态系统中的重要主体。首先，农业创业人才是农业创业活动的起点。市场中有许多亟待挖掘和开发的信息与机会，正是由于农业创业人才拥有辨识信息和把握机会的能力，才能在农业开展事业和创造价值。因此，农业创业活动是以农业创业人才追求自身事业和实现价值创造为目的展开的。其次，农业创业人才是系统中其他主体的连接枢纽。农业创业人才不仅是创业企业生产经营的管理者和监督者，还是连接创业企业与政府机构、金融机构、服务机构、研究机构的枢纽。最后，农业创业人才是创业企业成功的关键。有学者通过实证分析证实了创业者的能力与创业企业绩效之间有显著的正相关关系（文亮 等，2011）。农业创业人才是农业创业群体中素质和能力较强者，具备专业知识和技能，具有较强的学习能力和管理能力，拥有创新思维和创新精神，善于把握市场机会，懂得运用新技术服务于自身的创业事业。农业行业的创业活动风险较高，并且竞争激烈，创业企业在成长阶段依靠的就是农业创业人才及其团队的能力和社会资源，只有依靠农业创业人才制定正确的战略，快速准确地获取市场信息，有效整合各方面资源，创业企业才能不断发展，并在市场中存活下来。

（2）创业企业

农业创业人才生态系统的产生源于创业活动的开展，而创业企业是创业活动的载体和成果。农业创业人才生态系统的功能和价值也是通过创业企业的成功体现的。一方面，农业创业人才通过创业企业实现追求自身事业和创造经济价值的目标。创业活动并非农业创业人才单纯的想法或意志，而是需要农业创业人才将自身能力转化为相应的经济成果。农业创业人才在农业行业成立企业，投入一定的资金和精力，通过企业经营活动获取相应的利益回报，不仅满足了自身需求，也为社会创造了经济价值。在这个过程中，创业企业就是农业创业人才实现目标的载体。另一方面，系统中其他主体的功能和作用通过创业企业实现。其他主体，如政府机构、金融机构，虽然角色和职责有许多种，但是在农业创业人才生态系统中发挥的作用都与创业活动相关，并且以创业企业为对象。政府机构为创业企业提供优惠的税收、用地政策，金融机构为创业企业提供低息贷款，服务机构为创业企业提供咨询和培训，研究机构为创业企业提供新研发的产品和技术，这些主体都是通过创业企业发挥其在农业创业人才生态系统中的作用。因此，创业企业也是农业创业人才生态系统中的重要主体。

（3）政府机构

政府机构在农业创业人才生态系统中扮演着配置资源和制定政策的角色，是系统中的重要主体。政府机构的作用体现在两个方面。一方面，政府机构在农业创业人才生态系统出现问题时进行适当的调控。由于农业市场竞争十分激烈，恶性竞争、垄断等现象时有发生，当市场创业资源配置失灵时，需要政府机构进行一定的干预，以使创业活动有效开展。此外，创业企业在与其他主体合作时，会出现效率低下等情况，此时需要政府机构作为监督者和推动者，建立和维持创业企业与其他主体之间的关系。另一方面，政府机构通过制定相关政策鼓励农业创业人才开展创业活动。政府机构可以通过制定税收、用地、资金等方面的优惠政策吸引和鼓励农业创业人才创业，还可以通过简化审批流程、降低进入门槛等方式减少农业创业过程中的阻碍。政府机构可以被视为农业创业人才生态系统中的监管者，当系统中的某些环节出现问题时，它们能够及时进行干预和疏导，从而保证农业创业人才生态系统的良好运转。

（4）金融机构

创业活动的开展离不开资金的支持，没有资金，所有机遇和目标都是空谈。在农业创业人才生态系统中，金融机构扮演着资金控制和管理的角色。这里的金融机构包括银行、风险投资公司、担保公司、保险公司等所有能为创业企业提供创业资金的机构或组织。农业企业不同于高新技术企业，其盈利周期较长，投资回报较慢。早期的农业微小企业大多采用自有资金成立和经营，但是随着电子商务的发展，新型农业企业的投资由外资占主导逐渐转变为资金来源多元化。其中，金融机构的作用体现在两个方面。一方面，在创业企业成立初期提供启动资金。根据企业生命周期理论，一个企业的发展和成长包括投入期、成长期、成熟期和衰退期，而创业企业就是指处于投入期和成长期的企业。投入期是创业企业的重要阶段，需要一定的资金启动和经营，此时金融机构能为创业企业提供所需资金，帮助创业企业早日走上正轨。另一方面，在企业成长期提供运营资金。成长期是创业企业迅速占领市场、不断扩张的重要阶段，创业急需大量资金，此时只有金融机构为创业企业提供资金支持，才能帮助创业企业稳定成长。通过以上分析可知，金融机构也是农业创业人才生态系统中的重要主体。

（5）服务机构

农业创业人才生态系统中的服务机构，是指为农业创业人才及创业企业提供创业相关咨询、培训、指导等服务的机构或组织。在创业初期，农业创业人才和创业企业会在法律、技术、管理、经营等方面遇到许多问题，需要有专业的组织或人员提供帮助。服务机构正是为农业创业人才及创业企业解决相关问题而存在的。此外，服务机构在农业创业人才生态系统中还发挥着桥梁和纽带的作用——为创业企业搭建连接金融机构、政府机构的桥梁，同时协调创业企业与研究机构之间的交易关系，帮助农业创业人才生态系统良好运转。

（6）研究机构

农业创业人才生态系统中的研究机构，是指农业大学和科研院所。研究机构在农业创业人才生态系统中扮演着提供人才支持和技术支持的角色，其作用体现在两个方面。一方面，部分农业创业人才来源于农业大学以及科研院所的培养。农业创业人才是具备农业专业知识和技能、具有较强学习能力和管理能力、拥有创新思维和创新精神的高素质人才，他们大多接受过良好的教育，有较高的学历。高等院校是培养农业创业人才的摇篮，不仅开设了农业知识课程，而且开展了与创业相关的教育，如创业知识培训、管理能力培训、心理培训。另一方面，农业大学和科研院所为创业企业提供先进的研发成果。现代技术的应用大大减少了人工成本，提高了生产效率，特别是农业，农业机械化不仅提高了农业劳动生产率，而且促进了农村产业结构调整和农村经济可持续发展。农业创业企业通过与研究机构合作，将新技术和新产品投入生产，不仅提高了生产效率、降低了生产成本，而且增加了市场占有率、增强了企业自身的竞争实力。

（7）成熟企业

新型农业创业人才生态系统中的成熟企业，是指在行业中已经有一定的市场占有率，生产和经营比较稳定的企业。成熟企业与创业企业的关系较为复杂，既有竞争关系，又有合作关系。成熟企业在系统中的作用体现在两个方面。一方面，成熟企业是农业创业人才积累创业经验的地方。一部分农业创业人才曾经工作于成熟企业，在成熟企业中积累了相关经验，学习了创业知识，提高了管理能力，然后离开成熟企业自立门户。另一方面，成熟企业可能与创业企业合作，帮助创业企业获取信息和技术，为创业企业的快速成长提供助力。但是，当创业企业与成熟企业发生利益冲突时，合作关系很容易破裂，此时创业企业与成熟企业之间出现竞争，成熟企业会对创业企业的经营和成长造成负面影响。

5.2.3 系统运行机制

农业创业人才生态系统的运行机制，是指系统在外部资源输入下，通过系统内部各个主体及环境之间的相互作用，完成农业创业活动，实现价值创造，并向系统外部输出创业成果的过程。农业创业人才生态系统存在的目的是开展农业创业活动，所有主体都围绕着这一目的完成自己的使命。农业创业人才生态系统的运行过程如图 5-2 所示。

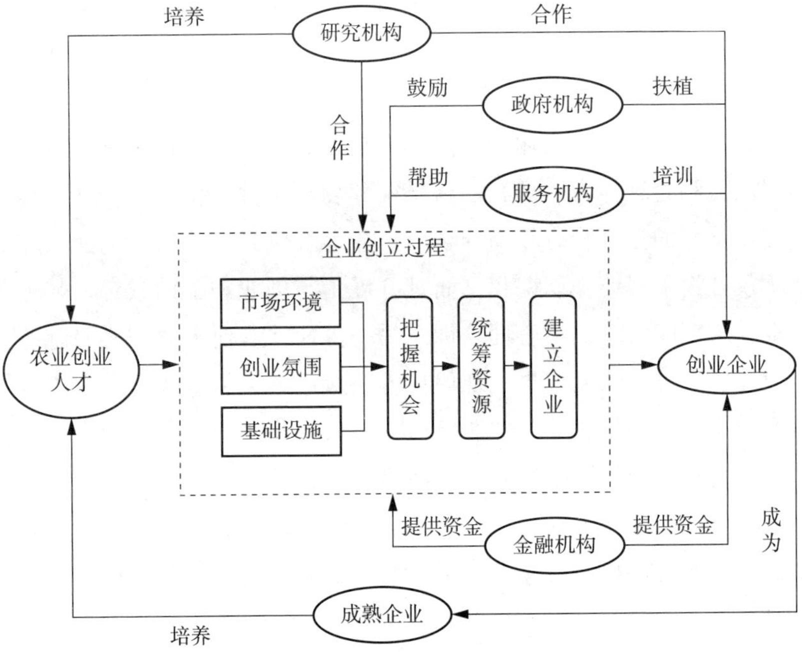

图 5-2　农业创业人才生态系统的运行过程

农业创业人才生态系统的运行始于农业创业人才对创业活动的发起。农业创业人才在积极的创业氛围熏陶下，收集相关信息，挖掘市场机会，在具备一定的客观条件下，凭借自身突出的能力和资源优势建立企业。在这一过程中，农业创业人才突出的能力和资源优势是关键。敏锐的市场洞察力、较强的信息收集和分析能力能帮助农业创业人才发现与把握稍纵即逝的创业机会，丰富的社会网络能帮助农业创业人才获得资源优势。开展创业活动并不是简单的一句话，而是在一定的客观条件下对信息、技术、资金等资源进行整合，通过创建和经营企业实现价值创造的过程。这一过程是农业创业人才生态系统运行的基础。

创业企业的成立和运营都离不开农业创业人才生态系统中其他主体的支持。政府机构通过降低创业门槛、简化注册流程、制定优惠政策吸引和鼓励农业创业人才开展创业活动，同时在创业企业成立后通过资金补贴、税收优惠等方式扶植创业企业成长。金融机构在创业的筹备阶段为企业提供启动资金，用于企业的注册资本、原材料的购买等。在创业企业进入成长期后，企业的经营步入正轨，并且需要扩大生产规模、提高市场占有率，此时需要大量的资金支持，金融机构再次发挥作用，为创业企业提供资金。服务机构一方面在农业创业人才筹办企业的阶段为其提供法律、经济、流程等方面的咨询和帮助，另一方面在企业日常运营中为其提供知识、管理、战略决策等方面的培训。研究机构在企业创办的过程中与其合作，这种情况通常是创业企业以研究机构的成果作为主要产品，将其投入生产，推向市场。此外，创业企业在进入成长期后，因为提高市场占有率、改进产品、降低成本等需要会与研究机构合作，在支付一定报酬后获取研究成果。

部分农业创业人才源于研究机构和成熟企业的培养。农业大学和科研院所的教育与培养，塑造了农业创业人才突出的能力和优异的品格。农业创业人才只有在求学阶段学习到了扎实的专业知识、培养了创新思维、锻炼了综合能力、树立了良好品格，才能在农业创业活动中披荆斩棘、百折不挠，走向成功。还有一些农业创业人才曾经是研究人员或成熟企业的高管，在积累了创业经验后选择离职，开创自己的事业。他们都是农业创业人才重要的组成部分。创业企业并不是农业创业人才生态系统的最终输出，只有经历了成长期的考验，步入成熟期的企业才是农业创业人才生态系统最终的产物。最后一个环节就是创业企业转变为成熟企业。由于资源有限，随着企业数量的不断增加，成熟企业与创业企业之间的竞争会越发激烈。因此，从农业创业人才到成熟企业的过程需要政府机构、金融机构、服务机构、研究机构的通力合作。这些机构可以提供政策、资金、信息、技术等方面的帮助，使创业企业在成长的同时创造经济价值和实现社会收益。

5.3 农业创业人才生态系统多 Agent 模型

通过前文对农业创业人才生态系统的内涵、主体、运行机制的分析，本章运用 CAS 理论和多 Agent 技术，构建农业创业人才生态系统多 Agent 模型，如图 5-3 所示。

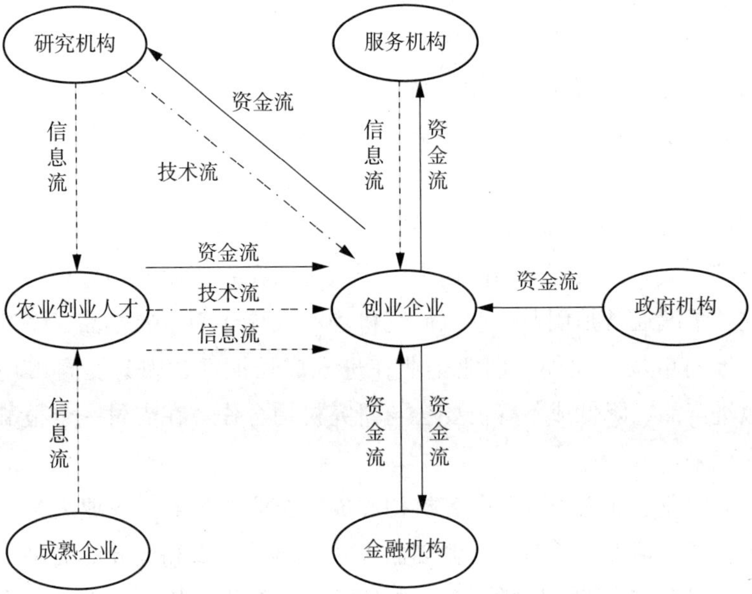

图 5-3　农业创业人才生态系统多 Agent 模型

农业创业人才生态系统的 Agent 有 7 个，分别是农业创业人才、创业企业、政府机构、金融机构、服务机构、研究机构和成熟企业。Agent 之间的交互作用通过资金流、技术流和信息流实现。农业创业人才自身具备一定的资金、技术和信息，通过开展创业活动将其转移至创业企业。创业企业成立以后，政府机构会为其提供一定的资金补贴，帮助其成长。金融机构向创业企业提供经营资金，同时获取一定的资金回报。服务机构为创业企业提供服务，向其传递信息，同时获取一定的资金回报，创业企业获得信息并支付一定的资金作为报酬。研究机构为创业企业提供技术，同时获取资金回报；创业企业从研究机构获得技术，并且支付资金。成熟企业和研究机构培养农业创业人才，为农业创业人才提供其所需信息。在现实的农业创业人才生态系统中，主体之间以及主体与环境之间还会产生交互作用，考虑到模型的简洁性和可实现性，与农业创业人才和创业企业不相关或关系较小的主体和交互作用忽略不计。

第6章

Chapter 6

农业创业人才生态系统动态仿真

本章对现有建模平台进行分析，选择最优建模工具对农业创业人才生态系统多 Agent 模型进行假设、主体属性设计、参数设计和界面设计，并且确定模型仿真流程和算法，以实现农业创业人才生态系统的动态仿真。

6.1 建模平台选择

6.1.1 建模平台介绍

随着 CAS 理论和多 Agent 建模方法在不同领域的广泛应用，研究者开发出了许多计算机软件帮助实现多 Agent 建模。目前，常见的基于 Agent 的建模平台有 NetLogo、Swarm、Repast、Mason、Ascape。这些建模平台各有特点，下面简要进行介绍。

（1）NetLogo

1999 年，Uri 首次提出 NetLogo，后来美国西北大学的链接学习和计算机建模中心（Center for Connected Learning，CCL）负责研发改进和维护。NetLogo 采用 Java 语言编写，支持多种平台运行，如 Mac 系统、Windows 系统、Linux 系统。NetLogo 设计的初衷是在成为高层次仿真平台的同时有一个较低的学习门槛。它采用的 Logo 语言简单易学，不像其他标准程序语言需要较强的理解力和控制力（朱江、伍聪，2005）。近年来，NetLogo 不断完善，增加了许多新的特征和接口，并且模拟库中的模型内容日益丰富，涉及各个领域，越来越受到社会学科研究人员的青睐。

（2）Swarm

Swarm 是圣菲研究所（SFI）于 1995 年研发的一个仿真平台，现由 Swarm 开发组（Swarm Development Group）负责维护和更新。Swarm 支持 Windows 系统、Linux 系统、Unix 系统和 Mac 系统的运行。Swarm 最初开发的目的是为研究人员提供一套灵活、可靠和标准的程序语言及工具包，使其将更多精力放在专业模型的研究上。Swarm 的建模思想是通过设立独立个体和独立事件来实现模型的交互作用，它以个体作为模拟单位，通过局部控制使现象从个体行为变成整体行为。

（3）Repast

Repast 是芝加哥大学社会科学计算研究中心开发的一个仿真平台。Repast可以使用多种编程语言，也支持 Windows 系统、Linux 系统、Unix 系统和 Mac 系统的运行。Repast 虽借鉴了 Swarm 的建模思想，但比 Swarm 更加简单易学，其建模机制是构建一个类似状态机的模拟模型，由所有成员的集体属性构成。Repast 提供了一系列的类库，用于创建、显示和收集模型运行的模拟数据，并提供了生成模型运行影像资料的功能。

（4）Mason

Mason 是乔治梅森大学运用 Java 语言开发的多 Agent 仿真平台。Mason 的设计目的是保证不同仿真平台模拟结果的完全重现，同时使运行速度最大化。Mason 具有规模小、运行快的特点，适用于对计算有较高要求的模型，可以包含大量 Agent，并且能够多次反复运行。Mason 的使用者较为广泛，没有特定的使用领域，由于其具有灵活、便携和快速的特点，能够满足不同的建模需求。

（5）Ascape

Ascape 是布鲁金斯研究所（Brookings Institution）开发的一个基于 Agent 高度抽象的建模平台。Ascape 由 Java 语言编写，可以在 Windows、Mac、Unix、Linux 等系统运行。Ascape 有很强的表达能力，能够提供最大的可配置选择，并且可以运用 Java 的类型定义和习语编写。Ascape 在运行状态下不仅可以对模型进行控制，还可以随时改变模型的设置。Ascape 的设计理念是用尽可能简单的语句定义整个模型，尽量实现所有的建模思想，同时为使用者提供导向型工具，从而大大减轻编程的负担。因此，Ascape只需要较少的语句就能实现对复杂系统的模拟。

6.1.2 Netlogo 的特性

Netlogo 能够对自然系统和社会系统进行仿真，尤其适用于随时间不断演变的 CAS 建模。它界面简洁、语法简单，深受社会科学研究者的青睐。在 Netlogo 中，多个移动 Agent 分布在二维空间中，每个 Agent 自主行动，所有主体并行更新，整个系统随着时间推进动态变化，同时提供了多种手段实现仿真运行监视和结果输出，这使得研究从微观个体行为到个体相互作用而涌现出的宏观现象之间的联系更加便捷、准确。此外，Netlogo 还为初学者提供了涉及经济、社会、生物、物理、化学、数学、医药、计算机等多个自然科学和社会科学领域的模型库，以便其学习和参考。通过对 Netlogo 仿真平台的了解，结合对本书研究对象特征的分析，可以发现，Netlogo 非常适合用于构建农业创业人才生态系统多 Agent 模型。在 Netlogo 中，Agent 被分为三种类型，分别为海龟（Turtles）、瓦片（Patehes）和观察者（Observer）。海龟和瓦片是构成仿真模型的主体，观察者可以观察和控制仿真模型的运行。海龟可以替代系统中任何具有智能特性的主体，可以自由移动。瓦片代表海龟依赖的环境。Netlogo 中的二维空间就是由瓦片组成的网格，每个瓦片占据一个矩形小块，瓦片虽不能移动，但可以作为主体被赋予一定的属性和行为。观察者是全局主体，能够观察和控制由海龟和瓦片构成的世界，通过执行指令获取世界全部或部分状态，实现对世界的控制。运用 Netlogo 构建的模型，通过对海龟和瓦片编程，设定其属性和运行规则，实现模型中主体的自主变化及彼此交互，海龟之间的交互作用体现了主体之间的关系，海龟与瓦片的交互作用体现了主体与环境之间的关系。Netlogo 的二维空间如图 6-1 所示。

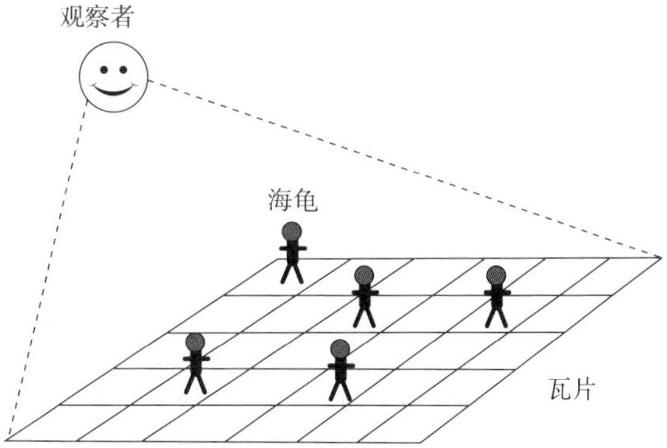

图 6-1　Netlogo 的二维空间

6.1.3　Netlogo 建模步骤

采用 Netlogo 仿真平台建模一般有以下六个步骤：

第一步，初始化 Netlogo。根据概念模型在对话窗口设计相关的按钮、滑动条、开关、监视器、绘图等部件。

第二步，确定模型中行为运行的先后顺序。现实社会系统与模型系统最大的差别在于时间。现实社会系统中各个主体或要素的运行都是按照自然法则自主演化的，而在 Netlogo 模型中，必须依靠研究者制定某种规则，命令 Agent 按照时间顺序执行一系列活动。

第三步，在编程页面创建模型 Agent。研究者需要在编程页面选择 Agent 类型（是海龟还是瓦片），并且需要对 Agent 的属性或作出的行为进行定义。

第四步，在所有主体和行为程序编写完成后，在运行界面的各个部件中设置模型运行的初始值，同时可以对模型的运行速度进行设置。

第五步，模型运行后，研究者可以通过监视器以及绘图来观察，获取需要的实验数据。

第六步，模型运行结束后，获得实验结果数据。将模型运行结果与现实系统进行对比，若模型运行结果偏差较大，就修改模型参数和初始数据，重新运行模型。这一步骤需要反复进行，直到获得预期结果。

Netlogo 建模步骤如图 6-2 所示。

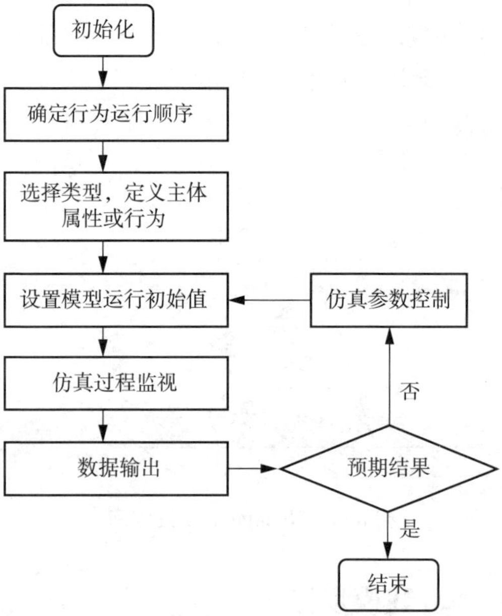

图 6-2　Netlogo 建模步骤

在模型的研究中，通常会设计几种不同的运行方案，每种方案设定不同的参数或初始值。对比参数、初始值改变后的运行结果，发现问题，可以为真实系统的运行提供参考和建议。

6.2 模型设计

基于以上分析，下面运用 Netlogo 实现农业创业人才生态系统多 Agent 模型的运行。在仿真模型假设的基础上，结合第 3 章和第 4 章收集到的农业创业人才生态系统的真实信息，对农业创业人才生态系统多 Agent 模型中的主体属性和参数进行设计。

6.2.1 模型假设

在设计农业创业人才生态系统多 Agent 模型参数之前，提出如下假设。

H6.1：农业创业人才来源于研究机构和成熟企业的培养，其他途径忽略不计，并且只考虑研究机构和成熟企业对农业创业人才信息属性的影响，资金属性和技术属性影响忽略不计。

H6.2：每一个创业企业均由一位农业创业人才创办。

H6.3：创业企业最初的资金属性、信息属性和技术属性值等于农业创业人才属性值。

H6.4：考虑到创业企业处于萌芽期或成长期，较少企业能够实现盈利，因此依靠自身赚取的资金忽略不计，其资金属性主要来源于其他主体支持。

H6.5：政府机构资金充足并为创业企业提供无偿创业资金，即忽略资金使用的回报。

H6.6：金融机构资金充足，为创业企业提供有偿贷款和投资，即收取一定的资金使用费用。

H6.7：服务机构和研究机构分别提供信息和技术，均为有偿提供，即需要支付一定的资金作为回报。

H6.8：成熟企业与创业企业之间存在的合作或竞争关系忽略不计。

H6.9：成熟企业的运营与创业活动关系较小，因此不考虑成熟企业的经营成功或失败。

H6.10：农业创业人才生态系统多 Agent 模型的关注对象是农业创业人

才和创业企业，系统中主体之间与创业活动无关的交互作用忽略不计。

6.2.2 主体设计

农业创业人才生态系统多 Agent 模型中的 Agent 有 7 种，分别是农业创业人才、创业企业、政府机构、金融机构、服务机构、研究机构、成熟企业。这些主体都能与其他主体交互。农业创业人才生态系统 Agent 模型中主体的属性见表 6-1。

表 6-1 主体属性

Agent	资金属性	信息属性	技术属性
农业创业人才	C^T	I^T	S^T
创业企业	C^E	I^E	S^E
政府机构	C^G	—	—
金融机构	C^I	—	—
服务机构	—	I^S	—
研究机构	—	I^R	S^R
成熟企业	—	I^C	—

农业创业人才的属性有资金属性 C^T、信息属性 I^T 和技术属性 S^T，分别代表农业创业人才拥有的资金、信息和技术。资金，是指可以用于开展创业活动的资产；信息，是指农业创业人才的知识和能力；技术，是指能够用于企业生产经营的专业性技术。

创业企业的属性有资金属性 C^E、信息属性 I^E 和技术属性 S^E，这三种属性值最初来源于建立创业企业的农业创业人才的属性值。在企业刚成立时，还未创造价值，依靠的是农业创业人才自身的属性。

政府机构的属性为资金属性 C^G，代表政府机构为创业企业提供的创业资金。

金融机构的属性为资金属性 C^I，包括为创业企业提供的贷款或投资，以及从创业企业获得的资金报酬。金融机构按照一定的标准向部分创业企业提供资金，同时向创业企业收取资金使用费用。

服务机构的属性为信息属性 I^S，代表为创业企业提供的信息，即服务机构为创业企业提供咨询、培训和管理服务。

研究机构的属性有信息属性 I^R 和技术属性 S^R。I^R 代表研究机构作为农业创业人才继续求学的场所，为其提供信息的最大值；S^R 代表为创业企业提供的技术。

成熟企业的属性为信息属性 I^C。成熟企业是农业创业人才积累经验的地方，I^C 代表其提供信息的最大值。

6.2.3 参数设计

在农业创业人才生态系统多 Agent 模型运行程序编写的过程中，除了主体属性外，还有一些参数需要设定，这些参数可以根据研究者的要求调整，以便对比不同参数下的运行结果。模型参数见表 6-2。

表 6-2 模型参数

参数	含义	说明
N^T	农业创业人才数量	系统开始运行前已经存在的农业创业人才数量
N^E	创业企业数量	系统开始运行前已经存在的创业企业数量
i_1	创办企业成功率	农业创业人才创办企业成功的概率
N^G	政府机构数量	系统运行中政府机构的数量
N^I	金融机构数量	系统运行中金融机构的数量
i_2	资金费用率	金融机构提供资金的使用费用率，即提供资金量乘以资金费用率等于创业企业向金融机构支付的资金
N^S	服务机构数量	系统运行中服务机构的数量
P^S	服务费用单价	服务机构提供信息服务的费用单价，即提供信息量乘以费用单价等于创业企业向服务机构支付的资金量
N^R	研究机构数量	系统运行中研究机构的数量
P^R	技术费用单价	研究机构提供技术服务的费用单价，即提供技术量乘以费用单价等于创业企业向研究机构支付的资金量
i_3	创业企业经营成功率	创业企业经营成功转变为成熟企业的概率
N^C	成熟企业数量	系统开始运行前已经存在的成熟企业
T_1	研究机构培养出的农业创业人才数量	每个运行期由研究机构培养出的农业创业人才的数量
T_2	成熟企业培养出的农业创业人才数量	每个运行期由成熟企业培养出的农业创业人才的数量
$Time$	运行周期	模型运行的时间

在模型运行之前，系统中已经存在一部分农业创业人才，这些农业创业人才是第一批创业企业的创办者，农业创业人才数量为 N^T。系统运行前，系统中存在的创业企业数量为 N^E，政府机构数量为 N^G，金融机构数量为 N^I，服务机构数量为 N^S，研究机构数量为 N^R，成熟企业数量为 N^C。系统运行后，新型农业创业人才创建企业，但不是所有的创建行为均能成功，创办企业成功率为 i_1；创办成功的创业企业在运行中得到政府机构的资金补贴，考虑到政府机构作为行政机构不以营利为目的，其资金使用费用较小，忽略不计；创业企业在运行中得到金融机构的贷款或投资，但需要支付一定的资金使用费用，金融机构的资金费用率为 i_2；创业企业在运行中接受服务机构的服务后信息属性提高，同时创业企业需要向服务机构支付一定的费用，服务费用单价为 P^S；创业企业在运行中与研究机构合作技术属性提高，同时创业企业需要向研究机构支付一定的费用，技术费用单价为 P^R；创业企业经过一段时间的运转，只有部分创业企业能够经营成功，从成长期过渡到成熟期转变为成熟企业，创业企业经营成功率为 i_3。另外，经营失败的创业企业破产，转化为农业创业人才。失败的创业企业中的农业创业人才一部分因不再创业而退出系统，另一部分选择继续创业留在系统中，但是由于刚刚创业失败没有资金，农业创业人才会选择进入研究机构继续学习或在成熟企业中就职以积累经验。经过研究机构或成熟企业一段时间的培养和锻炼，农业创业人才重新创业，每个运行期由研究机构和成熟企业培养出的农业创业人才数量分别为 T_1 和 T_2。$Time$ 为模型的运行周期。

6.2.4 界面设计

在主体属性和参数设计完成后，本章采用 NetLogo 建模平台运行农业创业人才生态系统多 Agent 模型。界面中“setup”和“go”按钮分别为模型初始化和运行按钮。界面左侧 6 个输入框分别为政府机构提供资金量、金融机构提供资金量、服务机构提供信息量、研究机构提供技术量、研究机构提供信息量和成熟企业提供信息量，通过输入数字可以设定模型中的参数值。界面右侧 7 个输入框分别为模型启动时农业创业人才数量、创业企业数量、政府机构数量、金融机构数量、服务机构数量、研究机构数量和成熟企业数量，通过输入数字可以设定模型启动时系统中各主体的数量。界面下方的 3 个统计图会在模型运行时对系统中的新型农业创业人才、创业企业和成熟企业的数量进行实时统计，每个统计图的下方都有一个对应的输出框，显示模型当前时刻系统中这 3 种主体的数量。界面中间黑色窗口是对系统中各主体的展示。农业创业人才生态系统多 Agent 模型的初始界面如图 6-3 所示。

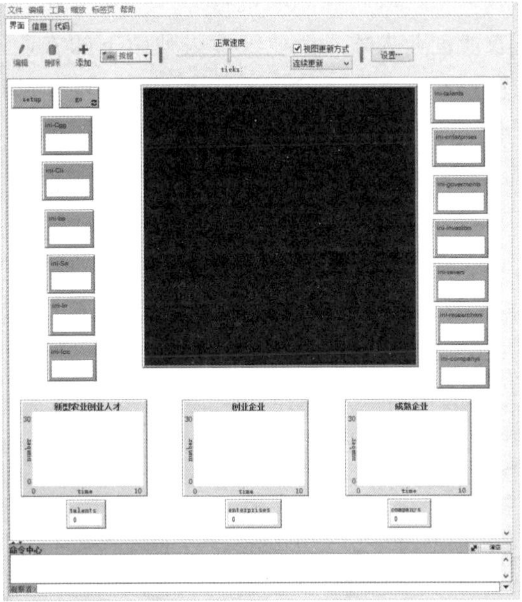

图 6-3　农业创业人才生态系统多 Agent 模型的初始界面

6.3　模型仿真流程和算法

6.3.1　模型仿真流程

本章农业创业人才生态系统多 Agent 模型仿真流程如图 6-4 所示。

农业创业人才生态系统多 Agent 仿真模型的起点是农业创业人才。模型运行前，系统中已经存在一些农业创业人才，但还没有创业企业。这些农业创业人才开展创业活动创办企业，但是并非所有农业创业人才都能够成功。创业企业在经营过程中，与政府机构交互，接受政府机构的资金补贴；与金融机构交互，符合金融机构要求的创业企业获得贷款或投资，同时支付资金使用费用，而不符合要求的创业企业则无法获得资金；与服务机构交互，符合一定条件的创业企业接受服务机构提供的信息，并支付一定的报酬，而不符合条件的创业企业属性不发生变化；与研究机构交互，符合一定条件的创业企业接受研究机构提供的技术，并支付一定的报酬，而不符合条件的创业企业属性不发生变化。创业企业经营一段时间后，部分经营成功，从成长期过渡到成熟期，转变为成熟企业；部分经营失败最终破产，只留下农业创业人才。企业经营失败留下的农业创业人才，一部分不再创业，即退出系统；另一部分选择进入研究机构继续学习或在成熟企业就职积累经验，在经过研究机构和成熟企业的培养后，重新成为农业创业人才，重复以上过程。

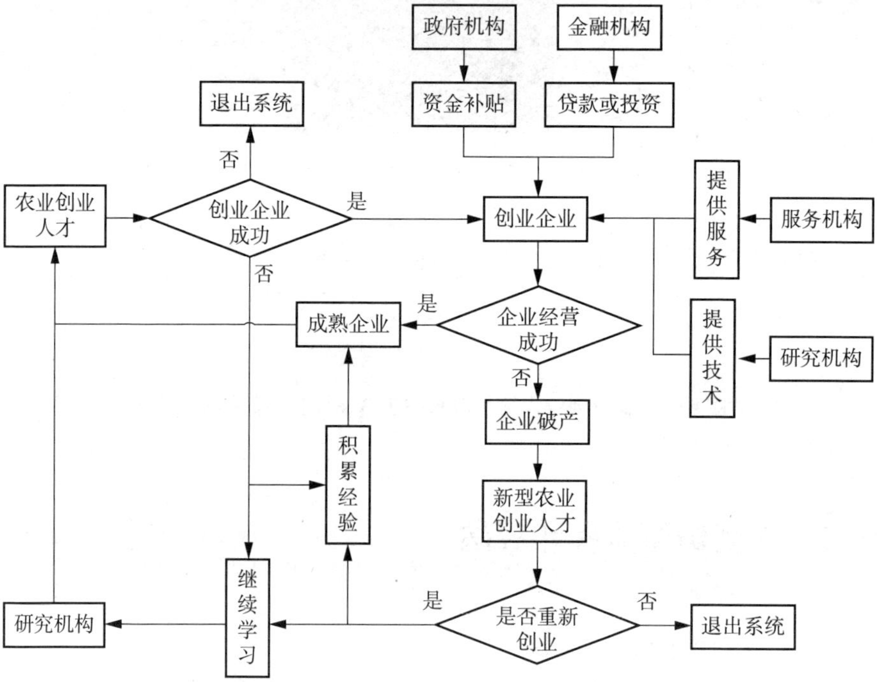

图 6-4　农业创业人才生态系统多 Agent 模型仿真流程

6.3.2　模型仿真算法

（1）农业创业人才创办企业算法

农业创业人才在价值创造和事业追求的目标驱动下，通过创办企业开展创业活动，但只有部分农业创业人才能成功创办企业。农业创业人才创办成功的企业数量计算公式如下：

$$N^E = N^T \times i_1 \tag{6-1}$$

创办企业失败的农业创业人才一部分选择放弃创业，退出系统；另一部分选择重新创业。重新创业的农业创业人才刚刚经历失败无法立刻创办企业，会选择在研究机构继续学习或在成熟企业工作积累经验。经过一段时间的培养后，他们会重新创业。

（2）政府机构提供创业资金算法

企业创办成功后，会获得政府机构提供的创业资金。考虑到政府机构不以营利为目的，为所有创业企业提供资金，因此资金使用费用忽略不计。创业企业在获得资金后，资金量增加。创业企业资金量的计算公式如下：

$$C^{E\prime} = C^E + C^G \tag{6-2}$$

式（6-2）中，C^E 代表创业企业变化前的资金量，$C^{E\prime}$代表创业企业变化后的资金量，C^G 代表政府机构提供的资金量。

（3）金融机构提供贷款或投资算法

企业创办成功后，金融机构会向有发展潜力的创业企业提供贷款或投资，即为信息量或技术量最高的创业企业提供资金。另外，金融机构的贷款或投资以营利为目的，会向创业企业收取一定的资金使用费用。获得贷款或投资后，创业企业资金量增加，支付资金使用费用后资金量减少。计算公式如下：

$$C^{E\prime} = \begin{cases} C^E + C^I, & I^E = \max(I^E) \\ C^E + C^I, & S^E = \max(S^E) \\ C^E, & I^E \neq \max(I^E) \text{ 且 } S^E \neq \max(S^E) \end{cases} \tag{6-3}$$

$$C^{E\prime\prime} = \begin{cases} C^{E\prime} - i_2 \times C^I, & I^E = \max(I^E) \\ C^{E\prime} - i_2 \times C^I, & S^E = \max(S^E) \\ C^E, & I^E \neq \max(I^F) \text{ 且 } S^E \neq \max(S^E) \end{cases} \tag{6-4}$$

式（6-3）中，C^E 代表获得资金前创业企业资金量，C^I 代表金融机构为创业企业提供的资金量，$C^{E\prime}$代表获得资金后创业企业资金量，I^E 代表创业企业的信息量，$\max(I^E)$ 代表所有创业企业信息量中的最大值，S^E 代表创业企业的技术量，$\max(S^E)$ 代表所有创业企业技术量中的最大值。式（6-3）的含义是，当创业企业的信息量或技术量为所有创业企业中的最大值时，能够获得金融机构的贷款或投资；当创业创业的信息量或技术量不是所有创业企业中的最大值时，则不能获得金融机构的贷款或投资。式（6-4）中，i_2 代表金融机构的资金使用费用率，$C^{E''}$代表最终创业企业的资金量，其他参数含义同式（6-3）。式（6-4）的含义是，获得金融机构资金的创业企业需要支付一定的资金使用费用，资金使用费用等于资金使用率乘以金融机构提供的资金量。

（4）服务机构提供信息算法

企业创办成功后，创业企业中信息量较小者为了获得投资或贷款，会寻求服务机构的帮助，同时向服务机构支付一定的资金作为服务费用。计算公式如下：

$$I^{E\prime}=\begin{cases}I^E+I^S, & I^E=\min(I^E)\\ I^E, & I^E\neq\min(I^E)\end{cases} \tag{6-5}$$

$$C^{E\prime}=\begin{cases}C^E-P^S\times I^S, & I^E=\min(I^E)\\ C^E, & I^E\neq\min(I^E)\end{cases} \tag{6-6}$$

式（6-5）中，$I^{E\prime}$代表获得服务机构帮助后创业企业的信息量，I^E 代表获得服务机构帮助前创业企业的信息量，I^S 代表服务机构提供的信息量，$\min(I^E)$ 代表所有创业企业信息量中的最小值。式（6-5）的含义是，当创业企业信息量为所有创业企业中的最小值时，会寻求服务机构的帮助，使信息量增加。式（6-6）中，$C^{E\prime}$代表创业企业支付服务费用后的资金量，C^E 代表创业企业支付服务费用前的资金量，P^S 代表服务费用单价，其他参数含义同式（6-5）。式（6-6）的含义是，获得服务机构信息的创业企业需要支付一定的资金作为服务费用，服务费用等于服务费用单价乘以服务机构提供的信息量。

（5）研究机构提供技术算法

企业创办成功后，创业企业中的技术量较小者为了获得投资或贷款，会寻求研究机构的帮助，同时向研究机构支付一定的资金作为技术费用。计算公式如下：

$$S^{E\prime}=\begin{cases}S^E+S^R, & S^E=\min(S^E)\\ S^E, & S^E\neq\min(S^E)\end{cases} \tag{6-7}$$

$$C^{E\prime}=\begin{cases}C^E-P^R\times S^R, & S^E=\min(S^E)\\ C^E, & S^E\neq\min(S^E)\end{cases} \quad (6-8)$$

式（6-7）中，$S^{E\prime}$代表获得研究机构帮助后创业企业的技术量，S^E 代表获得研究机构帮助前创业企业的技术量，S^R 代表研究机构提供的技术量，$\min(S^E)$ 代表所有创业企业技术量中的最小值。式（6-7）的含义是，当创业企业技术量为所有创业企业中的最小值时，会寻求研究机构的帮助，使技术量提高。式（6-8）中，$C^{E\prime}$代表创业企业支付技术费用后的资金量，C^E 代表创业企业支付技术费用前的资金量，P^R 代表技术费用单价，其他参数含义同式（6-7）。式（6-8）的含义是，获得研究机构技术的创业企业需要支付一定的资金作为技术费用，技术费用等于技术费用单价乘以研究机构提供的技术量。

（6）创业企业经营成功和失败算法设计

创业企业经营一段时间后，一部分会成功度过成长期进入成熟期，即转变为成熟企业；另一部分则会因资金链断裂而破产。成熟企业的数量，即创业企业经营成功的数量计算公式如下：

$$N^C=\begin{cases}N^E\times i_3, & C^E>0\\ 0, & C^E\leqslant 0\end{cases} \quad (6-9)$$

式（6-9）中，N^C 代表由创业企业转化为成熟企业的数量，N^E 代表创业企业的数量，i_3 代表创业企业经营成功率，C^E 代表创业企业的资金量。式（6-9）的含义是，当创业企业的资金量大于零时，部分创业企业转化为成熟企业，转化的成熟企业数量等于资金量大于零的创业企业数量乘以创业企业经营成功率；当创业企业的资金量小于等于零时，经营失败，不转化为成熟企业。另外，创业企业经营失败后会产生对应的农业创业人才，这些农业创业人才若不再创业，则退出系统；若选择继续创业，则会选择在研究机构继续学习或在成熟企业就职积累经验，经过一段时间的培养后，重新创业。

（7）农业创业人才培养算法

每个周期产生的新型农业创业人才数量计算公式如下：

$$N^T=T_1+T_2 \quad (6-10)$$

式（6-10）中，N^T 代表每个周期产生的农业创业人才数量，T_1 代表研究机构培养的农业创业人才数量，T_2 代表成熟企业培养的农业创业人才数量。

6.4 模型初始值和运行结果

6.4.1 模型初始值

在农业创业人才生态系统多 Agent 模型假设、主体属性、参数、运行界面、流程和算法的基础上，编写了模型的仿真程序代码。参考王志杰（2015）和原驰（2016）的研究，模型运行前主体属性和参数初始值见表6-3。

表 6-3 主体属性和参数初始值

主体属性/参数	含义	初始值
N^T	农业创业人才数量	5
C^T	农业创业人才资金量	1~4
I^T	农业创业人才信息量	1~5
S^T	农业创业人才技术量	1~5
N^E	创业企业数量	0
C^E	创业企业资金量	0
I^E	创业企业信息量	0
S^E	创业企业技术量	0
i_1	创办企业成功率	10%
N^G	政府机构数量	1
C^G	政府机构提供资金量	10
N^I	金融机构数量	1
C^I	金融机构提供资金量	20
i_2	资金费用率	10%
N^S	服务机构数量	1
I^S	服务机构提供信息量	10
P^S	服务费用单价	5

续表

主体属性/参数	含义	初始值
N^R	研究机构数量	1
S^R	研究机构提供技术量	20
P^R	技术费用单价	5
I^R	研究机构提供信息量	5
i_3	创业企业经营成功率	10%
N^C	成熟企业数量	1
I^C	成熟企业提供信息量	4
T_1	研究机构培养出的农业创业人才数量	1
T_2	成熟企业培养出的农业创业人才数量	1
Time	运行周期	10

6.4.2 模型运行结果

首先按下“setup”按钮，模型初始化；其次按下“go”按钮，模型开始运行。模型运行 10 步后自动停止，运行结果如图 6-5 至图 6-7 所示。

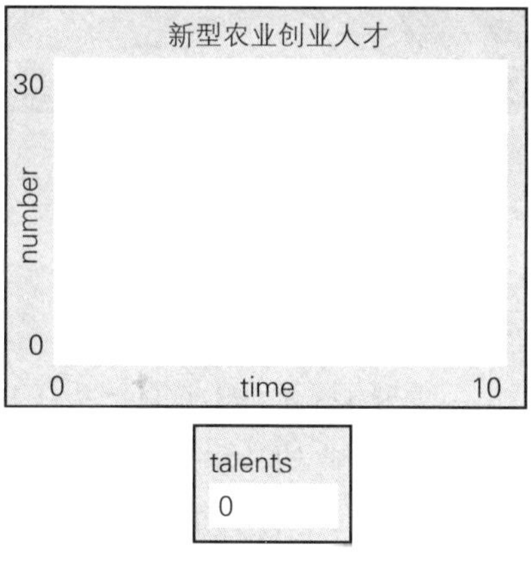

图 6-5　农业创业人才统计

从图 6-5 可以看出，随着模型的运行，系统中的农业创业人才数量逐渐增加，最终达到稳定。达到稳定状态时，农业创业人才的数量为 20 个单位。通过理论分析，系统中的农业创业人才数量应该维持在一个稳定的水平上。原因在于：一方面，一部分农业创业人才创业成功成为企业家，另一部分农业创业人才创业失败重新着手创业或放弃创业退出系统；另一方面，研究机构和成熟企业为系统源源不断地提供农业创业人才。从模型运行的结果来看，农业创业人才数量的变化趋势达到了预期。

从图 6-6 可以看出，随着模型的运行，模型中创业企业数量从 0 逐渐增加，随后在数量 9 上下波动。在时刻为 10 时，创业企业的数量为 10 个单位。理论上，系统中的创业企业也会维持在一个稳定的水平上。一方面，农业创业人才不断开展创业活动，即创业企业不断被创建；另一方面，经营成功的创业企业从成长期过渡到成熟期，转变为成熟企业，而经营失败的创业企业则会破产退出系统。从运行结果来看，虽然系统中的创业企业数量有一定的波动，但基本围绕着某一个数值波动，因此创业企业数量的变化趋势基本达到预期。

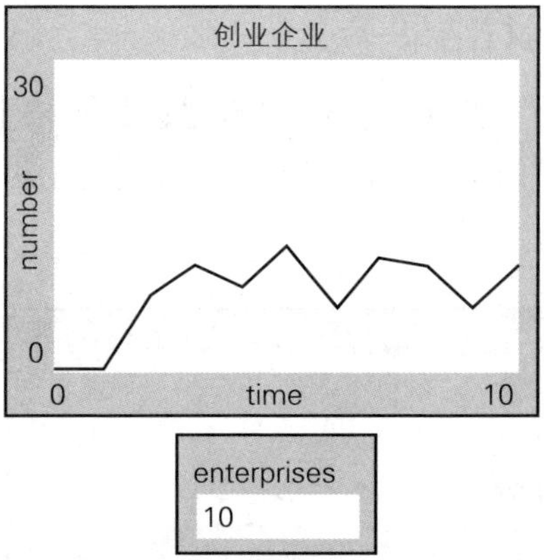

图 6-6　创业企业统计

从图 6-7 可以看出，在模型运行的前期，系统中成熟企业的数量为零；在模型运行的后期，成熟企业的数量加速增长。为了便于研究创业企业转变为成熟企业的数量，模型没有对成熟企业经营失败进行设计。因此，理论上系统中的成熟企业数量会不断增加。从运行结果来看，成熟企业数量的变化趋势达到了预期。

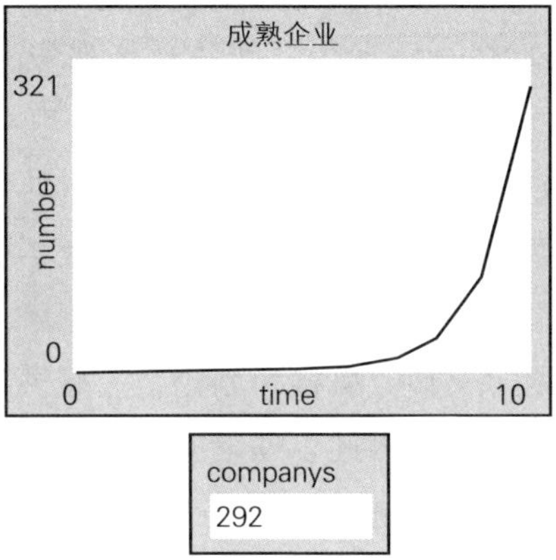

图 6-7　成熟企业统计

6.5　方案设计

6.5.1　单个参数调整方案

在对单个参数调整方案进行设计时，主要分为四种类型：主体数量调整、资金相关调整、费用价格调整和人才数量调整。这四种类型基本涵盖了模型所有重要的主体和参数。

（1）主体数量调整

方案 1：增加金融机构主体数量。增加系统中金融机构主体数量，即金融机构数量由原来的 1 个单位增加到 2 个单位，其他参数不变。调整金融机构数量的目的是探究农业创业人才生态系统中金融机构数量与农业创业人才、创业企业数量之间的关系。风险投资活动的增长和发展对新企业的创建有明显的促进作用。本书研究模型中的金融机构主体包括风险投资机构。当金融机构主体数量增加时，创业企业获得资金的机会会随之增加，进而经营成功的创业企业数量也会增加。因此，理论上，金融机构数量增加会促使创业企业数量增加，下文将对其进行验证。

方案 2：增加服务机构数量。增加系统中服务机构数量，即服务机构数量由原来的 1 个单位增加到 2 个单位，其他参数不变。调整服务机构数量的目的是探究农业创业人才生态系统中服务机构数量与农业创业人才、创业企业数量之间的关系。服务机构为创业企业提供法律、信息咨询和管理培训，能够帮助创业企业提高信息储备和管理能力。因此，从理论上说，服务机构数量增加会促使创业企业数量增加，下文将对其进行验证。

方案 3：增加研究机构数量。增加系统中研究机构数量，即研究机构数量由原来的 1 个单位增加到 2 个单位，其他参数不变。调整研究机构数量的目的是探究农业创业人才生态系统中研究机构数量与农业创业人才、创业企业数量之间的关系。研究机构为创业企业提供新技术和产品，使创业企业在市场中更具竞争力。因此，理论上，研究机构数量增加会促使创业企业数量增加，下文将对其进行验证。

（2）资金相关调整

方案 4：增加政府机构提供资金量。增加政府机构为创业企业提供的资金量，即政府机构资金属性量由原来的 10 个单位增加到 20 个单位，其他参数不变。调整政府机构资金量的目的在于探究农业创业人才生态系统中政府机构为创业企业提供的资金补贴数额与农业创业人才、创业企业数量之间的关系。政府机构作为非营利性组织，为创业企业提供资金补贴。政府机构补贴的资金数额增加，创业企业获得的资金增多，能够直接增加创业企业经营成功的可能性，使转化的成熟企业数量增多。因此，理论上，政府机构资金量增加会促使创业企业数量增加，下文将对其进行验证。

方案 5：增加金融机构提供资金量。增加金融机构为创业企业提供的资金量，即金融机构资金属性量由原来的 20 个单位增加到 40 个单位，其他参数不变。调整金融机构资金量的目的在于探究农业创业人才生态系统中金融机构为创业企业提供的贷款或投资量与农业创业人才、创业企业数量之间的关系。金融机构作为营利性组织，不是像政府机构那样为较多企业提供贷款或投资，而是在所有创业企业中挑选最有实力和潜力的创业企业。从一定程度上说，当金融机构补贴的资金数额增加，即被选上的创业企业获得的资金增多时，该创业企业经营失败的可能性会大大降低。因此，理论上，金融机构提供资金量增加会促使创业企业数量增加，下文将对其进行验证。

方案 6：改变政府机构资金补贴方式。改变政府机构为创业企业提供资金补贴的方式，即像金融机构那样对创业企业进行筛选，只有达到一定标准的创业企业才能获得资金，即从原来的为每家创业企业提供资金，改变为为特定的创业企业提供资金，但是不收取资金使用费用，其他参数不变。调整政府机构资金补贴方式的目的在于探究农业创业人才生态系统中政府机构资金补贴方式与农业创业人才、创业企业数量之间的关系。如果政府机构对创业企业进行一定程度的筛选，只为部分创业企业提供资金补贴，且获得资金补贴的数额不变，那么获得资金的创业企业数量就会减少，进而转化为成熟企业的数量也会减少。因此，理论上，政府机构资金补贴方式的改变会导致创业企业数量减少，下文将对其进行验证。

方案 7：改变金融机构贷款或投资方式。增加获得金融机构资金的创业企业数量，金融机构从原来的只对信息量和技术量最高的创业企业提供贷款或投资，改变为为信息量和技术量第一、第二的创业企业提供贷款或投资，其他参数不变。改变金融机构贷款或投资方式的目的在于探究农业创业人才生态系统中金融机构贷款或投资方式与农业创业人才、创业企业数量之间的关系。从一定程度上说，金融机构贷款或投资方式改变后，获得贷款或投资的创业企业数量会增加，经营成功的创业企业数量也会增加，进而成熟企业数量会增加。因此，理论上，金融机构贷款或投资方式的改变会促使创业企业数量增加，下文将对其进行验证。

（3）费用价格调整

方案 8：降低金融机构的资金费用率。将金融机构的资金费用率由 10%降为 5%，其他参数不变。降低金融机构资金费用率的目的是探究农业创业人才生态系统中金融机构资金费用率与农业创业人才、创业企业数量之间的关系。降低资金费用率等于直接增加了创业企业实际获得的资金数额。从一定程度上说，创业企业获得的资金增多，会使创业企业经营成功的可能性增大，进而转化为成熟企业的数量会增多。因此，理论上，降低金融机构的资金费用率会促使创业企业数量增加，下文将对其进行验证。

方案 9：降低服务机构的服务费用单价。服务费用单价由原来的 5 个单位降为 2.5 个单位，其他参数不变。降低服务机构服务费用单价目的在于探究农业创业人才生态系统中服务机构的服务费用单价与农业创业人才、创业企业数量之间的关系。服务费用单价降低后，创业企业在与服务机构交易时需要支付的资金报酬减少，拥有的剩余资金增多，经营成功的可能性会增大。因此，理论上，降低服务机构的服务费用单价会促使创业企业数量增加，下文将对其进行验证。

方案10：降低研究机构的技术费用单价。技术费用单价由原来的5个单位降为2.5个单位，其他参数不变。降低研究机构技术费用单价的目的在于探究农业创业人才生态系统中研究机构技术费用单价与农业创业人才、创业企业数量之间的关系。与方案9类似，技术费用单价降低后，创业企业在与研究机构交易时需要支付的资金报酬减少，创业企业拥有的剩余资金增多，资金链断裂的可能性减小，经营成功的创业企业数量会随之增加。因此，理论上，降低研究机构的技术费用单价会促使创业企业数量增加，下文将对其进行验证。

（4）人才数量调整

方案11：增加研究机构（成熟企业）培养出的农业创业人才数量。由农业创业人才培养算法可知，每个运行周期产生的农业创业人才数量等于研究机构和成熟企业培养出的人才数量之和，这两种主体产生农业创业人才的机制相同，因此只选择一个来调整参数。增加研究机构（成熟企业）培养出的农业创业人才数量，即每个周期研究机构（成熟企业）培养出的农业创业人才数量由初始的1个单位调整为2个单位。增加研究机构（成熟企业）培养出的农业创业人才数量目的在于探究农业创业人才生态系统中研究机构（成熟企业）培养出的农业创业人才数量与创业企业数量之间的关系。从在一定程度上说，研究机构（成熟企业）培养出的农业创业人才增加，农业创业人才创办的企业数量会随之增加，进而经营成功的创业企业数量也会增加。因此，理论上，增加研究机构（成熟企业）培养出的农业创业人才数量会促使创业企业数量增加，下文将对其进行验证。

6.5.2 多个参数调整方案

（1）同一主体

方案12：增加金融机构数量，增加金融机构资金量，降低金融机构资金费用率，同时改变金融机构贷款和补贴方式。金融机构数量由1个单位增加到2个单位，金融机构资金量由20个单位增加到40个单位，金融机构费用率由10%降到5%，金融机构的贷款和补贴方式改变为为信息量和技术量第一、第二的创业企业提供贷款或投资。方案12是单参数方案1、方案5、方案7和方案8的组合。在单参数调整的基础上，本书通过对同一主体的多个参数进行调整，探究农业创业人才生态系统中金融机构与农业创业人才、创业企业之间的关系。从理论上说，在单参数调整方案中，参数改变后，成熟企业的数量会随之增加。因此，金融机构的多个参数调整后，会促使创业企业数量增加，并且增加的效果要比单参数方案明显。

方案 13：增加政府机构提供资金量，改变政府机构资金补贴方式。政府机构提供的资金量由 10 个单位增加到 20 个单位，补贴方式由原先的为每家创业企业提供资金改为只为信息量或技术量最高的创业企业提供资金。方案 13 是方案 4 和方案 6 的组合。通过单参数方案的组合，研究农业创业人才生态系统中政府机构与农业创业人才、创业企业之间的关系。理论上，政府机构提供资金量增加，创业企业数量增加；政府机构资金补贴方式改变，创业企业数量减少。那么，增加政府机构提供资金量的同时改变政府机构资金补贴方式会产生什么样的结果？我们不得而知，需要通过实验求解。

方案 14：增加服务机构数量，同时降低服务机构服务费用单价。服务机构的数量由 1 个单位增加到 2 个单位，服务机构的服务费用由 5 个单位降到 2.5 个单位。方案 14 是方案 2 和方案 9 的组合。我们通过单参数方案的组合，研究农业创业人才生态系统中服务机构与农业创业人才、创业企业之间的关系。理论上，服务机构数量的增加和服务费用单价的降低，都会促使创业企业数量增加。因此，同时增加服务机构数量和降低服务费用单价会促使创业企业数量增加，并且增加的效果要比单参数方案明显。此外，由于研究机构的作用效果与服务机构类似，此处不再设计研究机构的多参数调整方案。

（2）不同主体

方案 15：增加金融机构、服务机构和研究机构数量，增加政府机构资金量，增加金融机构资金量，改变金融机构贷款和补贴方式，降低金融机构资金费用率，降低服务机构服务费用单价和研究机构技术费用单价。金融机构、服务机构和研究机构数量均由 1 个单位增加到 2 个单位，政府机构资金量由 10 个单位增加到 20 个单位，金融机构资金量由 20 个单位增加到 40 个单位，金融机构的贷款和补贴方式改变为为信息量和技术量第一、第二的创业企业提供贷款或投资，金融机构费用率由 10%降到 5%，服务机构服务费用单价和研究机构技术费用单价均由 5 个单位降到 2.5 个单位。此方案是方案 1、方案 2、方案 3、方案 4、方案 5、方案 7、方案 8、方案 9、方案 10 的组合，目的在于研究当农业创业人才培养数量和政府机构提供资金方式不变、其他参数改变时，系统中的农业创业人才和创业企业数量发生的变化。理论上，多个参数调整后，创业企业数量会大幅增加，下文将对其进行验证。

6.6 仿真结果对比及分析

6.6.1 单个参数调整结果

（1）方案1运行结果分析

执行方案1，金融机构数量增加后，模型的运行结果如图6-8至图6-10所示。左侧（a）图为初始参数运行结果，右侧（b）图为金融机构数量增加后的运行结果。

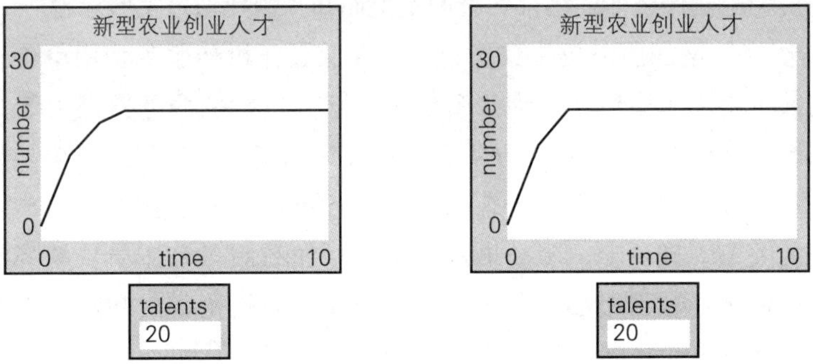

（a）　　（b）

图6-8　方案1：新型农业创业人才数量对比

由图6-8可知，金融机构数量增加后，系统中的新型农业创业人才数量并没有发生较大变化，达到稳定时的数量均为20，但达到稳定的时间比初始结果短，即金融机构数量增加后，系统中新型农业创业人才数量更快达到稳定，这可能与创业企业的数量变化有关。因此，金融机构数量对农业创业人才数量的影响较小。

由图6-9可知，金融机构数量增加后，在时刻为10的系统中，创业企业数量未发生变化，但运行过程中创业企业的数量波动变小。由图6-10可知，金融机构数量增加后，成熟企业的数量大大增加。对运行结果进一步分析可以发现，虽然金融机构数量增加对系统中创业企业数量的影响较小，但对成熟企业数量的影响较大。在创业企业经营成功率并未改变的前提下，成熟企业数量的增加说明了系统中创业企业数量的增加。由模型的运行结果可知，金融机构数量增加能够促使创业企业数量增加。其原因可能是金融机构数量增加提高了能够获得贷款或投资的创业企业的数量，为经营中的创业企业提供了更大的成长空间，进而使经营成功的创业企业数量增加。

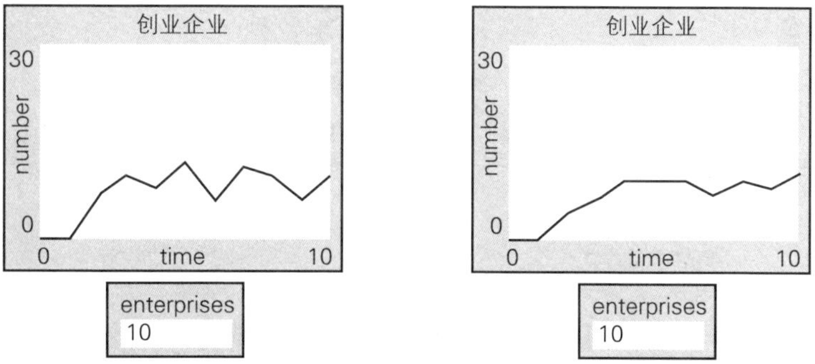

（a）　　　　　　　　（b）

图 6-9　方案 1：创业企业数量对比

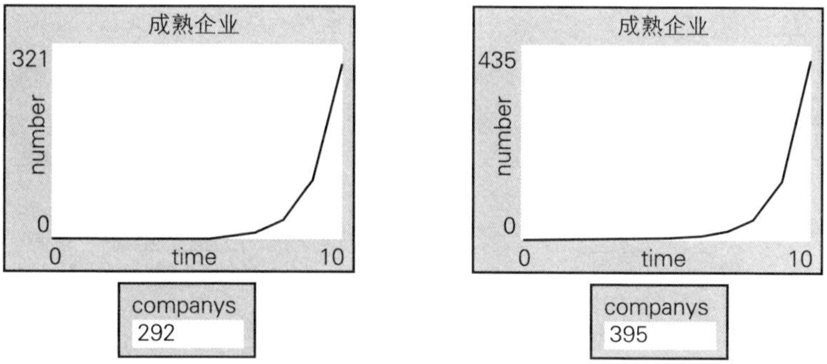

（a）　　　　　　　　（b）

图 6-10　方案 1：成熟企业数量对比

（2）方案 2 运行结果分析

执行方案 2，服务机构数量增加后，模型的运行结果如图 6-11 至图 6-13 所示。左侧（a）图为初始参数运行结果，右侧（b）图为服务机构数量增加后的运行结果。

由图 6-11 可知，服务机构数量增加后，系统中的新型农业创业人才数量发生的变化不大，达到稳定时的数量也为 20，但达到稳定的时间比初始结果短，与金融机构数量变化后的图形一样，即服务机构数量增加后，系统中的新型农业创业人才数量更快达到稳定，其原因可能与创业企业的数量变化有关。因此，服务机构数量对农业创业人才数量的影响较小。

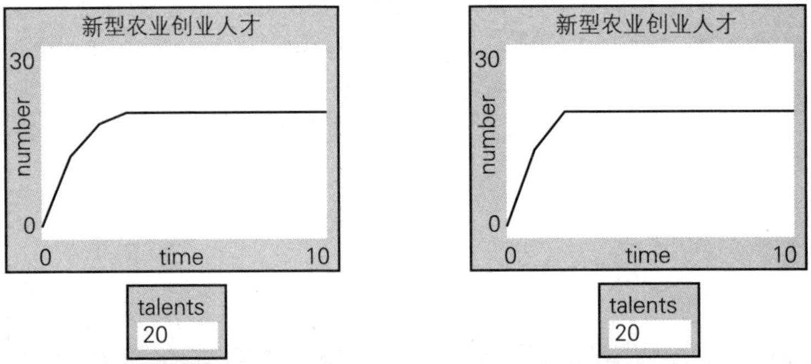

（a）（b）

图 6-11　方案 2：新型农业创业人才数量对比

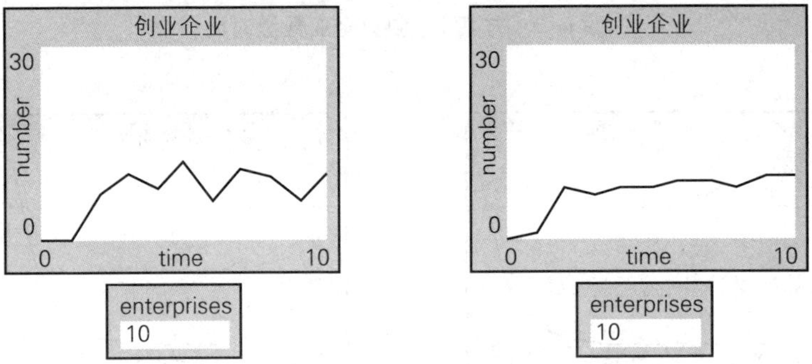

（a）（b）

图 6-12　方案 2：创业企业数量对比

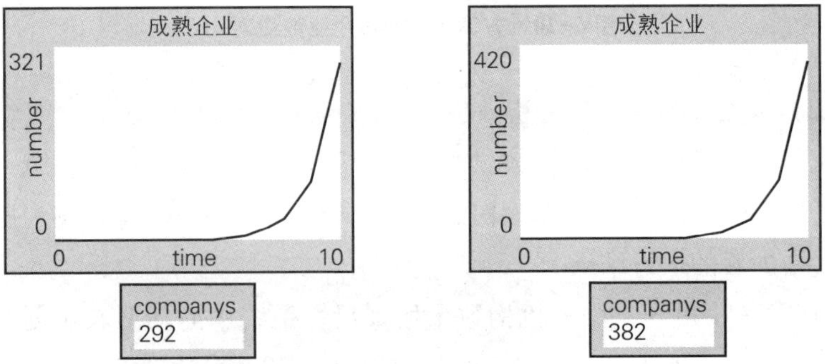

（a）（b）

图 6-13　方案 2：成熟企业数量对比

由图 6-12 可知，服务机构数量增加后，在时刻为 10 的系统中，创业企业数量未发生变化，但是在运行过程中创业企业的数量波动变小，与金融机构数量改变后的图形虽类似但略有不同。由图 6-13 可知，服务机构数量增加后，成熟企业的数量有所增加。对运行结果进一步分析可以发现，模型中的服务机构主体虽然不能直接提升创业企业的资金量，但是可以直接提升创业企业的信息量。服务机构数量增加后，获得提升信息量服务的创业企业数量增加，信息量提升会使企业获得贷款和投资的概率增加。资金量充足的创业企业数量增加，会使成功转化为成熟企业的数量也增加。由模型的运行结果可知，服务机构数量增加会促使创业企业数量增加。原因在于，服务机构数量增加提高了获得信息量提升的创业企业数量，进而增加了获得贷款和投资的企业数量，与金融机构数量改变产生了类似的结果。

（3）方案 3 运行结果分析

执行方案 3，研究机构数量增加后，模型的运行结果如图 6-14 至图 6-16所示。左侧（a）图为初始参数运行结果，右侧（b）图为研究机构数量增加后的运行结果。

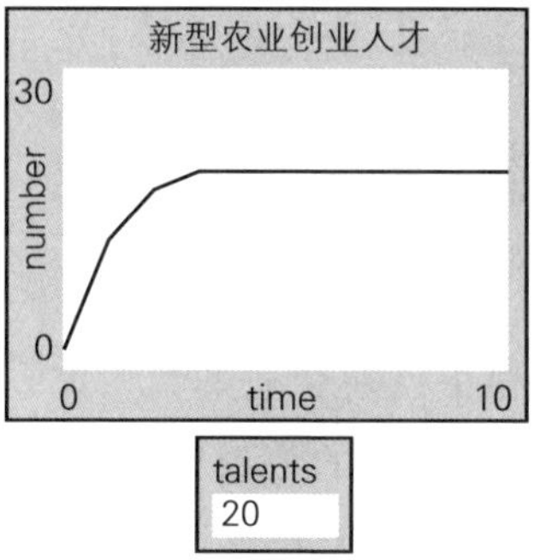

（a）

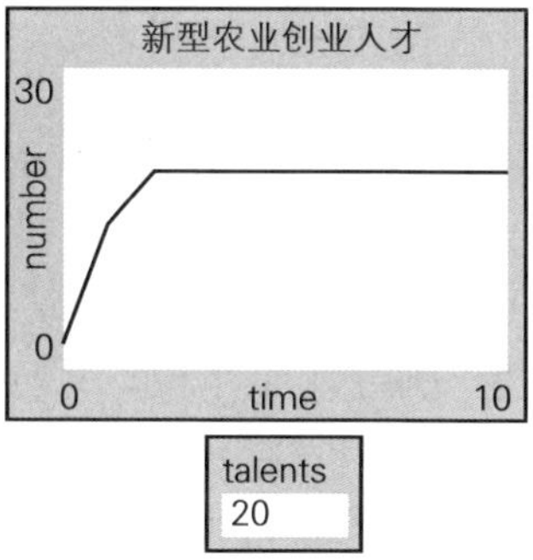

（b）

图 6-14　方案 3：新型农业创业人才数量对比

由图 6-14 可知，研究机构数量增加后，系统中的新型农业创业人才数量发生的变化不大，达到稳定时的数量也为 20，但达到稳定的时间比初始结果短，与金融机构、研究机构数量变化后的图形一样，即研究机构数量增加后，系统中的新型农业创业人才数量更快达到稳定，这可能与创业企业的数量变化有关。因此，研究机构数量对农业创业人才数量的影响较小。

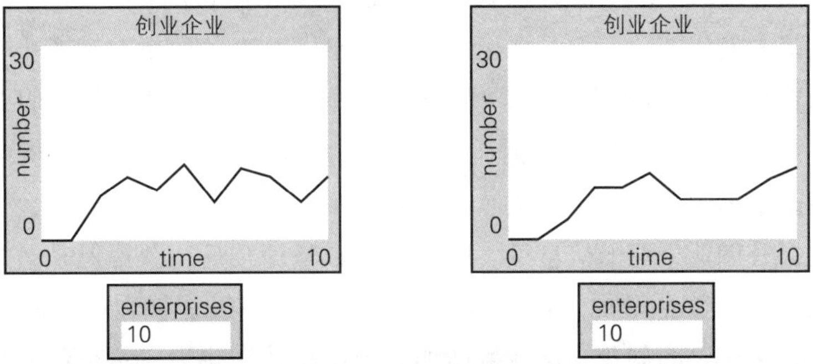

（a）（b）

图 6-15 方案 3：创业企业数量对比

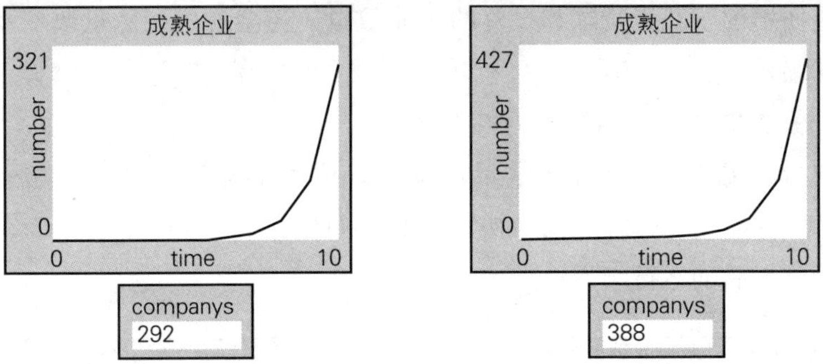

（a）（b）

图 6-16 方案 3：成熟企业数量对比

由图 6-15 可知，研究机构数量增加后，在时刻为 10 的系统中，创业企业数量增加了 1 个单位，并且在运行过程中创业企业的数量波动变小。由图 6-16 可知，研究机构数量增加后，成熟企业的数量也会增加。对运行结果进一步分析可以发现，模型中研究机构发挥的作用与服务机构类似，虽然不能直接提升创业企业的资金量，但是直接提升了创业企业的技术量。研究机构数量增加后，技术量增加的创业企业数量增加，会使获得贷款和投资的创业企业数量增加。拥有较多资金的创业企业数量增多，成功转化为成熟企业的数量也会随之增加。由模型的运行结果可知，研究机构数量增加会促使创业企业数量增加。原因在于，研究机构数量的增加提高了获得技术量提升的创业企业数量，进而增加了获得贷款和投资的企业数量，与金融机构数量改变产生了类似的结果。

（4）方案 4 运行结果分析

执行方案 4，政府机构资金量增加后，模型的运行结果如图 6-17 至图 6-19所示。左侧（a）图为初始参数运行结果，右侧（b）图为政府机构资金量增加后的运行结果。

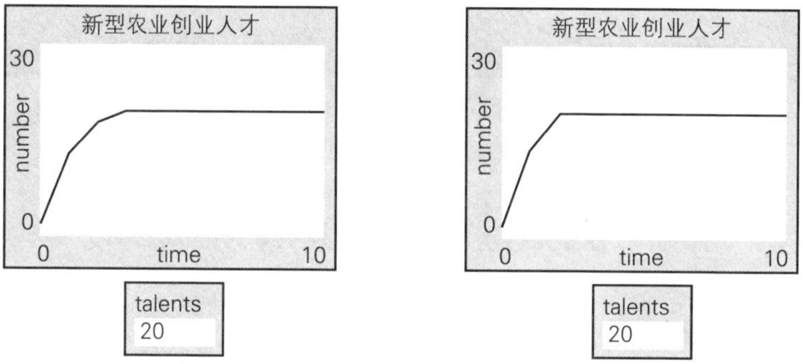

（a）　（b）

图 6-17　方案 4：新型农业创业人才数量对比

由图 6-17 可知，政府机构资金量增加后，系统中的新型农业创业人才数量发生的变化不大，达到稳定时的数量也为 20，但达到稳定的时间比初始结果短，与主体数量改变方案的运行结果图形一样，即政府机构资金量增加后，系统中的新型农业创业人才数量更快达到稳定，这可能与创业企业的数量变化有关。因此，政府机构资金量对农业创业人才数量的影响较小。

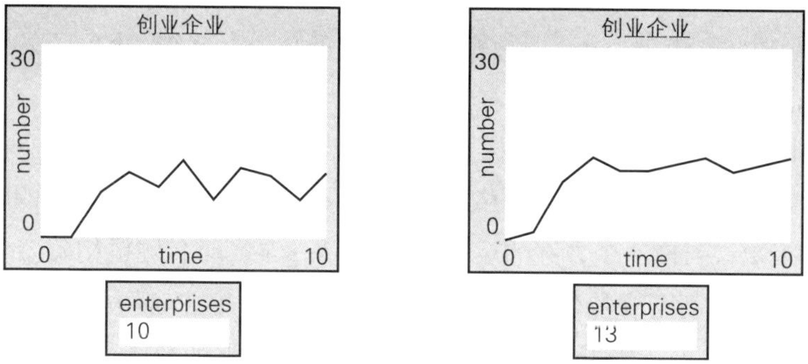

（a）　（b）

图 6-18　方案 4：创业企业数量对比

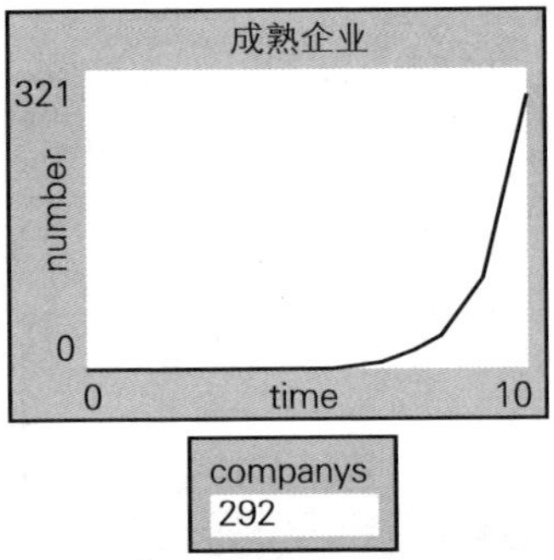

(a)

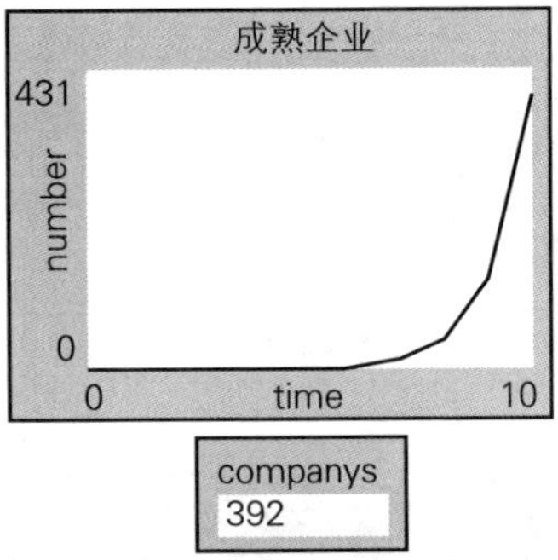

(b)

图 6-19　方案 4：成熟企业数量对比

由图 6-18 可知，政府机构资金量增加后，在时刻为 10 的系统中，创业企业数量也有所增加，并且在运行过程中创业企业的数量波动变小。由图 6-19 可知，政府机构资金量增加后，成熟企业的数量也会随之增加。对运行结果进一步分析可以发现，政府机构资金量增加直接增加了创业企业获得的资金补贴量，为创业企业进行服务和技术交易提供了充足的资金，进而使信息量和技术量提升的创业企业数量增加，而获得贷款和投资的创业企业数量也会随之增加。拥有较多资金的创业企业数量增加，成功转化为成熟企业的数量也会增加。由模型的运行结果可知，政府机构资金量增加会促使创业企业数量增加。

（5）方案 5 运行结果分析

执行方案 5，金融机构资金量增加后，模型的运行结果如图 6-20 至图 6-22 所示。左侧（a）图为初始参数运行结果，右侧（b）图为金融机构资金量增加后的运行结果。

由图 6-20 可知，金融机构资金量增加后，系统中的新型农业创业人才数量发生的变化不大，达到稳定时的数量也为 20，但达到稳定的时间比初始结果短，与前 4 个方案的运行结果图形一样，即金融机构资金量增加后，系统中的新型农业创业人才数量更快达到稳定，这可能与创业企业的数量变化有关。因此，金融机构资金量对农业创业人才数量的影响较小。

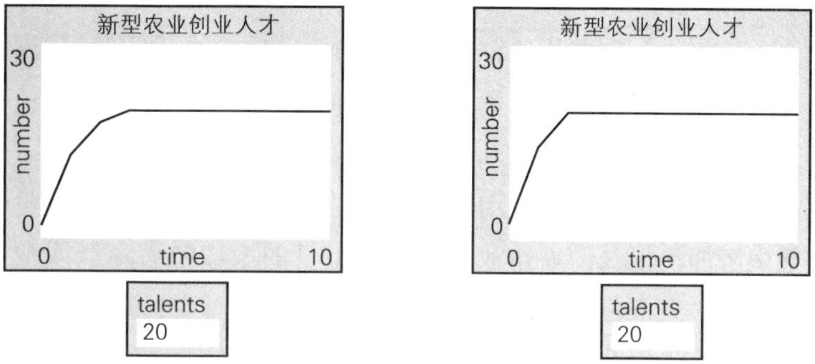

（a）　　　　（b）

图 6-20　方案 5：新型农业创业人才数量对比

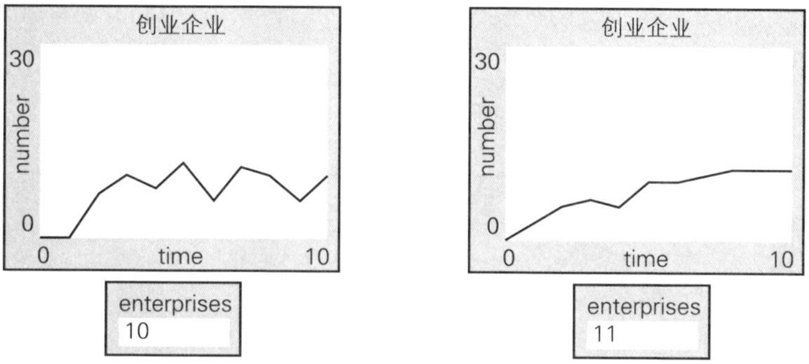

（a）　　　　（b）

图 6-21　方案 5：创业企业数量对比

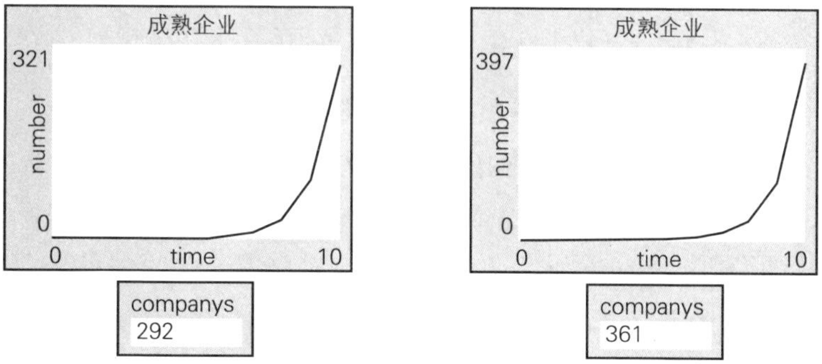

（a）　　　　（b）

图 6-22　方案 5：成熟企业数量对比

由图 6-21 可知，金融机构资金量增加后，在时刻为 10 的系统中，创业企业数量增加了 1 个单位，并且在运行过程中创业企业的数量呈持续增加的趋势。由图 6-22 可知，金融机构资金量增加后，成熟企业的数量也有所增加。与前 4 个方案相比，成熟企业增加的数量较小。对运行结果进一步分析可以发现，金融机构资金量的增加并不能直接促使获得贷款或投资的创业企业数量增加，即达到标准的创业企业数量并未改变，而是被选中的创业企业获得的资金额度增加了。虽然获得贷款或投资的创业企业数量并未直接增加，但是创业企业获得的资金量的增加能够降低该企业经营失败的可能性，进而使成功转化为成熟企业的数量增加。由模型的运行结果可知，金融机构资金量增加会促使创业企业数量增加，但是比前 4 个调整方案的运行效果差。

（6）方案 6 运行结果分析

执行方案 6，政府机构资金补贴方式改变后，模型的运行结果如图 6-23 至图 6-25 所示。左侧（a）图为初始参数运行结果，右侧（b）图为政府机构资金补贴方式改变后的运行结果。

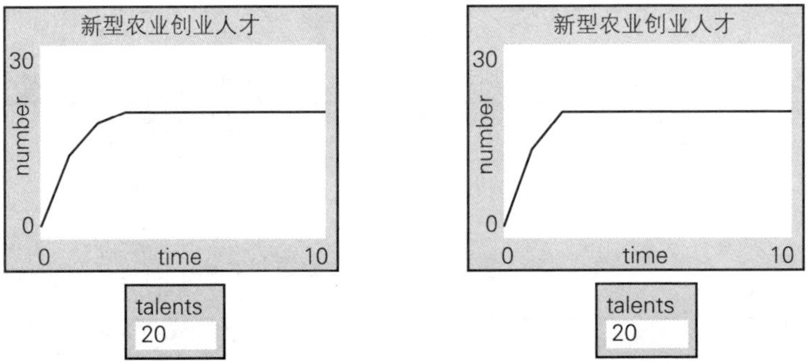

（a）　　（b）

图 6-23　方案 6：新型农业创业人才数量对比

由图 6-23 可知，政府机构资金补贴方式改变后，系统中的新型农业创业人才数量发生的变化不大，达到稳定时的数量也为 20，与前 5 个方案的运行结果图形一样。因此，政府机构资金补贴方式改变对农业创业人才数量的影响较小。

由图 6-24 可知，政府机构资金补贴方式改变后，在时刻为 10 的系统中，创业企业数量大大减少。由图 6-25 可知，政府机构资金补贴方式改变后，成熟企业的数量也比初始结果少。进一步分析运行结果可以发现，政府机构资金补贴方式的改变直接导致获得资金补贴的创业企业数量减少，即由原来的所有创业企业改变为特定的创业企业，虽然获得资金的创业企业具有较高的信息量和技术量，但是政府机构提供的资金量并没有改变。与原先的补贴方式相比，改变补贴方式后直接导致获得资金的创业企业数量减少。由模型的运行结果可知，政府机构资金补贴方式改变会导致创业企业数量减少。其原因在于，政府机构资金补贴对象从原来的所有创业企业改变为具备较大信息量和技术量的创业企业，而信息量和技术量较小的创业企业没有获得资金提高信息量和技术量，进而导致经营成功的创业企业数量减少。

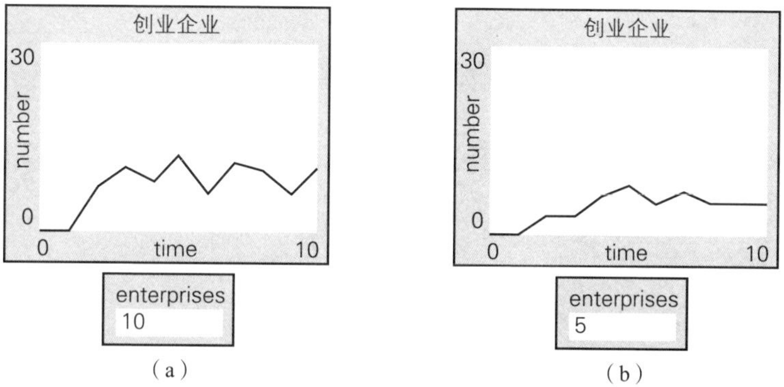

图 6-24　方案 6：创业企业数量对比

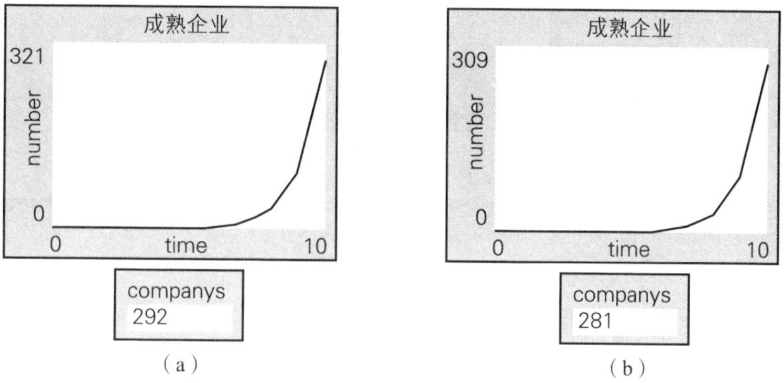

图 6-25　方案 6：成熟企业数量对比

（7）方案 7 运行结果分析

执行方案 7，金融机构贷款和投资方式改变后，模型的运行结果如图 6-26 至图 6-28 所示。左侧（a）图为初始参数运行结果，右侧（b）图为金融机构贷款和投资方式改变后的运行结果。

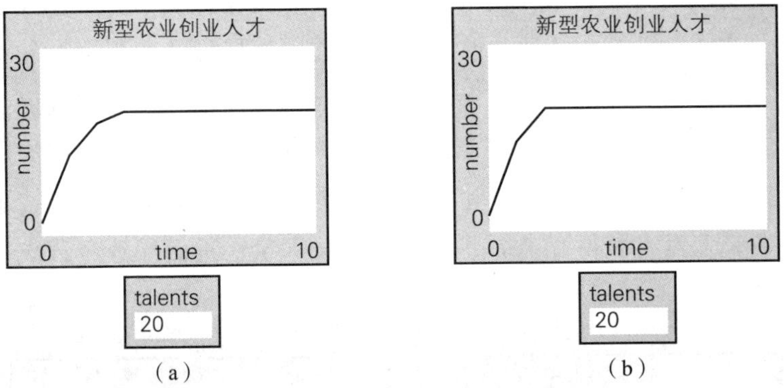

图 6-26　方案 7：新型农业创业人才数量对比

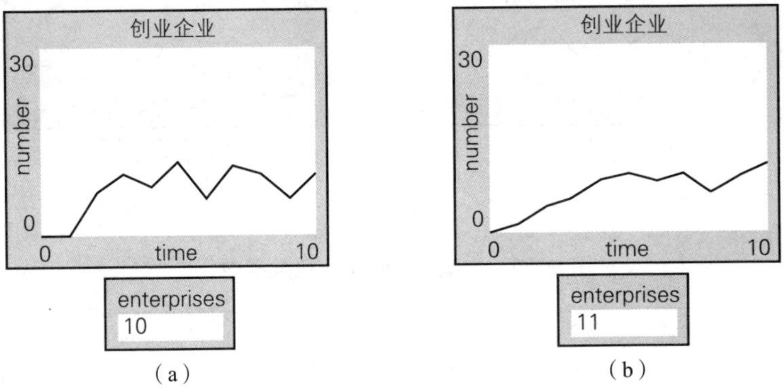

图 6-27　方案 7：创业企业数量对比

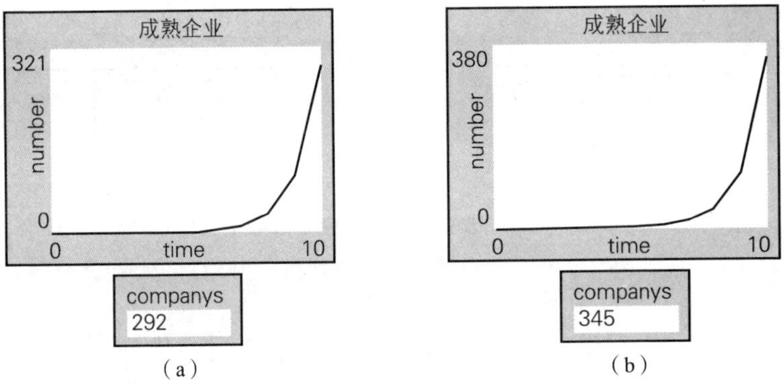

图 6-28　方案 7：成熟企业数量对比

由图 6-26 可知，金融机构贷款和投资方式改变后，系统中的新型农业创业人才数量发生的变化不大，达到稳定时的数量也为 20，与前 6 个方案的运行结果图形一样。因此，金融机构贷款和投资方式改变对农业创业人才数量的影响较小。

由图 6-27 可知，金融机构贷款和投资方式改变后，在时刻为 10 的系统中，创业企业数量增加了 1 个单位。由图 6-28 可知，金融机构贷款和投资方式改变后，成熟企业的数量比初始结果增加了。进一步分析运行结果可以发现，金融机构贷款和投资方式改变直接增加了获得资金的创业企业数量，即由原来只对信息量和技术量最大的创业企业提供资金，改变为为信息量和技术量第一、第二的创业企业提供资金。在资金金额不变的情况下，获得资金的创业企业数量增加了，经营成功的创业企业数量也会增加，即成熟企业的数量增加。由模型的运行结果可知，金融机构贷款和投资方式的改变会促使创业企业数量增加。其原因在于，金融机构增加了获得贷款和资金的创业企业数量。

（8）方案 8 运行结果分析

执行方案 8，金融机构资金费用率降低后，模型的运行结果如图 6-29 至图 6-31 所示。左侧（a）图为初始参数运行结果，右侧（b）图为金融机构资金费用率降低后的运行结果。

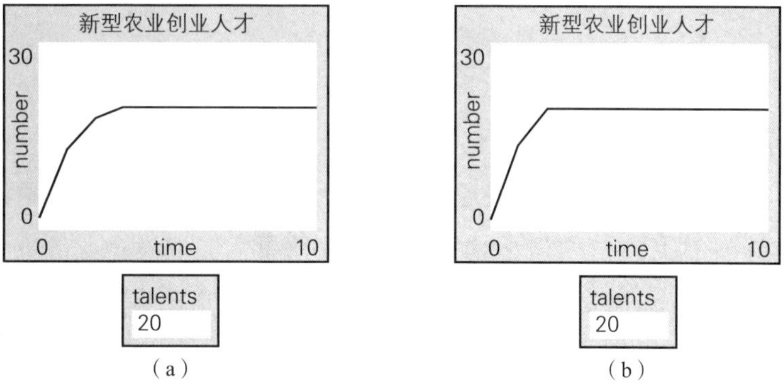

图 6-29　方案 8：新型农业创业人才数量对比

由图 6-29 可知，金融机构资金费用率降低后，系统中的新型农业创业人才数量发生的变化不大，达到稳定时的数量也为 20，与前 7 个方案的运行结果图形一样。因此，金融机构资金费用率的改变对农业创业人才数量的影响较小。

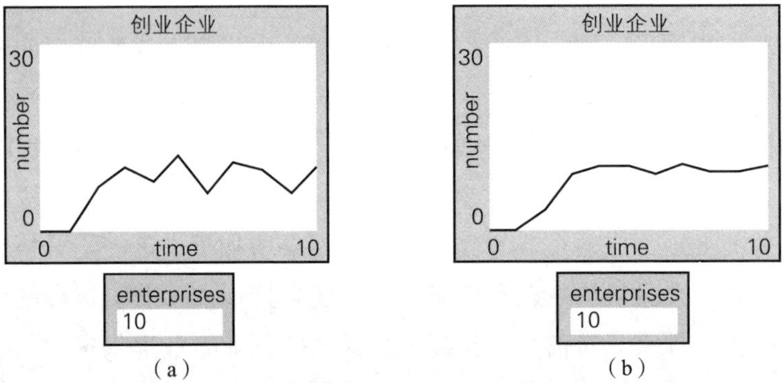

图 6-30　方案 8：创业企业数量对比

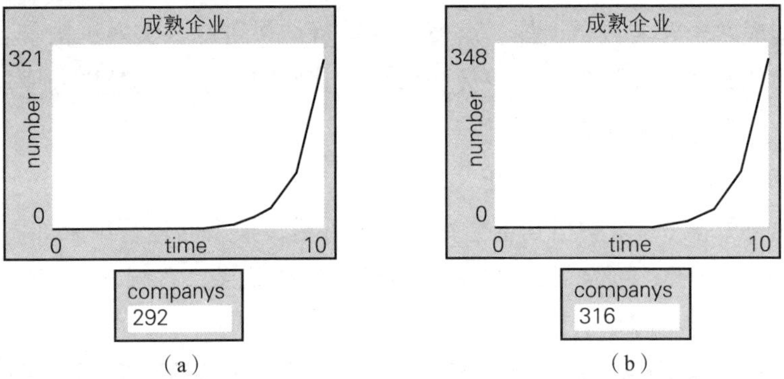

图 6-31　方案 8：成熟企业数量对比

由图 6-30 可知，金融机构资金费用率降低后，在时刻为 10 的系统中，创业企业数量不变，但在系统运行的过程中，创业企业数量波动较小。由图 6-31 可知，金融机构资金费用率降低后，成熟企业的数量比初始结果增加了。金融机构是营利性组织，在为创业企业提供贷款或投资时会收取资金使用费用。金融机构资金费用率的降低直接增加了创业企业实际获得的资金量，从而降低了创业企业经营失败的可能性，成功转化为成熟企业的数量也会随之增加。方案 8 的原因虽与方案 5 类似，但方案 5 直接增加了金融机构提供的资金量。与方案 5 相比，方案 8 通过降低资金费用率使创业企业获得的资金增加量少于方案 5，因此方案 5 使创业企业数量增加的效果更明显。由模型的运行结果可知，金融机构资金费用率降低会促使创业企业数量增加。

（9）方案 9 运行结果分析

执行方案 9，服务机构的服务费用单价降低后，模型的运行结果如图 6-32 至图 6-34 所示。左侧（a）图为初始参数运行结果，右侧（b）图为服务机构的服务费用单价降低后的运行结果。

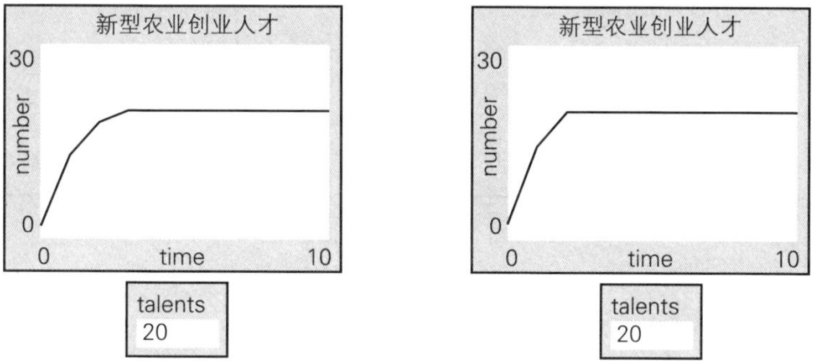

（a）　　　　（b）

图 6-32　方案 9：新型农业创业人才数量对比

由图 6-32 可知，服务机构的服务费用单价降低后，系统中的新型农业创业人才数量发生的变化不大，达到稳定时的数量也为 20，与前 8 个方案的运行结果图形一样。因此，服务机构服务费用单价的改变对农业创业人才数量的影响较小。

由图 6-33 可知，服务机构的服务费用单价降低后，在时刻为 10 的系统中，创业企业数量不变，但在系统运行的过程中创业企业数量波动较小。由图 6-34 可知，服务机构的服务费用单价降低后，成熟企业的数量也比初始结果增加了。服务机构在为创业企业提供服务的同时会收取服务费用，服务费用单价乘以信息量就等于费用总额。在信息量不变的前提下，服务费用单价降低，创业企业支出的服务费用减少，创业企业拥有的剩余资金量增加，会使经营失败的创业企业数量减少，成熟企业的数量增加。由模型的运行结果可知，服务机构服务费用单价降低会促使创业企业数量增加。其原因在于，减少了创业企业与服务机构交易需要支付的资金量。

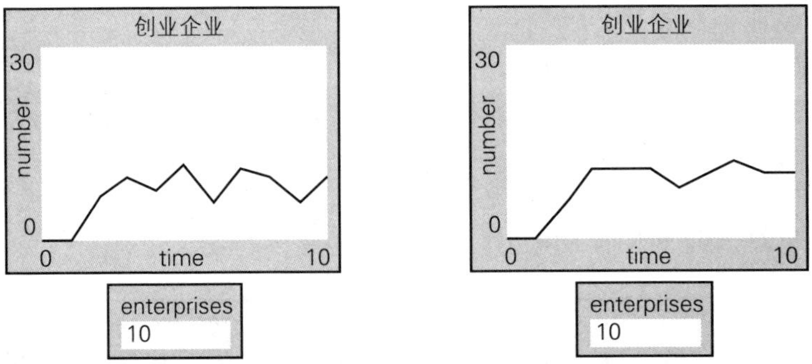

（a）　　　　（b）

图 6-33　方案 9：创业企业数量对比

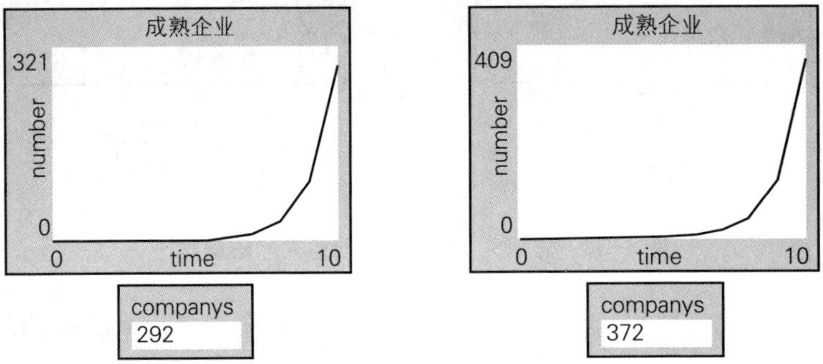

（a）　　　　（b）

图 6-34　方案 9：成熟企业数量对比

（10）方案 10 运行结果分析

执行方案 10，研究机构的技术费用单价降低后，模型的运行结果如图 6-35 至图 6-37 所示。左侧（a）图为初始参数运行结果，右侧（b）图为研究机构的技术费用单价降低后的运行结果。

由图 6-35 可知，研究机构的技术费用单价降低后，系统中的新型农业创业人才数量发生的变化不大，达到稳定时的数量也为 20，与前 9 个方案的运行结果图形一样。因此，研究机构技术费用单价改变对农业创业人才数量的影响较小。

由图 6-36 可知，研究机构的技术费用单价降低后，在时刻为 10 的系统中，创业企业数量增加了 1 个单位，并且呈上升趋势。由图 6-37 可知，研究机构技术费用单价降低后，成熟企业数量比初始结果有所增加。研究机构在为创业企业提供技术的同时会收取技术费用，技术费用单价乘以技术量就等于技术费用总额。在技术量不变的前提下，技术费用单价降低，创业企业支出的技术费用减少，创业企业拥有的剩余资金量增加，进而使经营失败的创业企业数量减少，成熟企业的数量随之增加。由模型的运行结果可知，研究机构的技术费用单价降低能促使创业企业数量增加。其原因在于，减少了创业企业与研究机构交易需要支付的资金量。

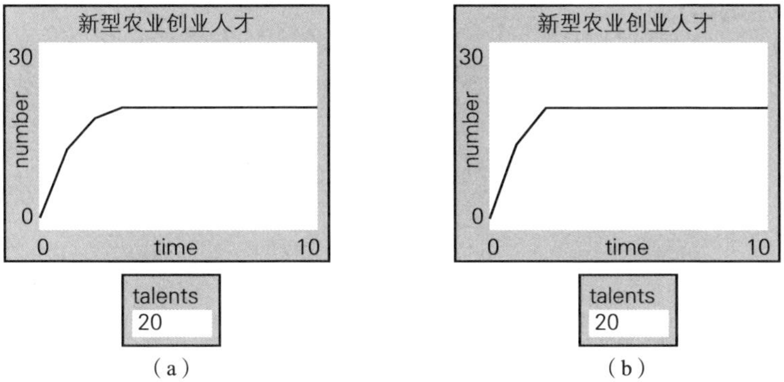

图 6-35　方案 10：新型农业创业人才数量对比

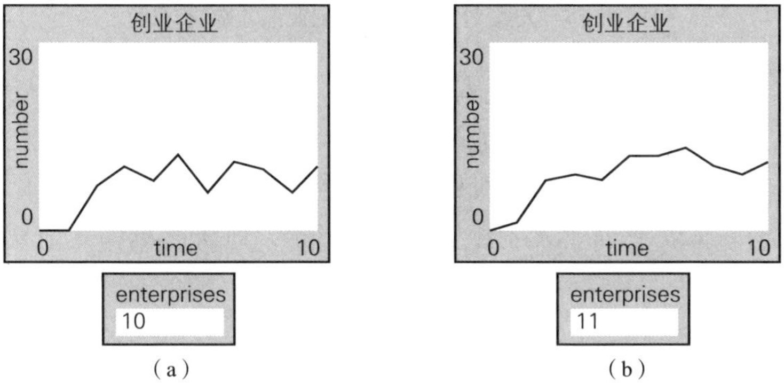

图 6-36　方案 10：创业企业数量对比

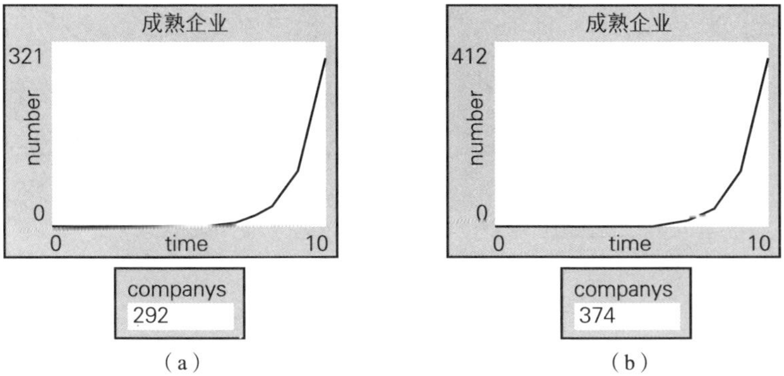

图 6-37　方案 10：成熟企业数量对比

（11）方案11运行结果分析

执行方案11，研究机构（成熟企业）培养的农业创业人才数量增加后，模型的运行结果如图6-38至图6-40所示。左侧（a）图为初始参数运行结果，右侧（b）图为研究机构（成熟企业）培养的农业创业人才数量增加后的运行结果。

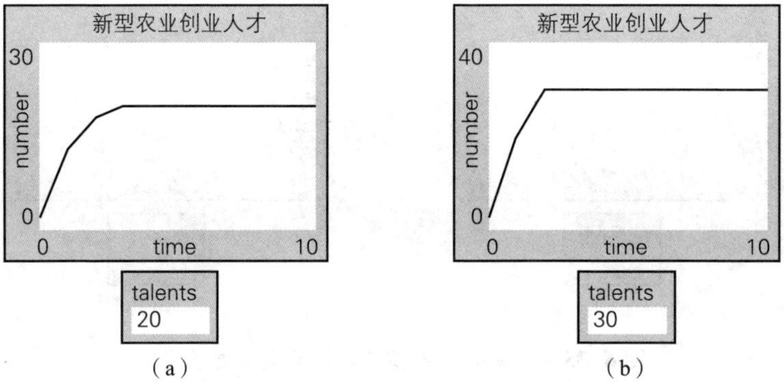

图6-38　方案11：新型农业创业人才数量对比

由图6-38可知，研究机构（成熟企业）培养的农业创业人才数量增加后，系统中的新型农业创业人才数量大大增加，数量由20增加到达到稳定时的30。因此，研究机构（成熟企业）培养的农业创业人才数量对系统的新型农业创业人才数量有较大影响，即研究机构（成熟企业）培养的农业创业人才数量增加能够促使系统中的农业创业人才数量增加。

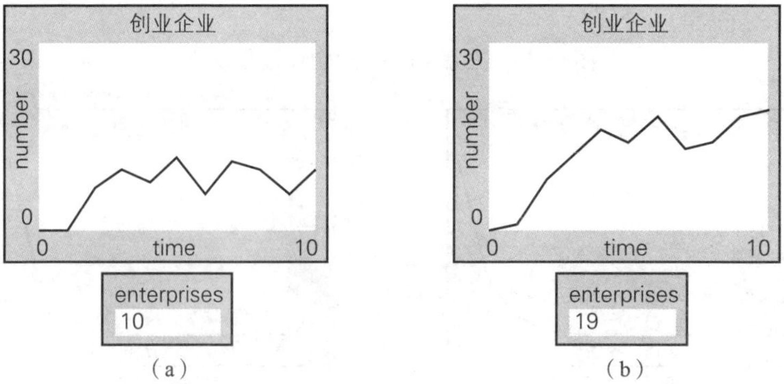

图6-39　方案11：创业企业数量对比

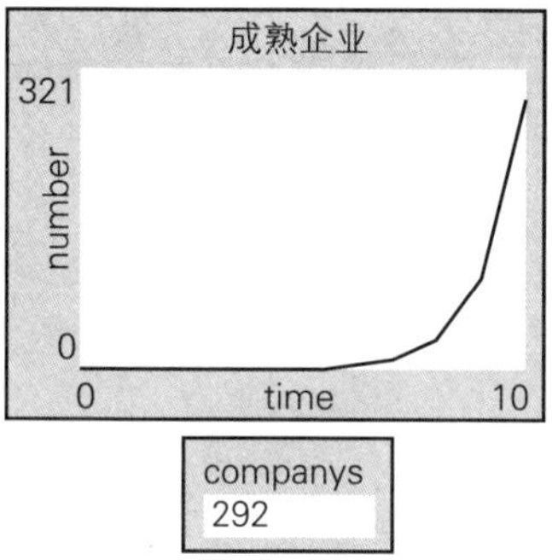

（a）

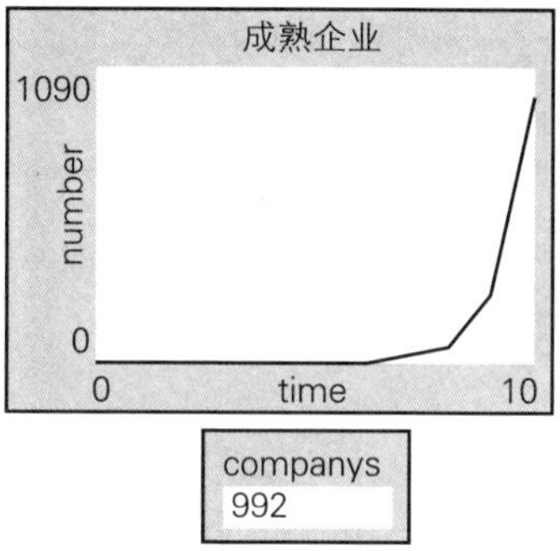

（b）

图 6-40　方案 11：成熟企业数量对比

由图 6-39 可知，研究机构（成熟企业）培养的农业创业人才数量增加后，在时刻为 10 的系统中，创业企业数量大大增加，并且呈增长趋势。由图 6-40可知，研究机构（成熟企业）培养的农业创业人才数量增加后，成熟企业的数量较初始结果大幅增加，是初始数量的 3 倍左右。相比前 10 个方案，系统中的农业创业人才数量、创业企业数量和成熟企业数量增加的幅度更大。创业活动的起点是农业创业人才，研究机构（成熟企业）培养的农业创业人才数量增加，从起始处就提高了开展创业活动的人才数量，在此后的每个环节都有明显的增长效应，进而使最后产生的成熟企业数量呈现巨大增长。由模型的运行结果可知，研究机构（成熟企业）培养的农业创业人才数量增加能促使创业企业数量增加，是所有单参数调整方案中变化幅度最大的方案。

6.6.2　多个参数调整结果

（1）方案 12 运行结果分析

执行方案 12，模型的运行结果如图 6-41 至图 6-43 所示。左侧（a）图为初始参数运行结果，右侧（b）图为方案 12 的运行结果。

由图 6-41 可知，金融机构数量增加，金融机构资金量增加，金融机构资金费用率降低，同时金融机构贷款和补贴方式改变后，系统中的新型农业创业人才数量不变，达到稳定时的数量仍为 20。这表明，金融机构的参数变化不会影响系统中新型农业创业人才的数量，即金融机构主体对农业创业人才数量的影响较小。

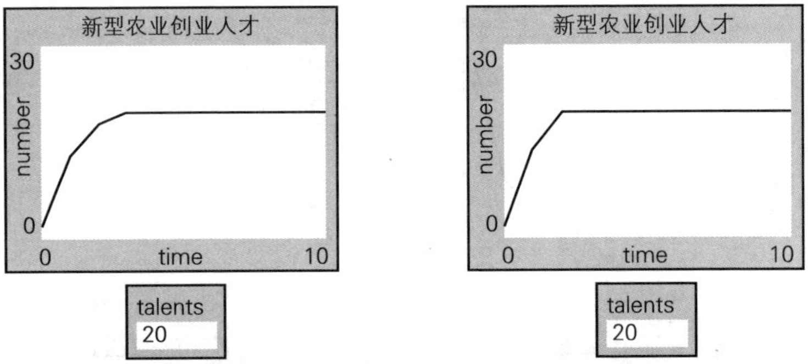

（a）　　　　（b）

图 6-41　方案 12：新型农业创业人才数量对比

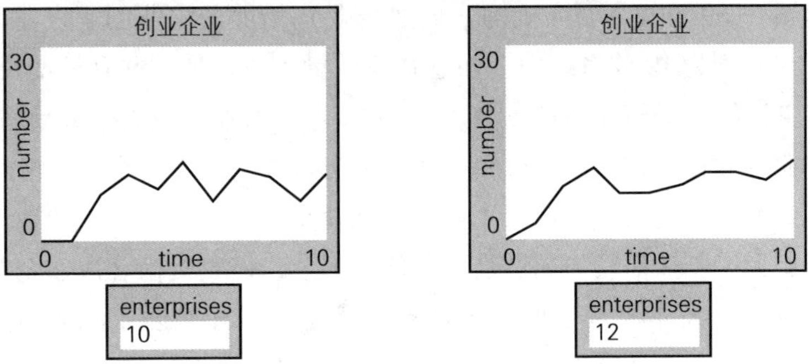

（a）　　　　（b）

图 6-42　方案 12：创业企业数量对比

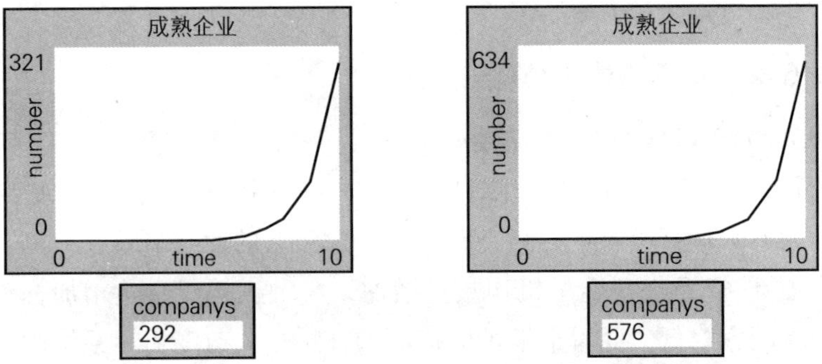

（a）　　　　（b）

图 6-43　方案 12：成熟企业数量对比

由图 6-42 可知，执行方案 12 后，在时刻为 10 的系统中，创业企业数量有所增加，比初始结果增加了 2 个单位，并且呈增长趋势。由图 6–43可知，执行方案 12 后，成熟企业的数量较初始结果大幅增加，增加幅度比调整金融机构单个参数的运行结果更加明显。由模型的运行结果可知，金融机构的多个参数调整后会使创业企业数量大幅增加，并且增加的效果比金融机构单参数调整方案明显。

（2）方案 13 运行结果分析

执行方案 13，模型的运行结果如图 6–44 至图 6–46 所示。左侧（a）图为初始参数运行结果，右侧（b）图为方案 13 的运行结果。

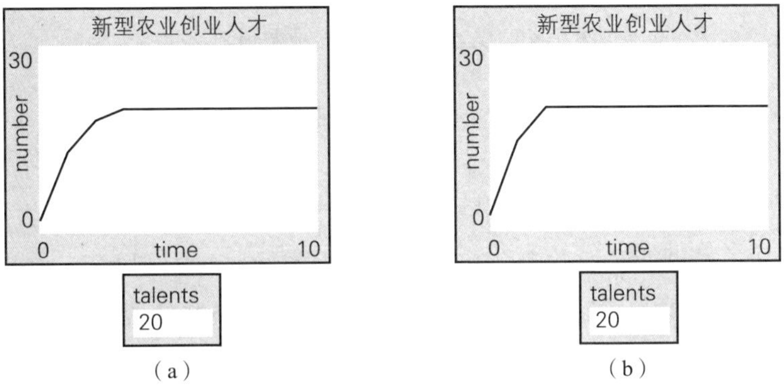

图 6–44　方案 13：新型农业创业人才数量对比

由图 6–44 可知，政府机构提供资金量增加、政府机构资金补贴方式改变后，系统中的农业创业人才数量不变，达到稳定时的数量仍为 20。这表明，政府机构的参数变化不会影响系统中农业创业人才的数量，即政府机构主体对农业创业人才数量的影响较小。

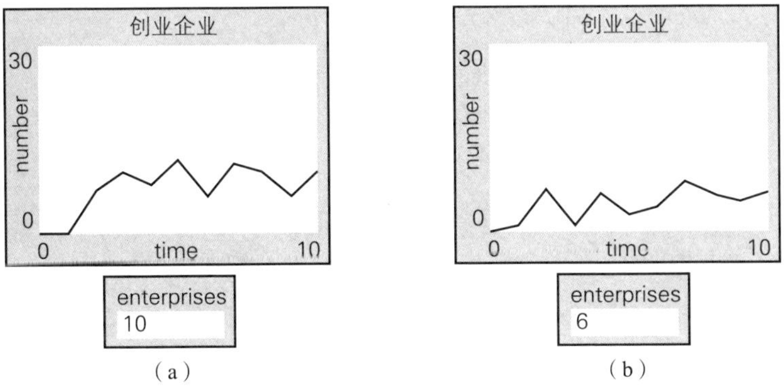

图 6–45　方案 13：创业企业数量对比

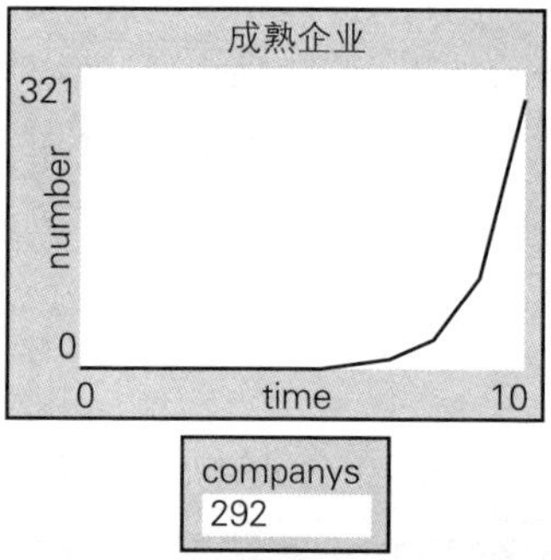

（a）

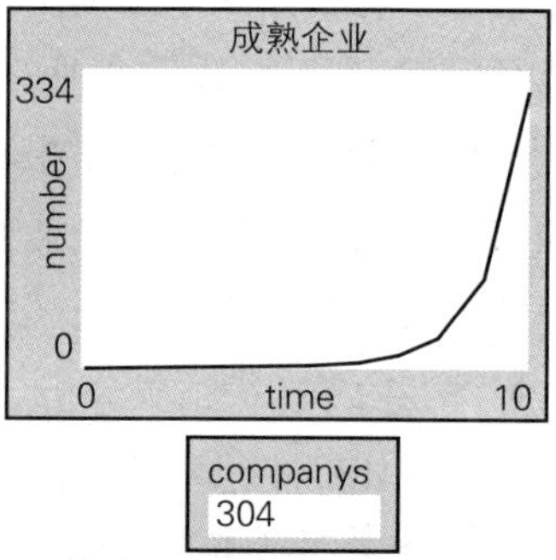

（b）

图 6-46　方案 13：成熟企业数量对比

由图 6-45 可知，执行方案 13 后，在时刻为 10 的系统中，创业企业数量大幅减少，比初始结果减少了 4 个单位。由图 6-46 可知，执行方案 12 后，成熟企业的数量较初始结果虽然有所增加，但是增加幅度不大。政府机构改变了对创业企业的资金补贴方式，由初始对每家创业企业补贴改为只对信息量或技术量最高的创业企业补贴。虽然补贴的资金量有所增加，但是成熟企业数量的增加幅度不大，甚至系统中的创业企业数量明显减少，与其他单参数调整方案的运行结果相比不显著。由模型的运行结果可知，政府机构的多个参数调整后，虽然会使创业企业数量有一定的增加，但是增加的效果并不明显，比单参数调整方案（方案 4）的效果差。其原因在于，政府机构资金补贴方式的改变大大减少了可以获得资金的创业企业数量。由此可知，政府机构的多个参数调整后虽然会使创业企业数量有少量增加，但是增加的幅度不及其他方案。

（3）方案 14 运行结果分析

执行方案 14，模型的运行结果如图 6-47 至图 6-49 所示。左侧（a）图为初始参数运行结果，右侧（b）图为方案 14 的运行结果。

由图 6-47 可知，服务机构数量增加、服务机构服务费用单价减少后，系统中的新型农业创业人才数量不变，达到稳定时的数量仍为 20。这表明，服务机构参数变化不会影响系统中新型农业创业人才的数量，即服务机构主体对农业创业人才数量的影响较小。

由图 6-48 可知，执行方案 14 后，在时刻为 10 的系统中，创业企业数量比初始结果增加了 1 个单位，并且呈增长趋势。由图 6-49 可知，执行方案 14 后，成熟企业的数量较初始结果大幅增加，增加幅度比调整服务机构单个参数的运行结果明显。由模型的运行结果可知，服务机构的多个参数调整后会使创业企业数量大幅增加，并且效果比单参数调整方案明显。

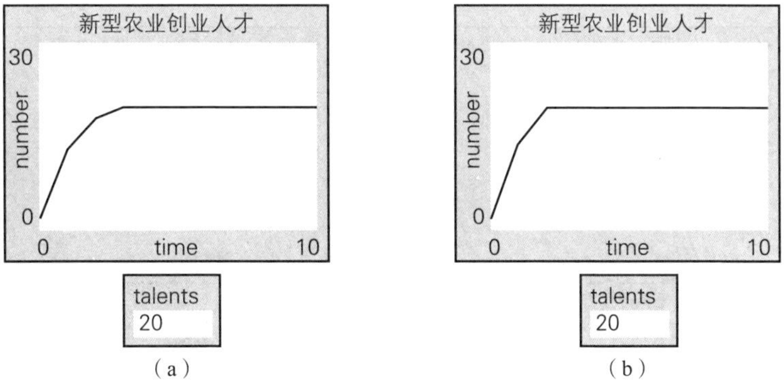

图 6-47　方案 14：农业创业人才数量对比

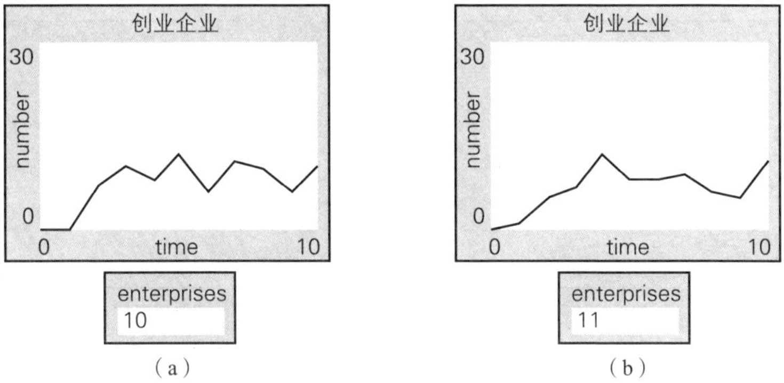

图 6-48　方案 14：创业企业数量对比

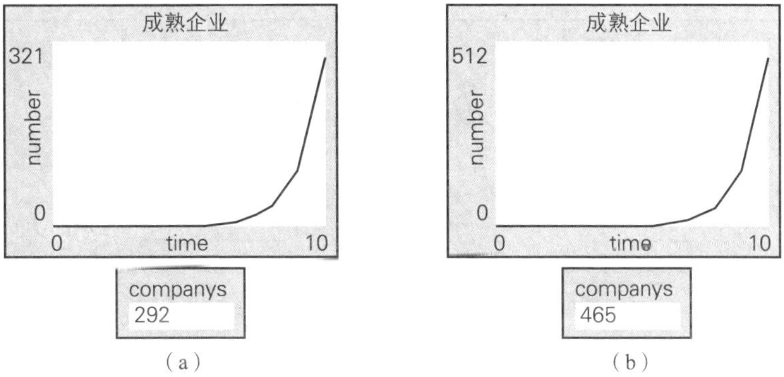

图 6-49　方案 14：成熟企业数量对比

（4）方案 15 运行结果分析

执行方案 15，模型的运行结果如图 6-50 至图 6-52 所示。左侧（a）图为初始参数运行结果，右侧（b）图为方案 15 的运行结果。

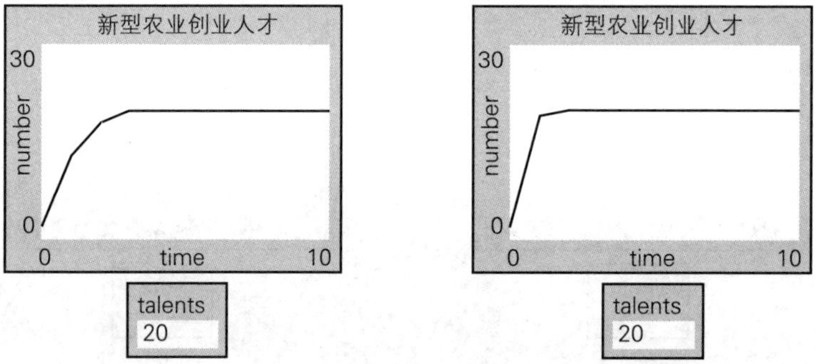

（a）　　（b）

图 6-50　方案 15：新型农业创业人才数量对比

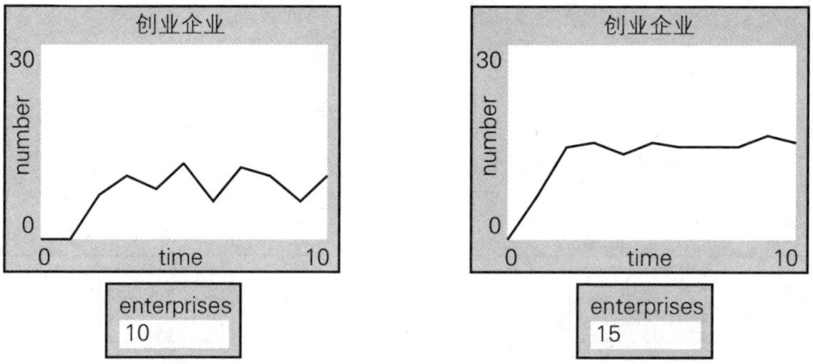

（a）　　（b）

图 6-51　方案 15：创业企业数量对比

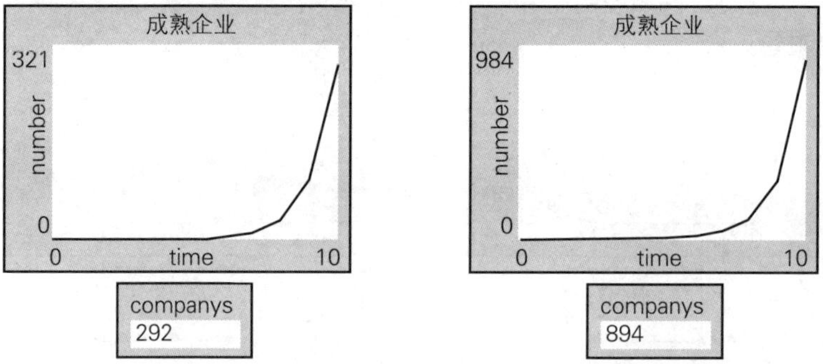

（a）　　（b）

图 6-52　方案 15：成熟企业数量对比

由图 6-50 可知，金融机构、服务机构和研究机构数量增加，政府机构资金量增加，金融机构资金量增加，金融机构贷款和补贴方式改变，金融机构资金费用率降低，服务机构服务费用单价和研究机构技术费用单价降低后，系统中的新型农业创业人才数量不变，达到稳定时的数量仍为 20，但是数量达到平衡的时间较前 14 个方案都短。这表明，多个主体参数的变化虽然不会影响系统中新型农业创业人才的数量，但是会影响新型农业创业人才数量达到稳定的时间。

由图 6-51 可知，执行方案 15 后，在时刻为 10 的系统中，创业企业数量比初始结果增加了 5 个单位，并且数量波动较小。由图 6-52 可知，执行方案 15 后，成熟企业的数量较初始结果大幅增加，其增加幅度在所有方案中排名第二（方案 11 排名第一）。由模型的运行结果可知，多个主体参数调整后会使创业企业数量大幅增加，并且效果比其他单参数调整方案（除了方案 11）明显。

6.6.3 运行结果统计及结论

农业创业人才生态系统多 Agent 模型的初始运行结果和参数调整后的运行结果见表 6-4。

表 6-4 运行结果

方案	调整参数	农业创业人才数量	创业企业数量	成熟企业数量	备注
	初始值	20	10	292	单个参数
1	增加金融机构数量	20	10	395	单个参数
2	增加服务机构数量	20	10	382	单个参数
3	增加研究机构数量	20	11	388	单个参数
4	增加政府机构提供资金量	20	13	392	单个参数
5	增加金融机构提供资金量	20	11	361	单个参数
6	改变政府机构资金补贴方式	20	5	281	单个参数
7	改变金融机构贷款或投资方式	20	11	345	单个参数
8	降低金融机构资金费用率	20	10	316	单个参数
9	降低服务机构服务费用单价	20	10	372	单个参数
10	降低研究机构技术费用单价	20	11	374	单个参数

续表

方案	调整参数	农业创业人才数量	创业企业数量	成熟企业数量	备注
11	增加研究机构（成熟企业）培养出的农业创业人才数量	30	19	992	单个参数
12	增加金融机构数量，增加金融机构资金量，降低金融机构资金费用率，改变金融机构贷款和补贴方式	20	12	576	方案 1、方案 5、方案 7、方案 8 组合
13	增加政府机构提供资金量，改变政府机构资金补贴方式	20	6	304	方案 4、方案 6 组合
14	增加服务机构数量，降低服务机构服务费用单价	20	11	465	方案 2、方案 9 组合
15	增加金融机构、服务机构和研究机构数量，增加政府机构资金量，增加金融机构资金量，改变金融机构贷款和补贴方式，降低金融机构资金费用率，降低服务机构服务费用单价和研究机构技术费用单价	20	15	894	方案 1、方案 2、方案 3、方案 4、方案 5、方案 7、方案 8、方案 9、方案 10 组合

由表 6-4 可知，创业企业和成熟企业数量变化最大的是方案 11，仅调整了研究机构（成熟企业）培养出的农业创业人才数量这一个参数。创业企业和成熟企业数量排名第二的是方案 15，调整了政府机构资金量等多个参数。对方案 11 和方案 15 进行比较后可知，多个参数调整的效果不及研究机构（成熟企业）培养出的农业创业人才数量这一个参数调整的效果，表明增加农业创业人才培养数量比提高政府机构资金量等参数更有助于增加农业创业人才生态系统中的创业企业数量。农业创业人才是创业活动的发起者和实施者，人才培养数量的增加能从源头上提高参与创业活动的人数，进而在之后的每个环节都呈现增长效应，最终积累为成熟企业的巨幅增长。方案 11 与方案 15 的对比，表明了农业创业人才培养的重要性，也为下文提出农业创业人才生态系统的发展建议提供了参考。

对方案 1、方案 5、方案 7、方案 8 的运行结果进行比较后可知，金融机构单参数调整后成熟企业增加幅度最大的是方案 1，即金融机构数量改变对创业企业数量影响最大，其次是金融机构提供资金量，再次是金融机构贷款或投资方式，最后是金融机构资金费用率。此外，对单参数方案与多参数方案进行比较，即对方案 1、方案 5、方案 7、方案 8 与方案 12 进行比较，可以发现金融机构多个参数调整后的效果比任何单参数调整的效果都好，即方案 12 的成熟企业数量远远多于方案 1、方案 5、方案 7、方案 8 的成熟企业数量。这表明，改善金融机构主体作用可以从多个方面着手，其效果要比单一方面明显，并且可以先从金融机构数量方面进行改善。对金融机构不同方案运行结果的分析，为下文提出改善农业创业人才生态系统中金融机构作用的建议提供了参考。

对方案 4 和方案 6 的运行结果进行比较后可知，提高政府机构提供资金量能促使创业企业和成熟企业数量增加，但是改变政府机构资金补贴方式对创业企业和成熟企业数量增加起到了相反的作用，即导致创业企业和成熟企业数量减少。此外，对方案 4、方案 6 和方案 13 进行比较后可知，这两个参数同时调整后达到的效果并不理想，即方案 13 的成熟企业数量增加幅度不大，且系统中的创业企业数量大幅减少。这表明，政府机构提供资金的方式对创业企业数量起到较大作用。对政府机构不同运行结果的分析，为下文提出关于农业创业人才生态系统中政府机构的建议提供了数据支持。

对方案 2 和方案 9（方案 3 和方案 10）的运行结果进行比较后可知，方案 2（方案 3）比方案 9（方案 10）使成熟企业数量增加的效果明显，即增加服务机构（研究机构）数量比降低服务费用（技术费用）单价更能促进成熟企业数量增加。对单参数方案与多参数方案进行比较，即对方案 2、方案 9 与方案 14 进行比较，可以发现服务机构（研究机构）多个参数调整后的效果比任何单参数调整的效果都好，即方案 14 的成熟企业数量比方案 2、方案 9 的成熟企业数量多。这表明，改善服务机构（研究机构）主体在农业创业人才生态系统中发挥的作用可以从两个方面着手，其效果要比从单一方面入手明显，并且可以先从服务机构（研究机构）数量方面进行改善。对服务机构（研究机构）不同方案运行结果的分析，为下文提出改善农业创业人才生态系统中服务机构（研究机构）作用的建议提供了参考。

6.7 启示和建议

6.7.1 人才培养

由模型的运行结果可知，增加农业创业人才培养数量比增加其他参数更能提高农业创业人才生态系统中的创业企业数量。虽然模型和现实系统有一定的差距，但是模型的运行结果会给我们一些启发：要想农业创业人才生态系统运行达到理想的效果，应从加大农业创业人才培养力度着手。国家相关部门应从创业活动的根源着手，重视农业创业人才的培养。农业创业人才具备扎实的专业知识和技能，具有较强的学习能力和管理能力，拥有创新思维和创新精神，改变了传统农业的经营和运作方式，是中国农业未来发展急需的人才，各大农业高等院校和科研院所是培养农业创业人才的主要场所。目前，虽然一些农业院校开展了创业课程，但是多数课程局限于创业信息和知识的简单讲解，不能很好地与农业专业相结合。因此，加强农业创业人才的培养，可以从以下三个方面着手：

第一，丰富创业教育课程体系。专业课程是创业课程的基础，创业课程是专业课程的深化。农业高等院校应秉持“宽口径培养、主辅课程结合”的培养原则，深化教学内容和课程体系改革，形成文理兼备、突出综合素质培养、专业教育与创业教育相结合的课程体系。可以将农业政策与法规、农业风险管理、现代企业管理、风险投资等课程纳入教学计划，鼓励学生自主选课，激发农业专业学生的创业兴趣，有效促进创业教育与专业教育的有机融合，提高农业专业学生的市场竞争力和创业能力。

第二，强化农业专业学生的创业实践技能。创业教育除了开设相关课程外，还要重视与实践相结合，要强化农业专业学生的创业实践技能。在专业技术实践课程完成的基础上，加强校内外实习基地建设，开设社会农业经济调研、科技推广和社会实践等实习项目；与校外基地合作，有效整合和优化校内外实践资源，构建涵盖教师科学研究、基础课实验教学、专业课实验教学、教学实习基地等的创业教育实践体系。

第三，加强创业教育师资队伍建设。目前，创业教育师资缺乏是农业院校创业教育中普遍存在的问题。因此，农业院校应该大力培养或引进具备专业素养的创业教育师资队伍，在开展创业教育课程的同时，鼓励全体教师投身创业教育，将创业教育思想融入教学工作的各个方面，使创业教育和培养贯穿农业教学的各个环节。此外，农业院校还可以定期开展论坛和讲座，邀请创业指导专家或成功的农业创业者分享创业经验，树立创业成功典型，在激发学生创业热情同时，有针对性地讲解创业技巧，指导学生创业。

6.7.2 资金支持

通过对金融机构相关方案的运行结果进行分析，发现增加金融机构数量、提供资金量、调整贷款或投资方式都能增加系统中的创业企业数量，并且组合方案比单一方案的效果好。这表明，改善农业创业人才生态系统中的金融机构可以从多个方面着手，为农业创业人才和创业企业提供支持和帮助。

第一，增加参与创业活动的金融机构数量。增加参与创业活动的金融机构数量，即引导和鼓励各类金融机构对创业企业进行投资。加强区域性金融机构的建设，如增设村镇银行在创业区域的网点。通过对各种投资机构的优惠和补贴政策，引导创业投资机构与农业创业人才和创业企业合作，也可以鼓励和引进担保公司、保险公司、贷款公司等机构参与创业活动。

第二，增加农业创业基金的数量。2012 年，我国第一个农业产业基金——“中国农业产业发展基金”成立，首期规模 40 亿元；2014 年，该基金仅对 9 个农业产业化龙头企业进行了投资（吴石磊、王学真，2016）；截至 2020 年底，该基金累计投资 21 家农业企业，直接投资总额为 31.73 亿元。可见，我国的农业创业投资基金数量较少，规模也较小。由于农业投资回报较慢，风险较高，较少机构会设立农业产业投资基金，因此国家可以通过提供一定的政策性补贴鼓励金融机构设立农业创业基金，增加农业创业基金的数量，加大对农业创业企业的支持力度。

第三，优化农业创业企业贷款条件。金融机构在风险可控的条件下，可以根据不同农业创业企业的融资需求，为其提供针对性较强的信贷产品。对于具有较大潜力的创业企业，可适当放宽贷款条件，增加贷款额度，降低贷款利率，延长贷款期限，并且简化申请和审批流程。总之，优化金融机构多方面的服务，有利于推动农业创业人才开展创业活动，更好地满足创业企业的需求，促进农业创业企业更好地发展。

此外，模型的运行结果也为政府机构的相关工作提供了启示：政府机构是非营利性组织，在农业创业人才生态系统中扮演着管理者、维护者等重要角色，因此在帮助和扶持创业企业时要谨慎。在风险可控的条件下，政府机构应本着普惠的原则扩大扶持对象的范围，为尽可能多的创业企业提供资金支持。

6.7.3 服务和技术支持

由模型的运行结果可知，增加系统中服务机构和研究机构的数量，降低服务费用单价和技术费用单价，能够增加创业企业数量。因此，农业创业人才生态系统的良好运行，除了人才培养和资金支持外，还要改善服务机构和研究机构发挥的作用，具体可从以下三个方面着手：

第一，创建信息共享平台。由于农业行业的特性，刚开始创业的农业创业人才还不了解相关信息，需要政府、高校、行业组织和社会团体共同搭建信息共享平台，为其提供获取农业政策、创业资讯、市场变化等信息的渠道。信息共享平台不是政府或行业协会简单地把政策法规发布到网站上，而是既包括线上发布信息，又包括线下提供服务，通过线上、线下结合的方式，为农业创业人才提供全方位的咨询、援助等服务。

第二，加强服务机构建设。从市场的角度出发，应增加服务组织数量，加强服务机构建设。一方面，健全服务体系。在农业创业密集地区引进律师事务所、技术咨询机构、产权交易机构、会计师事务所等中介机构。另一方面，丰富农业创业服务的内容。根据农业创业人才和创业企业的特点，提供针对性咨询、培训和管理服务，并且持续跟进，保证农业创业人才在创业过程中及时获得帮助。

第三，促进科研成果转化。一方面，鼓励农业院校及科研机构主动与创业企业合作，通过政策引导加快新技术、新产品在研究机构与创业企业之间的转移，提高创业企业的技术水平；另一方面，政府机构可以通过减免税费和资金补贴等方式，降低创业企业与研究机构的合作成本，在激发创业企业合作热情的同时，减轻创业企业的资金压力。

第7章

Chapter 7

河南省“新农人”成长环境研究

7.1 研究背景

国家统计局数据显示，2019 年末，我国人口数量达到 14 亿，占世界人口的 1/5。农业是关系国民生计和经济稳健发展的基础产业，农业生产始终是我国政府重点关注的内容。尽管如此，我国农业的发展仍然存在大量问题，如人均可耕种面积少、从事农业生产的人员素质偏低、农业收益甚微难以吸引高素质人才参与、农业机械化智能化程度低等。为了解决这些问题，进一步促进我国农村农业的发展，党的十六届五中全会提出将“工业反哺农业，城市支持农村”作为发展“三农”的基本方针。党的十七大更是把“三农”问题作为党今后工作的绝对重点，并提出加速现代农业发展进程，构建“以工促农，以城带乡”的长效机制。除此之外，党和政府还把提升农民财产权利，构建并完善新型农业经营主体列入政府工作计划，进一步推动供给侧结构性改革在农业上的实践，为农业农村的发展注入新的能量。正是在这样的环境下，我国的农业发展进入了黄金期。

随着国家对创新创业的大力推崇，农业领域的创新创业活动得到了前所未有的发展。2016 年，中央提出要利用好互联网这个加速器，将物联网、大数据、云计算等新一代信息技术注入传统农业，激发农业产业链的进化与升级，实现农业现代化的目标。如今，互联网已经成为社会的基础设施，如同毛细血管连接着社会的方方面面。当然，农业也在享受这种基础设施带来的红利。随着生活水平的提高，人们对农产品的需求呈现出个性化、多样化的特征。在这样的背景下，电子商务在农业农村领域迅猛发展，全国各地“淘宝村”不断涌现。根据阿里研究院的统计，截至2022年，淘宝村已经覆盖全国28个省（自治区、直辖市）和180个市（地区），数量达到7780个。商务大数据显示，2022年，全国农村网络零售额达2.17万亿元，其中农村实物商品网络零售额为1.99万亿元。

7.2 研究意义

“新农人”这一职业群体逐步壮大，引起了学者的大量关注。“新农人”和通常情况下的农村创业人才不一样，他们紧跟时代步伐，利用各种互联网新技术推广品牌，打通从农业产地到消费者的信息渠道，扩大销售面，从而占领市场。“新农人”善于学习新的技术，能够把握住时代发展趋势，并且愿意接受新的事物，利用新技术、新事物创造需求，发展自己的创新创业事业。他们是一群有创新思维和创新精神，善于学习，并能将自己所学所想付诸实践的人。他们改变了传统农业的经营模式，是当前和未来中国农业发展的重要推动力。

河南省的农业发展在全国具有举足轻重的地位。根据官方统计数据，2022年河南省粮食产量规模已达到1357.87亿斤。作为国家粮仓，河南省保障了国家粮食安全，为社会稳定打下了坚实的基础。尽管河南省的农业产业规模较大，但是存在大而不强的问题，正如前文对我国农业发展现状的描述，河南省也难以避免这些问题，如存在农业从业者素质不高、农业设施简陋、机械化程度低等问题，与农业现代化还有一定的距离。“新农人”能够为改善上述问题作出贡献。他们素质较高，懂技术、懂农业、善经营，能够帮助传统农业向集约化、专业化的现代农业转型。但当前的“新农人”还是一个新兴群体，如何培养更多的“新农人”，成为当前需要解决的问题。人才的培养离不开成长环境，成长环境是影响“新农人”不同阶段发展的精神要素和物质要素的总和。好的成长环境能成为培育“新农人”的温床，也能吸引其他行业的人才加入这个群体。本章重点研究河南省的“新农人”群体，通过调研与分析，挖掘这个群体的行为特征，总结他们的成长规律。这对于培养“新农人”，带动农业产业的发展，进一步实现乡村振兴目标具有重要的理论和现实意义。对“新农人”成长环境进行研究，破解其成长黑箱，有助于为“新农人”管理和培养提供参考。

7.3 相关概念

中共中央、国务院颁布的《乡村振兴战略规划（2018—2022 年）》围绕农业创业人才与农业企业提出了“推进产学研合作，加强科研机构、高校、企业、返乡下乡人员等主体协同，推动农村创新创业群体更加多元”，“坚持市场化方向，优化农村创新创业环境，放开搞活农村经济，合理引导工商资本下乡，推动乡村大众创业万众创新，培育新动能”的要求。在信息技术快速发展的今天，互联网已经成为人们生活的基础设施，人们经济生活的各个层面都有互联网的存在，农业也不例外。

对“新农人”的研究，目前还处于初级阶段。阿里研究院给出了“新农人”的解释：从狭义的角度来看，“新农人”是指那些能够利用互联网工具进行农业生产、提供农业服务的人，其关键在于能够将互联网融入农业；从广义的角度来看，“新农人”是指具有互联网思维，从事与“三农”相关工作的人，其关键在于互联网与“三农”的融合。除了阿里研究院的定义外，学者郭艳平和谭莹（2016）也给出了“新农人”的定义。他们认为，有市场化和信息思维的，在农业产业链上从事生产、销售或者服务的生产经营主体，都是“新农人”。

7.4 研究现状

由于“新农人”是一个新兴群体，目前相关研究主要集中在概念总结、特征分析（何燕玲，2018）、发展现状（农业部农村经济体制与经营管理司课题组，2016）、培养建议（张雪占，2018）等初步的理论阶段。“新农人”的产生和发展与“创业”“电子商务”等关键词紧密相连，因此，本章在阐述研究现状时，将范围扩大至整个农业创业研究领域。当前，国内外对农业领域的研究多集中在农业创业方面，研究内容包括农业创业群体、农业创业人才和农村电子商务。

7.4.1 农业创业群体

从当前的研究来看，农业创业群体主要有三种类型：创业农民、返乡农民和农业创业者。对这一群体的研究主要集中在创业者特质、影响因素、创业环境、新创企业绩效，以及这四者之间的关系上。Lauwere（2015）基于752名农民的调查数据和战略偏好对农民创业者进行了分类，总体上可以分为五种类型：社会型农民、审慎型农民、传统型农民、新型农民和犹豫型农民。通过对这五种类型农民创业者进行研究发现，新型农民和社会型农民更容易成功并且能够获得更大的成功，农民创业者的个人特性，包括创造力、领导力、韧性、积极性等能为创业成功增添更多的动力，而一些消极的个人特性则会对农业创业产生不好的影响。孙红霞、郭霜飞和陈浩义（2013）采用实证研究的方法对选取的样本进行了研究，发现农业创业者的机会识别能力、组织承诺效能感、管理控制能力和创业动机强度有积极的正相关关系，其中，机会识别能力与创业动机强度的相关关系最强。石智雷、谭宇和吴海涛（2010）同样采用了实证研究的方法，通过对1019名返乡农民的研究发现，他们的创业行为会受到个人文化水平、家庭富裕程度、个人积极性和信仰的影响，那些参加过技能培训、有务工经验、社交能力强、有信仰的人的创业欲望更强烈。朱红根和解春艳（2012）采用结构方程模型对返乡农民的创业情况进行了研究，认为创业企业的绩效主要受到社会资本、服务环境和农民创业者能力的直接影响，而政府的政策支持和各种经营资源只能通过服务环境间接影响企业绩效。Abdullahaa和Sulaiman（2013）调查了250名农业创业者，调查结果表明，农业创业者的态度、包容度和个人知识水平会影响青年转变为农业创业者的意愿，其中，有良好态度和包容度的青年更容易成为农业创业者。Hussin、Karia和Alihamid（2012）主要研究了马来西亚农业创业者的情况，结果表明，在马来西亚只有少数年轻人愿意参与农业创业，而参与农业创业的年轻人普遍文化程度较低，在缺乏管理、营销知识的情况下，创业资金、创业环境的低可用性进一步限制了农民的农业创业活动。Aggelopoulos、Pavloudi 和 Galanopoulos（2011）主要研究了哪些因素会对创业企业的绩效产生影响，在对希腊地区的 4 个养猪场进行调研后发现，农业创业企业的位置、组织结构、创业者的文化水平和公司资本的结构都会对创业企业的绩效产生正向影响。

7.4.2 农业创业人才

农业创业人才相关研究主要集中在对大学教育模式的探讨和创业培训方面。刘强和刘浩源（2008）对农业创业型本科人才的培养方案进行了研究，认为这种类型的人才不怕吃苦，有从事农业领域工作的意愿，在学校的课程设置上，应该结合其思想状况和技能有针对性地制定培养方案，并注重营造课外科技文化氛围，让他们进一步了解“三农”。Dollisso（2010）在对 537 名农业教师进行访谈后发现：有 10%的受访者表示，他们总能发现各种商机，并梦想自己能够成立公司，成为一名企业家；有 43%的受访者会将创业的理念融入课堂教学；有 60%的受访者会主动营造课堂氛围，让学生熟知创业的理念并形成自己对创业的观念；有 30%的受访者会向学生展示创业企业的业务全流程。因此，教育机构应该开设创业教育课程，农业教师应将创业理念融入课程。张毅等（2015）从山西农业大学“大学生创业能力提升工程”的组织实施、创业实践和改革等方面，探讨了农业院校现代农业人才的培养模式。邓娜等（2014）采用比较分析法和跟踪调查法对农业创业培训模式的效果进行了调查，发现不同培训模式的效果存在较大差异，纯粹的理论教学加上实地参观的模式并不能产生好的效果，只有将理论与实践切实结合起来，使学员在拥有知识的同时也能实际操作，培训效果才会更好。谢平、罗昆和孙文学（2014）对湖北省农业创业培训机构和部分农业创业人员进行了跟踪调查，得出的结论是培训机构提供的培训存在诸多问题，如持续性不强、没有足够的教师、教师缺乏实际经验等，导致培训效果不佳。

7.4.3 农村电子商务

“淘宝村”是中国特有的农村电子商务模式，该模式为农业创业提供了一条新的路径。阿里巴巴、京东等互联网电商平台为农村创业提供了机会，帮助不同区域的农民发展出了不同的地域农村电商模式，如“义乌青岩刘”模式等。由此，国内的学者开始对我国农村电子商务的发展状况进行研究，研究方向主要集中在发展模式、影响因素、电子商务的发展建议，以及在发展过程中存在的各种问题等方面。凌守兴（2015）主要研究了农村电子商务产业集群问题，总结该类产业集群的演化机理，并据此梳理其发展过程，以及不同发展阶段的集群特征，构建了农村电子商务产业集群的分析框架，并以此框架对浙江省丽水市遂昌县、河北省清苑县、江苏省苏州市的产业集群进行了分析，进一步验证了理论框架的合理性。乐冬（2012）根据对不同区域农村电子商务模式的分析，总结出了七种模式，分别是目录模式、信息中介模式、虚拟社区模式、电子商店模式、电子采购模式、供应链整合模式和第三方电子交易市场模式。韩剑鸣（2013）主要分析了当前农村电子商务发展过程中存在的问题与挑战，并结合当前的模式提出了农村电子商务供应链发展的改进模式 P2G2B 和 B2B&C。穆燕鸿、王杜春和迟凤敏（2016）采用实证分析法对黑龙江省的 15 个电子商务示范县进行了研究，发现外部环境能促进电子商务主体内部能力的提升，也能促进电商平台进一步完善自身功能，改善当地的基础设施。张晓燕（2011）在进行了国际对比后指出，中国更适合采用政府主导下的农村电子商务发展路径。政府通过完善农村基础设施（包括道路和网络），进一步下沉政务服务，加强农产品标准与物流体系建设，帮助农村电子商务更好、更快地发展。胡俊波（2011）认为，农村电子商务经纪人能够补齐中国农村电子商务发展的诸多短板，如卖方信息链缺失、交易对象非标准化、交易过程道德风险高等。

7.5 数据来源与样本统计

本章的调查对象是河南省“新农人”，样本选择符合以下四个条件：①是企业管理层人员；②企业主营业务属于农业或相关领域；③具有一定的农业专业背景或接受过农业技能培训；④所在的农业企业运用互联网技术开展经营活动。课题组采取分层抽样和随机抽样相结合的方式抽取样本：首先，登录互联网电商平台（淘宝、京东等），根据网站信息，将农业企业按照生产、流通、服务和其他进行分类；其次，在每个类型中随机抽取 50 家企业，通过微信、QQ 等软件与企业主联系，向其发放电子版调查问卷，同时到河南省的创业基地、孵化园等地，根据基地内的企业名单，随机抽取农业领域或与农业相关的企业，向其创办者发放纸质调查问卷。此次调查共发放问卷 200 份、回收 179 份，其中，有效问卷 173 份。样本基本情况见表 7-1。

表 7-1 样本基本情况

内容	分类	样本数（个）	占比（%）
性别	男	142	82.08
	女	31	17.92
年龄	25 岁及以下	28	16.18
	26~35 岁	47	27.17
	36~45 岁	43	24.86
	46~55 岁	41	23.70
	55 岁以上	14	8.09
学历	小学及以下	17	9.83
	初中	29	16.76
	高中	32	18.50
	大中专	61	35.26
	大学本科及以上	34	19.65
企业类型	生产（如个体农户、农业合作社、农产品生产企业）	96	55.49
	流通（如批发商、零售商、经纪人）	29	16.76
	服务（如综合服务商、物流服务商、代运营服务商、农业生产资料经营者）	37	21.39
	其他	11	6.36

从性别分布来看，河南省“新农人”中男性居多，占样本量的 82.08%。从年龄分布来看，河南省“新农人”的年龄段主要集中在 26~55 岁，占样本量的 3/4 以上。从学历分布来看，河南省“新农人”中大中专学历的较多，占样本量的 35.26%；其次是大学本科及以上学历的，占样本量的 19.65%。从企业类型来看，大多数河南省“新农人”从事生产（如个体农户、农业合作社、农产品生产企业）类型，占样本量的 55.49%。

7.6 研究结果

7.6.1 政府机构

政府机构制定创业优惠政策，能够影响行业的发展，管控市场，并且为“新农人”提供项目启动资金、税收补贴等福利，是对“新农人”成长影响最大、最直接的主体。本章首先根据专家访谈和个体访谈的结果筛选出6个因子，分别是当地政府态度较好、工作人员办公效率较高、政府规范创业的法制环境、政府提供创业项目、优惠的税收政策、创业用地优惠政策。通过向“新农人”发放李克特5分量表调查问卷，得出每个因子的平均分，从低到高排列如图7-1所示。从图7-1可以看出，创业用地优惠政策、优惠的税收政策得分排在前两位，表明对“新农人”来说，如果能享受优惠的用地政策和税收政策，对其从事的农业活动会有很大的帮助。此外，如果当地政府能提供一些可靠的创业项目，也有利于“新农人”发挥自己的才能，实现价值创造。

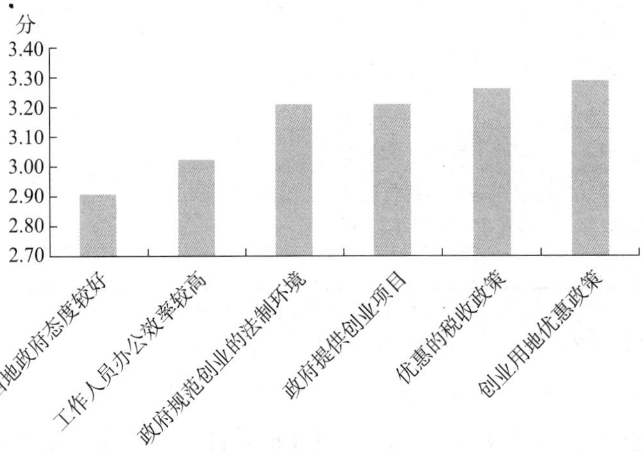

图7-1 政府机构因子

7.6.2 金融机构

“新农人”的创业活动离不开资金的投入，没有资金，所有的创业目标都会落空。在“新农人”成长环境中，金融机构扮演着控制和管理资金的角色。

农业不同于高新技术行业，有其特殊性，如投资回报较慢、经营周期较长、资金周转缓慢。正是由于这种特性，早期的农业企业大多使用创业者的自有资金作为启动资金。淘宝、京东、拼多多等网站的发展也带动了农村电子商务的发展，改变了农业企业的筹资模式，使资金来源多元化。金融机构不仅为农业企业提供启动资金，还为其提供长期运营资金。本章根据专家访谈和个体访谈的结果筛选出 4 个因子，分别是完善的融资政策、创业基金、融资渠道多样、容易获得低息贷款。通过向“新农人”发放李克特 5 分量表调查问卷，得出每个因子的平均分，从低到高排列如图 7-2 所示。从图 7-2 可以看出，“新农人”对金融机构的关注得分最高的是容易获得低息贷款，其次是融资渠道多样，再次是创业基金，得分最低的是完善的融资政策。

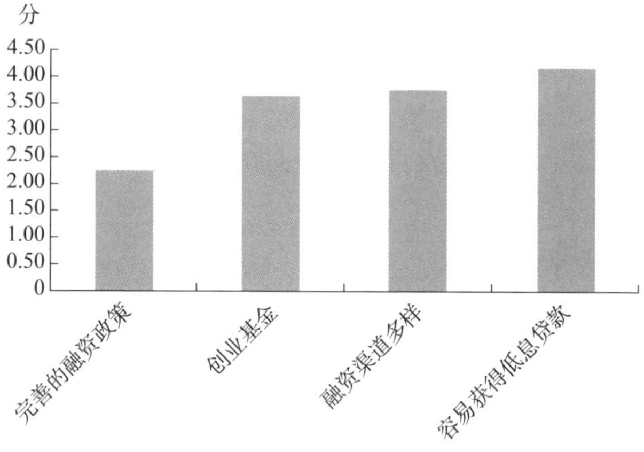

图 7-2　金融机构因子排列

7.6.3　服务研发机构

服务研发机构，是指为“新农人”及其企业提供相关咨询、培训、指导等服务的机构或组织。“新农人”及其企业需要有专业的组织或人员提供帮助，解决其在创业初期遇到的管理、法律、技术等方面问题，服务研发机构正是为“新农人”及其企业解决相关问题存在的。本章根据专家访谈和个体访谈的结果筛选出 6 个因子，分别是知识培训服务，研发合作，注册、登记、审批程序帮助，成果转化，信息咨询服务和创业法律指导。

通过向“新农人”发放李克特 5 分量表调查问卷，得出每个因子的平均分，从低到高排列如图 7-3 所示。从图 7-3 可以看出，“新农人”对服务研发机构的关注得分第一的是创业法律指导，第二是信息咨询服务，第三是成果转化，第四是注册、登记、审批程序帮助，第五是研发合作，第六是知识培训服务。

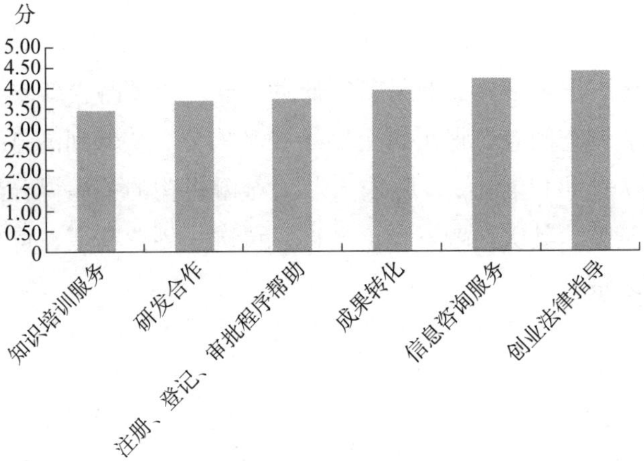

图 7-3　服务研发机构因子

7.6.4　市场环境

“新农人”开展创业活动需要良好的市场环境。若市场信息流传迅速，社会资源丰富，并且交易公平，不存在恶性竞争，则“新农人”成功的概率较大；反之，“新农人”成功的概率较小。此外，若“新农人”处在积极的创业氛围中，就能得到家人、亲戚或朋友的支持，他们的信心就会较高。此外，农业不同于其他行业，对土地资源、交通、水电等物理条件要求较高，这些都是“新农人”事业顺利开展的必备条件。本章通过搜集相关资料并结合专家的有效意见筛选出了 8 个主要影响因子，分别为市场变化程度小、市场竞争压力小、当地文化鼓励创业、从市场上获得有效消息、原材料丰富、交通通信便利、公平公正、有广阔的市场前景。通过向“新农人”发放李克特 5 分量表调查问卷，得出每个因子的平均分，从低到高排列如图 7-4 所示。从图 7-4 可以看出，“新农人”对市场环境关注得分最高的是企业和产品有广阔的市场前景；其次是市场公平公正；再次是交通通信便利，这与农业的特质有很大关联；得分最低的是市场变化程度小，农业产品的特点决定了市场行情的波动较大，因此市场变动对"新农人"的影响较小。

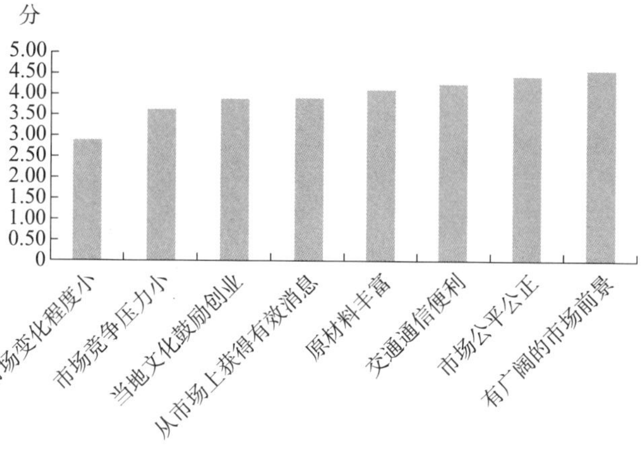

图7-4 市场环境因子

7.6.5 "新农人"个体素质

"新农人"个体是开展创业活动的关键主体，也是研究河南省"新农人"成长环境的核心。大部分创业企业在最开始都是依靠创业者或团队成员的个人能力发展起来的，"新农人"也不例外。"新农人"依靠自己丰富的知识储备和扎实的专业能力，在每次决策前作出正确的判断，他们的沟通、管理、交际、应变等个人能力能够帮助企业良好地运营。此外，积极的心态、顽强的忍耐力能够让"新农人"在面对困难和挫折时顺利渡过。因此，"新农人"的个体素质会对其创业活动产生巨大影响。本章通过收集相关资料并结合专家的有效意见筛选出了9个主要的影响因子，分别为创业信心、忍耐力、身体素质、满怀希望、积极乐观、创业知识、社会关系、创业能力、创业经验。通过向"新农人"发放李克特5分量表调查问卷，得出每个因子的平均分，从低到高排列如图7-5所示。从图7-5可以看出，"新农人"普遍认为个体素质中的创业经验对自己的影响最大，因此该因子得分最高；其次是创业能力和社会关系，二者得分较接近，这也与现实情况相符，在当前的社会情境下，仅仅依靠创业经验和创业能力是无法走到最后的；得分相对较低的是身体素质、忍耐力、创业信心，虽然这几个因子排名较靠后，但得分均在3.00分左右，表明这些因子对"新农人”事业的影响不可小觑。

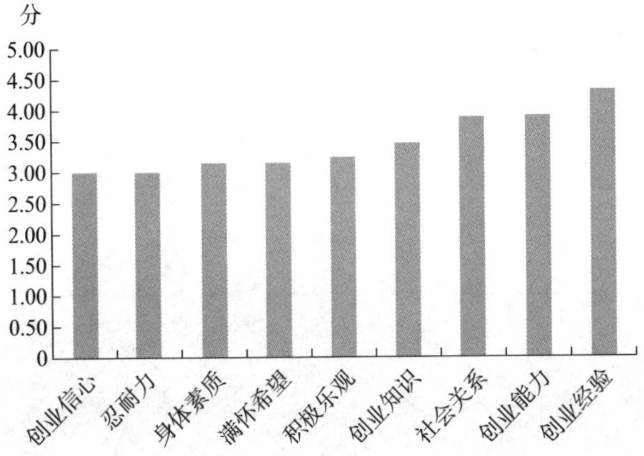

图 7-5 “新农人”个体素质因子排列

7.7 相关建议

通过以上调查，我们发现河南省“新农人”目前的成长环境中存在一些问题，综合考虑后提出以下建议。

7.7.1 人才培养

河南省“新农人”培养应从以下两个方面着手：

(1) 完善校内培养体系

各大农业高等院校是培养新型农业创业人才的主要场所。目前，虽然一些院校开设了创业课程，但是大多局限于创业信息和知识的简单讲解，不能很好地将理论与农业生产实践相结合。因此，加强新型农业创业人才的培养，可以从以下三个方面入手。

第一，完善创业教育课程体系。农业高等院校应该深化教学内容和课程体系改革，坚持“专业课程是基础，创业课程是深入”的培养原则，形成专业教育与创业教育相结合、多方面培养、突出综合素质的课程体系。河南省农业院校可以将农业政策与法规、农业风险管理、现代企业管理、风险投资等课程纳入教学计划，鼓励学生自主选课，激发学生的创业兴趣，有效促进创业教育与专业教育的有机融合。这些学生走出校门后，能够较快地转变为“新农人”，从而具有较高的市场竞争力。除此之外，学校还应该注意学生的心理健康。创业并非一蹴而就的事情，在创业过程中会遇到各种各样的难题，因此农业高等院校在注重专业培养的同时，应该开设一些心理类课程，从外部给予辅助，帮助学生提升韧性以及心理承受能力等。

第二，构建创业教育实践体系。农业专业对学生的实践能力要求较高，农业高等院校除了开设专业课程和创业课程外，还要重视实践教育，将书本知识有效地转化为实践经验，提升学生的实践能力。例如，为强化学生创新创业实践能力，河南省高校尤其是农业院校可以建立“院、校和园”三级基地，在各个学院建立“一院一基地”“一院一竞赛”“一院一模式”的创新创业实践力培养体系。各大高校还应建立可供全校不同学科学生交流实践的“众创空间”，专门为在校学生和毕业校友的成果转化提供专业指导和业务服务。

第三，壮大创业教育师资队伍。目前，创业教育师资缺乏是河南省农业院校创业教育中普遍存在的问题。学校可以定期组织论坛和讲座，邀请创业指导专家或成功的农业创业者分享创业经验，树立创业成功典型，在激发学生创业热情的同时，有针对性地传授创业技巧，促进学生创业。

（2）共建社会培养机制

河南省农业人才培养需要社会协同运作，除专业院校的努力外，还需要政府层面的支持和引导。

第一，健全河南省“新农人”开发机制。河南省“新农人”的开发培养需要政府的积极支持，在专业院校完善校内培养体系的过程中，政府应给予前期的资金支持。河南省专业院校完善“新农人”的校内培养体系，离开政府和市场的引导很难开展。在市场不明朗的情况下，政府更应该积极介入，与专业院校合作，投入资源，保证校内培养体系的建设。对于人才的培养，仅仅是校内体系的建设远远不够，政府还应构建与之对应的人才开发机制，包括“新农人”的引进、农业创业群体的维护与激励，并保证外部机制与校内机制有效协同。

第二，营造有利的农业创业氛围。有利的农业创业氛围是“新农人”的催化剂。2014 年，李克强总理在达沃斯论坛上提出了“大众创业，万众创新”的理念，该理念的本质就是营造有利的创业创新氛围。在良好的氛围下，会有更多的人愿意尝试农业创业与创新。河南省政府应采取多种措施、多维度地营造有利的农业创业氛围。社会各界应该创造允许失败、接受失败、容忍失败的环境。在宽容失败的氛围下，创业者更有创业的动力和意愿。创业失败有利于总结经验、查找不足、补齐短板，进而实现突破，收获丰厚利益。很早就有学者提出，错误和失败能够丰富创业者的认知，为他们提供宝贵的经验，为其后期的创业成功打下坚实基础。创造有利的农业创业环境，同样需要政府和社会宣传成功的农业企业与个人创业事例，以激发学生的创业热情。河南省政府应牵头举办农业创业访谈、创业沙龙等活动，在社会上开展讨论以形成共识，出台农业创业优惠政策，并加以宣传。上述方法均有助于形成良好的创业氛围，从而催生更多的“新农人”。

7.7.2 资金支持

对河南省“新农人”的资金支持可以从以下三个方面着手。

（1）强化财政支持

对一般企业而言，纳税是企业经营过程中比较重的负担，为了扶持农业企业的发展，政府机构应该有针对性地出台税收优惠政策，降低企业税负，如对初创的农业企业可以在前几年免除所得税，对某些特定的支出在税前可加计扣除。除此之外，政府机构还可以对农业创业企业给予一定的补贴，对有良好民生效应、能够促进农民增收的企业，可以给予更多的财政补贴。总的来说，河南省政府应该在风险可控的情况下，本着普惠的原则，扩大财政政策扶持对象范围，为更多的农业创业企业提供资金支持。

（2）完善银行服务

对农业创业企业而言，初期运营的主要资金就是权益资金和债务资金，权益资金来源于创业者自身，债务资金主要来源于银行，因此挖掘传统银行在农业创业中的作用十分重要，据此提出以下两点建议：

第一，扩大服务覆盖面。银行应扩大金融服务业务的地域范围。当前，某些针对企业的金融服务业务只在特定区域开展，银行网点的覆盖还存在很多盲点，小地方的农业企业难以享受到这些服务，可能由此背负更高的运作成本，甚至出现资金链断裂导致无法生存的情况。因此，应扩大银行网点服务覆盖面，让更多的农业创业企业获得更便捷的资金支持。

第二，有针对性地降低贷款门槛。银行是企业资金的主要来源之一，但当前银行基于风险和受益的考虑，不愿意为初创企业提供资金支持，这样的选择偏好虽有其道理，却不利于初创企业的成长。为解决这一问题，银行应在风险可控的条件下，根据不同农业创业企业的融资需求，为其提供针对性较强的信贷产品。对于有较大潜力的农业创业企业，可适当放宽贷款条件，增加贷款额度，降低贷款利率，延长贷款期限，并且简化申请和审批流程。总之，银行优化服务内容，有利于更好地满足农业创业企业的需求，推动河南省“新农人”开展农业经营活动，促进农业企业创业更好地发展。

（3）加强风投体系建设

风险投资拥有雄厚的资本，能够很好地和银行、政府形成互补。当前风险投资对农业创业企业的关注度不高，这与农业创业企业的特性有关，创业本身风险就高，加上农业企业回报慢，并不为风险投资机构所青睐。在此种情况下，河南省政府应做好以下三方面工作：一是牵头设立农业风险投资，增设风险补贴资金，以此吸引境内外风投机构的资本进入，鼓励和引导风投机构对初创企业进行投资；二是引导资金参股，吸引银行、民间资本等作为投资主体，共同建立风险投资基金、风险投资公司等面向农业创业企业的风险投资机构；三是引进和培养一批高素质的职业天使投资人，积极与国内外著名风险投资机构合作，进一步完善农业创业企业风投体系。

7.7.3 服务和技术支持

对河南省“新农人”的服务和技术支持可从以下三个方面着手：

（1）推动产研融合

第一，政府搭建产研合作平台。科研院所和高校是高新技术的密集生产区，企业则是这些技术工业化和产业化的承载者，只有二者更好地结合，才能产生更高的价值，因此构建针对科研院所和农业创业企业的合作平台，是推动二者融合的重要举措。河南省政府作为强有力的中介，可以为二者的沟通搭建平台，使技术的需求和供给有效对接，鼓励农业院校及科研机构主动与农业创业企业合作，通过政策引导加快新技术、新产品从研究机构向农业创业企业转移，提高农业创业企业的技术水平。

第二，政策引导降低合作成本。在产研融合的过程中，企业可能面临较高的合作成本，主要分为两种情况。第一种情况，科研院所已经有了新技术，企业在获取这些技术后开始试推行工业化生产，工业化生产的规模一般较大，同时会投入与规模匹配的配套设施，这些会消耗企业大量的资源，一旦试推行失败，这笔损失对创业农业企业而言就是巨大的。第二种情况，农业创业企业需要攻克某项技术难点，给科研院所一定额度的研究经费，借助科研院所的力量寻求解决方案。若科研院所长时间无法攻克，农业创业企业投入的科研经费便会化为沉没成本，并且可能在研发期间错失市场机会。上述两种情况在一定程度上表明，创业企业在产研融合过程中面临较高的合作成本，在实际操作层面难度较大。河南省政府应对该项活动给予一定的政策引导和支持，如通过减免税费和资金补贴等方式降低创业企业与研究机构的合作成本，在激发创业企业合作热情的同时，减轻其资金压力。

（2）提升服务水平

第一，构建中介信息共享平台。由于农业的特性，刚开始创业的河南省“新农人”不了解相关信息，需要政府、高校、行业组织和社会团体共同搭建信息共享平台，为其提供获取农业政策、创业资讯、市场变化等信息的渠道。信息共享平台不是政府或行业协会简单地把政策法规发布到网站上，而是既包括线上提供信息，又包括线下提供服务，通过线上、线下的融合，为“新农人”提供全面的创业信息服务，避免“信息孤岛”的出现。

第二，扩大覆盖，强化服务。从市场的角度出发，增加服务组织数量，健全中介服务体系。在农业创业密集地区引进律师事务所、技术咨询机构、产权交易机构、会计师事务所等中介机构，保证农业创业企业合规运营。同时，丰富农业创业服务的内容。根据河南省“新农人”和创业企业的特点，提供针对性咨询、培训和管理服务，持续跟进服务对象，保证“新农人”在创业过程中及时获得帮助。

（3）促进技术转化

科研机构的新技术和新产品有不少停留在实验室阶段，通过积极寻求和外部企业的合作，促进新技术和新产品的产业化，不仅为科研机构带来了可观的收入，也为后期的研究打下了坚实的基础；同时，也能帮助科研机构近距离地接触市场，了解外部需求，进而调整自身的研究方向，更好地服务于农业创业企业。除此之外，和农业创业企业合作，能够给科研人员提供绝佳的实践机会。“新农人”并非只存在于农业院校，农业科研院所同样是他们的沃土，技术转化是催生“新农人”的媒介。

第8章 Chapter 8

新型农业创业人才三维资本、创业环境与创业企业绩效

“三农”问题一直是国家关注的重点，在“大众创业，万众创新”和供给侧结构性改革稳步推进的大背景下，农业领域的创业活动如火如荼，新型农业创业人才这一新兴群体进入人们的视野，引起研究者的关注。

目前，关于农民创业特别是农民工返乡创业的研究比较多，也有部分关于“新农人”和新型农业经营主体的研究。例如，郭艳平和谭莹（2016）对“新农人”进行了界定，总结了“新农人”与新型职业农民的区别；汪向东（2014）提出了“新农人”的发展建议；汪发元（2014）比较了中外新型农业经营主体的发展现状，并提出了一些建议。这些研究尚处于初步阶段，多在概念界定、特点总结和发展建议等方面进行探讨，而对新型农业经营主体创业绩效和创业环境的研究较少。新型农业创业人才是新型农业经营主体的创建者和组织者。本章将其作为研究对象，从人才生态系统理论的视角，通过实证分析探究新型农业创业人才的人力资本、社会资本、心理资本与创业环境、创业企业绩效之间的关系。

8.1 理论基础与研究假设

8.1.1 理论基础

人才生态系统理论是生态系统理论应用于人力资源管理领域形成的，

是系统论、生态论和人才学相结合的产物。人才生态系统是指在一定的空间环境内，人才内生系统与周围环境交互作用而形成的一种复合系统。人才内生系统是指由人才各种内在要素（如人格特质、身体素质等）构成的和谐统一体（沈邦仪，2003）。李月和徐顽强（2012）提出，人才是人才生态系统的核心要素，人才生态系统的构成可以分为人才要素和非人才要素。人才要素是指人才个体、人才种群和人才群落，非人才要素指人才生态环境和其他要素。运用人才生态系统的理论分析，并参考其他学者的研究成果，笔者认为，新型农业创业人才生态系统是指在一定的区域范围内，以新型农业创业人才为核心形成的人才个体、创业企业、创业环境相互作用、相互依存的统一整体。

新型农业创业人才个体是新型农业创业人才生态系统的核心，本章基于人力资本、社会资本和心理资本理论研究新型农业创业人才个体。人力资本是指个体通过培训、学习获得的专业知识、技能和经验（柯江林 等，2010）；社会资本是指个体通过社会关系、朋友网络建立的人际关系资源（柯江林 等，2010）；心理资本是指对工作绩效有促进作用，并且在特定情境下表现出的个体的一种积极的心理能力，它能够被测量和开发（Luthans and Youssef，2004）。经济学家关注人力资本问题始于20世纪中期，社会资本在过去20年间一直是组织行为学研究的热点，而心理资本则是近10年人力资源管理领域的热点问题。尽管这三种资本来自不同的研究领域，但是它们共同构成了人才个体可以客观测量、投资开发和有效管理的人力资源（仲理峰，2007）。人力资本、社会资本和心理资本共同存在于个体身上，其中，人力资本和社会资本是显在的、可见的部分，具有极大的变动性；心理资本是潜在的、隐含的部分，具有相对的稳定性（张洪霞，2013）。人才的价值可以通过其拥有的人力资本、社会资本和心理资本衡量，这三种资本共同决定了人才的竞争力（陈向军、莫莉，2008）。

创业企业是新型农业创业人才在农业领域或农村发现市场机会、组织特定团队开展创业活动构建的组织实体。创业环境，是指在新型农业创业人才创立企业的过程中，能够对其产生影响的所有外部因素及其构成的有机整体（Gartner，1985）。不同的研究者对创业环境的界定不同。例如，全球创业观察组织的报告指出，影响创业的环境因素主要有创业融资、政府政策、税收和官僚体制、政府程序、校内创业教育和培训、离校创业教育和培训、研发转化、商业和法律基础、内部市场动态性、物理和服务类基础设施条件、文化和社会规范。高小锋和魏凤（2014）认为，影响农民创业企业绩效的创业环境因素有市场环境、融资环境、政府环境、文化环境、技术环境和交通环境。

综上所述，新型农业创业人才生态系统概念模型如图 8-1 所示。

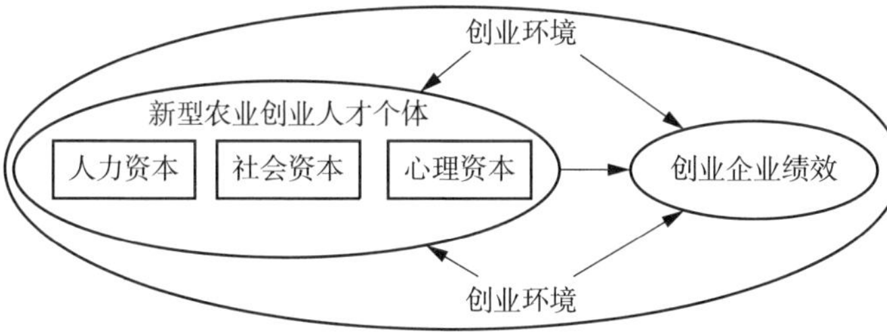

图 8-1　新型农业创业人才生态系统概念模型

有关传统创业者与创业环境、创业企业绩效之间关系的研究，已经取得了一定的成果。现有研究认为，创业者的创业行为受环境因素的影响（朱明芬，2010），创业者的社会资本与创业企业绩效之间有正相关关系（黄洁 等，2010），创业环境与创业企业绩效之间有正相关关系（朱红根、解春艳，2012），创业者的三维资本（人力资本、社会资本、心理资本）与创业企业绩效之间有正相关关系（Hmieleski et al.，2016）。目前的相关研究多是探讨创业环境、创业者、创业企业绩效中某二者之间的关系，而基于人才生态系统理论同时对创业环境、创业者与创业企业绩效三者之间关系进行研究的文献较少。基于以上理论分析，本章将对新型农业创业人才个体、创业企业绩效和创业环境及其关系展开研究。

8.1.2　研究假设

（1）创业环境对人力资本、社会资本、心理资本的影响

新型农业创业人才的人力资本包括与创业行为有关的各类知识、经验和能力等。屈小博（2013）证实了培训是提高劳动力专业化技能水平和专业化人力资本积累水平的有效途径之一。当地政府或者创业服务机构开展的创业培训、法律咨询等活动能有效帮助新型农业创业人才积累创业所需的知识和技能；同时，当地行业协会举办的交流活动也能为创业人才搭建

经验分享的平台。基于以上分析，提出以下假设：

H8.1：良好的创业环境对新型农业创业人才的人力资本有正向影响。

创业服务机构开展的创业培训等活动为新型农业创业人才提供了与供应商、竞争对手、其他企业、科研机构接触和交流的机会。同时，随着互联网技术的发展，出现了一大批电商，他们不但为农业创业企业提供了产品销售的平台，也加强了创业者与客户的联系。这些对新型农业创业人才社会资本的积累有很大帮助。基于以上分析，提出以下假设：

H8.2：良好的创业环境对新型农业创业人才的社会资本有正向影响。

A. 班杜拉（2007）提出，个体心理和周围环境都是独立的实体，二者存在相互作用。个体根据感知到的环境中的机会和资源评估自己的创业能力。当个体感知到周围环境友好时，其创业信心会增强；当个体感知到周围环境恶劣时，其创业信心会减弱（唐靖、姜彦福，2007）。因此，良好的创业环境能增强新型农业创业人才创业成功的希望和信心。基于以上分析，提出以下假设：

H8.3：良好的创业环境对新型农业创业人才的心理资本有正向影响。

（2）人力资本、社会资本、心理资本对创业企业绩效的影响

创业过程非常艰难，需要创业者具备多方面的能力。有研究指出，创业者需要具备对市场变化作出及时反应的能力、识别潜在发展机会及构建和维持与投资者良好关系的能力、创新能力、企业管理能力等（赵浩兴，2013）。创业者具备多方面能力对新创企业的成长和发展有积极影响。创业经验和行业经验能够帮助创业者克服创业过程中遇到的困难，也有助于所创企业的发展（王晓文 等，2012）。基于以上分析，提出以下假设：

H8.4：新型农业创业人才的人力资本对创业企业绩效有正向影响。

新型农业创业人才的社会资本是其自身拥有的一种外部关系优势，能够帮助新型农业创业人才更好地发现创业机会、整合创业资源，推动创业活动顺利开展。在人脉关系网络的帮助下，创业者不仅能以较低的价格获得企业经营所需的生产资料，还能获得对新创企业发展有重大影响的关键资源（秦剑、张玉利，2013）。丰富的社会资本能增强创业者的环境适应性，降低创业风险（Carolis et al，2009），并为创业者提供及时获取市场信息的渠道（Hayter，2016）。基于以上分析，提出以下假设：

H8.5：新型农业创业人才的社会资本对创业企业绩效有正向影响。

目前，学术界普遍认同的心理资本理论是由 Luthans 等（2007）提出的，他将心理资本划分为自我效能感、乐观、希望和韧性四个维度。许多学者通过研究证明了员工心理资本与工作绩效呈正相关关系（田喜洲、谢晋宇，2012；柯江林等，2010）。程聪（2015）通过实证分析验证了创业者心理资本对创业绩效有显著的正向影响。自我效能感较高的创业者在面对具有挑战性的工作时能够拼尽全力达成目的；乐观的创业者在面对创业困难时能够拥有良好的心态，较快走出低谷时期；对成功抱有较高期望的创业者在创业过程中拥有较大的动力；坚韧的特质使创业者在逆境中拥有百折不挠的斗志（王迪等，2015）。新型农业创业人才优秀的特质在创业企业的建立和发展过程中起到了重要作用。基于以上分析，提出以下假设：

H8.6：新型农业创业人才的心理资本对创业企业绩效有正向影响。

（3）创业环境对创业企业绩效的影响

创业政策是当地政府对创业企业态度的反映，政策支持力度越大，创业企业越容易获得各种要素资源，对企业的经营和发展越有利。在资金市场成熟、金融体系完善的环境中，企业更容易获得外部融资，从而提升企业绩效。刘畅、王博和王馨（2015）通过实证分析证明了基础设施、政策支持、金融支持、市场环境、服务环境、地区文化对农村微型企业绩效有显著的正向影响。基于以上分析，提出以下假设：

H8.7：良好的创业环境对创业企业绩效有正向影响。

综上所述，本章的研究假设和理论模型如图 8-2 所示。

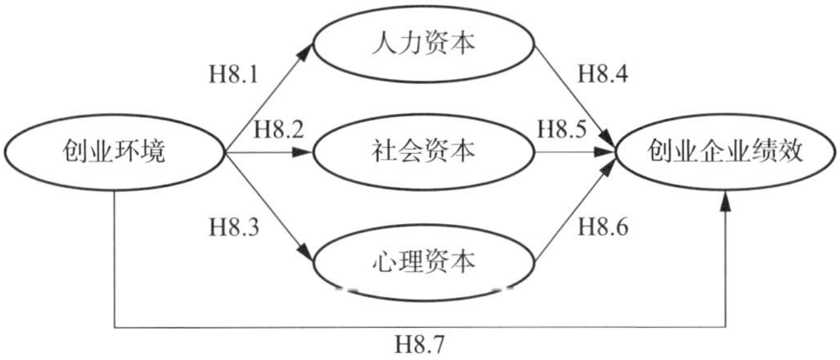

图 8-2　研究假设和理论模型

8.2 数据来源、变量测量

8.2.1 数据来源与样本选取

本章的研究对象是新型农业创业人才，需要符合以下四个条件：①具有大专及以上学历，且是涉农专业；②是企业创办人；③其创业活动在农业或相关领域；④其创办的企业运用互联网技术开展经营活动，如购买原材料、销售产品、宣传企业、沟通客户等。对不同时符合上述条件的样本予以剔除。

由于新型农业创业人才分布较为分散，大多依靠个人资源选择创业地点（农业部农村经济体制与经营管理司课题组，2016），故课题组采用便利抽样的方法，同时在线上、线下收集数据：一方面，依靠课题组成员的关系网络与电子商务平台联系，获得农业类企业创办人的联系方式，采用电子邮件的方式向其发放调查问卷；另一方面，课题组到河南省、湖北省的创业孵化基地、创业园区等，向基地或园区内农业类企业的创办人发放纸质调查问卷。所有调查问卷回收后，筛选出有效样本。此次调查共发放调查问卷513份，回收249份，其中，有效问卷225份（线上89份、线下136份）。样本特征见表8-1。

表8-1 样本特征

项目		样本数（个）	占比（%）	项目		样本数（个）	占比（%）
性别	男	160	71.11	学历	大专	94	41.78
	女	65	28.89		大学本科	82	36.44
年龄	25岁及以下	6	2.67		硕士及以上	49	21.78
	26~35岁	76	33.78	创业企业类型	生产	103	45.78
	36~45岁	69	30.67		流通	47	20.89
	46~55岁	62	27.56		服务	53	23.56
	55岁以上	12	5.33		其他	22	9.78

注：在创业企业类型中，生产企业包括农作物种植、畜禽养殖和加工企业，流通企业（组织）包括批发商、零售商、经纪人，服务企业（组织）包括技术服务商、综合服务商、物流服务商、代运营服务商等。

8.2.2 变量与测量

(1) 创业环境

本章结合新型农业创业人才的特点，参考朱红根和解春艳（2012）、高小锋和魏凤（2014）所用的量表，将创业环境分为市场环境、政策支持、创业氛围、基础设施、融资环境、创业服务六个维度，采用李克特5分量表进行测量。创业环境测量项目及其特征值见表8-2。

表8-2 创业环境测量项目及其特征值

变量	题项	均值	因子载荷	Cronbach's α
市场环境	我的产品市场需求量很大	4.00	0.867	0.619
	目前市场上没有和我相同或相似的产品	3.88	0.543	
	我的产品有很大的发展前景	4.10	0.772	
政策支持	当地对创业企业有税收优惠	3.99	0.770	0.703
	当地有创业用地优惠政策	3.86	0.724	
	当地创业门槛较低	4.25	0.624	
创业氛围	我的周围有很多人创业成功	4.00	0.676	0.673
	我的创业得到了家人和朋友的支持	4.20	0.713	
	当地政府机构鼓励创业	4.04	0.811	
基础设施	当地交通、通信、水电设施良好	4.10	0.761	0.744
	当地土地资源丰富	4.07	0.850	
	当地有丰富的原材料	4.05	0.826	
融资环境	当地企业容易获得银行贷款	3.43	0.823	0.866
	当地政府为创业提供资金支持或补贴	3.87	0.875	
	当地有多种融资渠道	3.55	0.852	
	当地有完善的融资政策	3.40	0.831	
创业服务	当地企业登记、注册、审批流程简单快捷	4.09	0.741	0.774
	当地为创业提供知识培训	4.01	0.778	
	当地为创业提供法律指导	3.98	0.802	
	当地为创业提供信息咨询服务	4.03	0.770	

(2) 人力资本、社会资本、心理资本

目前，学者对创业者人力资本的研究大多是从各自的角度出发，对人力资本维度的划分也不尽相同。性别、年龄、受教育程度、身体状况、工作经验等特征都被纳入人力资本范畴（王晓文 等，2012；房路生 等，2010；罗明忠、陈明，2014）。本章从人才的角度出发，在参考赵浩兴和张巧文（2013）、胡江霞和文传浩（2016）所用量表的基础上结合新型农业创业人才的特点，将人力资本划分为知识、能力、经验三个维度。人力资本测量项目及其特征值见表 8-3。

表 8-3　人力资本测量项目及其特征值

变量	题项	均值	因子载荷	Cronbach's α
知识	我有丰富的农业知识	3.98	0.683	0.803
	我接受过关于农业知识的培训	4.04	0.812	
	我参加过关于创业的培训	4.01	0.743	
能力	我有很强的市场洞察能力	4.03	0.781	0.789
	我有很强的沟通能力	4.12	0.743	
	我有很强的管理能力	4.06	0.832	
经验	我有丰富的管理经验	3.98	0.800	0.801
	我有丰富的创业经验	4.04	0.764	
	我有丰富的打工经验	4.03	0.637	

目前，学术界对社会资本的划分方法有很多种。有学者从商业网络嵌入的角度，将农民创业者的社会资本划分为结构嵌入型社会资本和关系嵌入型社会资本（黄洁 等，2010）。Sequeira 等（2007）认为，来源于社会资本的创业支持主要有获取资金，分享商业经验，交流创业信息和商业机会，介绍客户、合作伙伴及供应商。考虑到新型农业创业人才集合了创业者、人才和农业产业三种因素，本章在参照张鹏等（2015）、解蕴慧等（2013）、黄洁等（2010）所用量表的基础上，将新型农业创业人才社会资本分为纵向社会资本、横向社会资本和社会关系资本三个维度。社会资本测量项目及其特征值见表 8-4。

目前，较为成熟的心理资本测量量表是 Luthans 等（2007）的 PCQ-24 量表。该量表将心理资本划分为自信、希望、韧性和乐观四个维度，其信度和效度也得到了验证。因此，本章研究直接采用该量表测量新型农业创业人才的心理资本。心理资本四个维度的 Cronbach's α 值分别为 0.746、0.744、0.775、0.706。

表 8-4 社会资本测量项目及其特征值

变量	题项	均值	因子载荷	Cronbach's α
纵向社会资本	我与供应商关系良好，经常联系	4.10	0.847	0.660
	我与客户关系良好，经常联系	3.75	0.816	
横向社会资本	我与竞争对手有良好的关系，时常交流行业信息	4.08	0.823	0.622
	我与其他企业（除竞争对手和供应商以外）有良好的关系，经常交流商业信息	3.99	0.801	
社会关系资本	我经常参与各级政府部门及行业协会组织的活动	4.05	0.742	0.735
	我经常就技术方面的问题与科研机构/大学/中介组织交流和讨论	4.00	0.792	
	我与银行、证券公司、融资租赁公司等金融机构有良好的关系，容易获得资金	3.87	0.694	
	我经常关注政府和行业协会出台的政策规定	4.08	0.760	

（3）创业企业绩效

考虑到新型农业创业人才创办企业类型的多样性，单纯选择销售收入或利润等定量指标来衡量创业企业绩效缺乏公平性，因此本章参考朱红根和解春艳（2012）、高小锋和魏凤（2014）所用量表，从企业利润、销售收入、员工数量、企业规模、新产品开发和顾客满意度六个方面，设计了主观评价指标测量创业企业绩效。创业企业绩效测量项目及其特征值见表 8-5。

表 8-5 创业企业绩效测量项目及其特征值

题项	均值	因子载荷	Cronbach's α
我的企业利润不断增加	4.06	0.734	0.785
我的企业销售收入不断增加	3.82	0.777	
我的企业员工数量不断增加	4.06	0.647	
我的企业规模不断扩大	3.94	0.686	
我的企业不断开发新产品	4.10	0.636	
顾客对我的产品越来越满意	4.05	0.688	

8.2.3 模型构建

根据前文的理论分析，良好的创业环境对新型农业创业人才的人力资本、社会资本、心理资本及创业企业绩效有正向影响，新型农业创业人才人力资本、社会资本、心理资本对创业企业绩效有正向影响。结构方程模型能同时分析多个自变量和因变量之间的关系，因此本章采用结构方程模型进行验证。其公式如下：

$$X=\Lambda_X\zeta+\delta \tag{8-1}$$

$$Y=\Lambda_Y\eta+\varepsilon \tag{8-2}$$

$$\eta=B\eta+\Gamma\zeta+\zeta \tag{8-3}$$

式（8-1）是外生变量测量方程。其中，$X=(x_1, x_2, \cdots, x_6)^T$ 为创业环境的外生指标列向量；Λ_X 为系数矩阵，反映外生指标与外生潜变量（创业环境）之间的关系；ζ 为创业环境潜变量；δ 为误差项。式（8-2）是内生变量测量方程。其中，$Y=(y_1, y_2, \cdots, y_r)^T$ 为人力资本、社会资本、心理资本和创业企业绩效的内生指标列向量；Λ_Y 为系数矩阵，反映内生指标与内生潜变量（人力资本、社会资本、心理资本和创业企业绩效）之间的关系；$\eta=(\eta_1, \eta_2, \eta_3, \eta_4)^T$ 为人力资本、社会资本、心理资本和创业企业绩效潜变量列向量；ε 为误差项。式（8-3）为结构方程。其中，η 含义同前两式；B 为系数矩阵，反映人力资本、社会资本、心理资本与创业企业绩效潜变量之间的关系；Γ 为系数矩阵，反映创业环境潜变量对人力资本、社会资本、心理资本、创业企业绩效潜变量的影响；ζ 为残差向量。

8.3 数据分析与结果

8.3.1 信度和效度检验

本章量表的信度检验采用 Cronbach's α 系数。量表的整体信度值为 0.966，各分量表的信度值均在 0.6 以上，说明量表的信度较高，见表 8-2 至表 8-5。在进行因子分析之前，需要进行 KMO 值分析和 Bartlett 球形检验。检验结果显示，整体 KMO 值为 0.929，创业环境、人力资本、社会资本、心理资本、创业企业绩效量表的 KMO 值分别为 0.905、0.877、

0.902、0.918、0.803，均大于0.8；整体Bartlett球形检验卡方值为758.697（显著性水平为0.000），创业环境、人力资本、社会资本、心理资本、创业企业绩效量表的Bartlett球形检验结果分别为634.000、533.049、567.909、980.443、334.627（显著性水平均为0.000），达到0.001的显著性水平，说明量表适合进行因子分析。量表的因子载荷大部分在0.6以上，说明量表具有较高的收敛效度，见表8-2至表8-5。此外，本章选取潜变量的AVE值进行收敛效度检验，通过比较各潜变量AVE值的平方根和该潜变量与其他潜变量的相关系数进行区别效度检验（见表8-6）。由表8-6可知，各个潜变量的AVE值均大于0.5，说明潜变量均有较好的收敛效度，并且各个潜变量AVE值的平方根均大于该潜变量与其他潜变量的相关系数，说明各个潜变量之间有较好的区别效度。

表8-6 效度检验结果

潜变量	AVE	创业环境	人力资本	社会资本	心理资本	创业企业绩效
创业环境	0.638	0.799	—	—	—	—
人力资本	0.630	0.690	0.794	—	—	—
社会资本	0.583	0.616	0.664	0.764	—	—
心理资本	0.738	0.509	0.546	0.501	0.859	—
创业企业绩效	0.537	0.678	0.710	0.699	0.587	0.732

注：表中第2行第3列至第6行第7列对角线上的数字为AVE值的平方根。

8.3.2 结构方程模型分析

（1）模型适配度

本章研究创业环境、人力资本、社会资本、心理资本和创业企业绩效之间的关系。吴艳和温忠麟（2011）提出，当题目数量较多时，直接使用原始题目建模容易产生较大的参数估计偏差。如果注重结构模型分析，在题目满足单维、同质的条件下，采用题目打包策略能使数据质量变好、模型拟合程度提高，并且不会产生较大偏差。因此，采用题目打包策略，将创业环境、人力资本、社会资本、心理资本四个维度分别打包为6个、3个、3个、4个测量指标。本书使用AMOS 21.0软件对模型进行验证。在对理论模型进行拟合时，笔者发现模型的各项拟合指标均不理想，因此根据模型结果对原模型进行了修正，删除了创业环境中的融资环境指标，最终模型达到了整体适配。最终模型的拟合指标值见表 8-7。

表 8-7　模型拟合指标

统计检验量	拟合标准	检验结果
卡方值	显著性概率值 $p>0.05$	138.15（$p=0.123$）
卡方自由度比	<2.00	1.15
GFI	>0.90	0.93
RMSEA	<0.05（适配良好），<0.08（适配合理）	0.03
NFI	>0.90	0.95
RFI	>0.90	0.94
IFI	>0.90	0.94
TLI	>0.90	0.92
CFI	>0.90	0.94
PGFI	>0.50	0.78

（2）模型结果

模型最终结果见表 8-8 和图 8-3。创业环境对新型农业创业人才的人力资本、社会资本和心理资本均有显著的正向影响。其中，创业环境与人力资本之间的标准化路径系数为 0.808，在 0.001 的水平上通过了显著性检验，表明创业环境对新型农业创业人才的人力资本有显著的正向影响，即创业环境越好，新型农业创业人才的人力资本水平越高，H8.1 得到验证。创业环境与社会资本之间的标准化路径系数为 0.796，在 0.001 的水平上通过了显著性检验，表明创业环境对新型农业创业人才的社会资本有显著的正向影响，即创业环境越好，新型农业创业人才的社会资本水平越高，H8.2 得到验证。创业环境与心理资本之间的标准化路径系数为 0.837，在 0.001 的水平上通过了显著性检验，表明创业环境对新型农业创业人才的心理资本有显著的正向影响，即创业环境越好，新型农业创业人才的心理资本水平越高，H8.3 得到验证。比较以上三条路径的标准化系数可以发现，创业环境对新型农业创业人才心理资本的正向影响最大。其原因在于，创业环境越好，新型农业创业人才对创业成功的希望和信心越高，心理资本比人力资本和社会资本受到创业环境的影响更直接、更容易。

表 8-8 模型路径系数及假设检验结果

路径	标准化路径系数	假设	检验结果
创业环境→人力资本	0. 808***	H8. 1	支持
创业环境→社会资本	0. 796***	H8. 2	支持
创业环境→心理资本	0. 837***	H8. 3	支持
人力资本→创业企业绩效	0. 372***	H8. 4	支持
社会资本→创业企业绩效	-0. 064	H8. 5	不支持
心理资本→创业企业绩效	0. 266**	H8. 6	支持
创业环境→创业企业绩效	0. 413***	H8. 7	支持

注：**、***分别表示 0. 05、0. 001 的显著性水平。

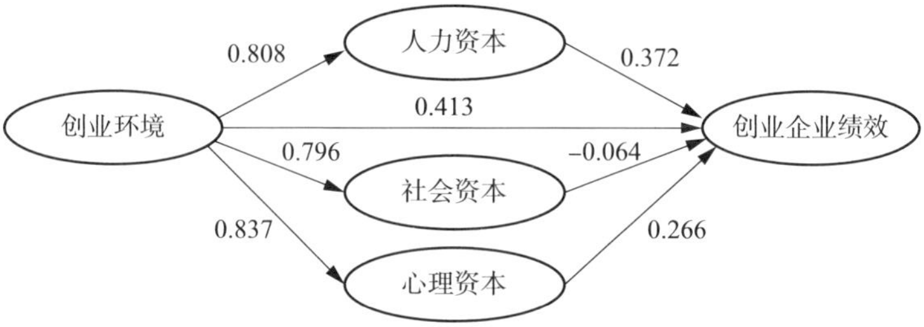

图 8-3 模型标准化路径系数

由表 8-8 和图 8-3 可知，新型农业创业人才的人力资本对创业企业绩效有显著的正向影响，人力资本与创业企业绩效之间的标准化路径系数为 0. 372，在 0. 001 的水平上通过了显著性检验，表明新型农业创业人才的人力资本水平越高，其所创企业的绩效越高，H8. 4 得到验证。新型农业创业人才的社会资本对创业企业绩效的影响不显著，社会资本与创业企业绩效之间的标准化路径系数为-0. 064，未通过显著性检验，H8. 5 未得到验证，但这不代表新型农业创业人才的社会资本与创业企业绩效之间没有关系。究其原因，一方面，由于农业的独特性，新型农业创业人才及其企业的分布较为分散，不利于同行之间交流；另一方面，互联网的发展提高了信息的可获取性和流动性，使创业者不必完全依靠传统的人脉资源和社交圈获取重要信息。这些都削弱了新型农业创业人才的社会资本与创业企业绩效之间的相关关系。新型农业创业人才心理资本对创业企业绩效有显著的正向影响，心理资本与创业企业绩效之间的标准化路径系数为 0.266，在 0.05 的水平上通过了显著性检验，表明新型农业创业人才的心理资本水平越高，其所创企业的绩效越高，H8.6 得到验证。比较人力资本、社会资本、心理资本与创业企业绩效之间的标准化路径系数可以发现，新型农业创业人才的人力资本对创业企业绩效的正向影响最大。其原因是，在创业过程中，特别是在农业领域，企业的创立和运营主要依靠创业者的经验与能力，而创业者个人具备的一些人格特质，如乐观、忍耐力，在一定程度上会影响企业的发展。

由表 8-8 和图 8-3 可知，创业环境对创业企业绩效有显著的正向影响，二者之间的标准化路径系数为 0.413，在 0.001 的水平上通过了显著性检验，表明创业环境越好，创业企业的绩效越高，H8.7 得到验证。

上述研究结果部分验证了本章提出的假设，从人才生态系统理论的视角揭示了创业环境、新型农业创业人才和创业企业绩效三者之间的关系。

8.4 结论与启示

通过实证分析，本章得到以下结论：第一，良好的创业环境对新型农业创业人才三维资本有显著的正向影响。其中，良好的创业环境对新型农业创业人才心理资本的正向影响最大。这表明，良好的创业环境对新型农业创业人才的发展和资本积累有较大的促进作用，特别是能够增强新型农业创业人才对创业成功的信心。第二，新型农业创业人才的人力资本、心理资本对创业企业绩效有显著的正向影响。其中，新型农业创业人才的人力资本对创业企业绩效的正向影响最大，心理资本对创业企业绩效的正向影响次之。这表明，新型农业创业人才丰富的知识和经验、较强的能力、乐观积极的心态、吃苦耐劳的品质，都能对创业企业绩效产生积极的影响。第三，良好的创业环境对创业企业绩效有显著的正向影响。创业环境不仅对创业企业绩效有直接的正向影响，而且通过新型农业创业人才人力资本和心理资本对创业企业绩效有间接的正向影响。这表明，良好的创业环境不仅能促进新型农业创业人才个体的成长，也能促进创业企业的发展。

根据以上结论，本章对农业创业提出以下建议：第一，改善融资环境。本章的调查发现，融资环境这一维度在创业环境各个维度中得分最低，说明许多新型农业创业人才对目前的融资环境并不满意。因此，各地政府应该为创业企业提供更多的资金支持和帮助，拓宽融资渠道，完善融资政策。第二，提高新型农业创业人才的人力资本水平。各地政府和行业协会应该为当地的创业者提供丰富的培训机会，在提高他们知识水平和能力的同时，也为他们提供交流经验的平台。第三，提高新型农业创业人才的心理资本水平。各地政府不仅要营造良好的创业环境，还要对创业者进行心理素质方面的培训，对创业失败者开展心理疏导，帮助新型农业创业人才健康成长。

第9章

Chapter 9

小农户和现代农业发展有机衔接

9.1 小农户和现代农业的发展历程

小农户是指在自然经济条件下，依靠人力、畜力进行农业生产，依靠积累的传统经验自给自足的农户。小农户的生产方式比较稳定。传统农业产量容易受自然环境影响，生产水平低、剩余少、积累慢、分工简单、产业链短，生产要素的投入、生产过程的完成、农产品的消费，基本上都是在村庄和当地的市场进行的。与传统农业相比，现代农业具有高效、优质、无污染、高产、安全等特点，并且不再具有整体性。现代农业是一个高度专业化、分工明确、受政治和经济等外部因素影响的复杂体系。现代农业趋向“去本地化”，所有现代农业所需的化肥、农药、种子、机械等都是从外部市场获得的，并且通过农业市场远距离消费农产品。

我国农业现代化大致分为四个阶段。第一阶段（1949—1953 年），目标是尽快恢复农业生产，解决全国人民的粮食问题，将私有产权转变为集体产权，大力推行农业合作化运动。1950 年，《中华人民共和国土地改革法》公布施行，废除了封建土地所有制，使农民有了自己的土地。新中国成立后，土地革命在中国共产党的领导下快速完成。到了 20 世纪 50 年代，在社会主义改造的进程中，经过农业组织体制的演进，基本的农业生产体制转变为农民的土地集体所有制和以生产队作为基本生产单位的模式。第二阶段（1953—1978 年），社会主义改造完成，经济建设步伐加快。改革开放以后，小农户获得了土地承包经营权，农民对土地经营的积极性全面释放，小农户成为我国最基本的农业经营主体。小农户的生产规模较小，生产资料私有化，生产由家庭管理。第三阶段（1978—2002年），我国确立了家庭联产承包责任制，建立了社会主义市场经济体制，推动农业产业化经营。随着家庭联产承包责任制的实施，我国开始重视小农户的存在和发展。第四阶段（2002年至今），确立了“以工促农，以城带乡”的方针政策，加强农业基础及战略地位，在土地流转基础上推进适度规模经营，积极推动我国农业生态文明建设（李文媛，2021）。在农村产业布局改变、农村现代化改革、城乡差距扩大、城乡二元体制变迁等外在因素的影响下，引导小农户沿着工业化、规模化、服务化、现代化等方向形成了多元化发展路径（芦千文、苑鹏，2021）。

党的十九大报告中首次提出“实现小农户和现代农业发展有机衔接”，引起了人们对小农户的关注。我国对小农户与现代农业的关系进行了反思，建立了农业市场服务机构，创立了优良的农产品品牌。通过不断完善，努力实现小农户与现代农业的有机结合，提高了农民的劳动积极性和农业组织的效率。1949年新中国成立时，中国人口为5.4亿，农民占全国总人口的89.36%；到了2021年，中国总人口达到14.13亿，农村人口的比例下降到36.11%，农民数量超过5亿人。小农户作为乡村振兴的主体，对于推动中国农业的发展具有非常重要的意义，发展小农户对中国农业的未来至关重要。

目前，我国政府出台了许多关于新型农业经营主体和小农户的文件，从财政、金融等多个方面对农业发展给予了大力支持，为农业发展提供了有力的政策支撑，为小农户与现代农业发展有机衔接奠定了坚实的基础。2018年中央一号文件明确指出，要统筹推进新型农业经营主体的培育和支持中小农户的发展，要有针对性地将小农户纳入现代农业发展轨道。我国着重培育以市场为导向的农业服务组织，着力解决小农户和现代农业发展之间的矛盾。2019年，中共中央办公厅、国务院办公厅印发了《关于促进小农户和现代农业发展有机衔接的意见》，明确了我国今后将会持续发展小农户，积极推进小农户与现代农业发展的有机衔接。2020年中央一号文件明确提出“将小农户融入现代农业产业链”，把小农户与现代农业有机结合起来，使其成为现代化农业生产的有效推动力。农业农村部指出，各类农民合作社提供农业生产经营服务，促进小农业与现代农业有机结合。农业农村部等多部门印发的《关于加强农业科技社会化服务体系建设的若干意见》指出，小农户可以通过农业科技社会化服务有效融入现代农业，农业科技社会化服务能够保障现代化农业科学管理水平。2021年中央一号文件提出，加快农业现代化、科技化、工业化进程，大力发展家庭农场、农业合作社等新型农业经营主体，健全农业社会服务体系，使小农户享受到现代农业发展红利。“十四五”规划提出，要大力发展多种农业生产形式，加快专业化、社会化服务业的发展，发展新型农村集体经济，提高农民收入。

在当前形势下，我国已经完成了全面建成小康社会和贫困人口全部脱贫的伟大战略目标。目前，我国正处于乡村振兴的关键时点。在家庭联产承包责任制的推动下，农民生产劳动的热情高涨，这有助于解决我国的粮食问题。但是，中国的农业现代化还在路上，在实现中国梦的过程中还存在一些薄弱环节，以家庭为单位的小农经济仍然面临极大挑战，小农户生产始终是较为落后的生产方式。许多贫困地区仍保留着传统农业模式，小农经济虽然是我国农村经济发展的重要组成部分，但由于农民收入水平不高，生活质量难以提高，一旦家庭出现变故，农户就会承受很大的压力，甚至陷入贫穷。因此，在实现农业现代化的过程中，必须对农业经营方式进行改革，使小农户和现代农业相结合，为农村的发展奠定坚实的基础。

小农户与现代农业的有机衔接在国外已经取得了一些成功。日本在二战之后经济形势非常不好，采用以家庭为基本单位的模式进行农业生产。1950年左右，日本有将近620万小农户，小型农业经营主体占总数的比重相当大。日本农业的现代化发展伴随着战后经济复苏，取得了一定程度的成功。日本小农户经营主体在农业发展中的作用并未发生变化，很多地方还沿用小农户的生产方式。韩国于1949年通过了《土地改革法》，其中规定，农民的耕地将被控制在3公顷以下，而政府将以较低的价格购买3公顷以上的土地，并将其转让给佃农。在此背景下，韩国于1990年左右完成了农业的现代化改造，进入现代化的农业生产阶段（盛宇飞、李明，2021）。

我国小农户经历了几千年的农业文化积淀，具有独特的耕作传统、经营习惯和行为习惯。改革开放40多年来，通过坚持不懈的努力，我国现代农业的发展已经初见成效，为实现我国农业现代化、工业化打下了坚实的基础。当前，小农户生产是我国实施乡村振兴战略的重要内容，在我国农业发展中占据显著地位。为了促进现代农业的发展，我国一直致力于完成小农户与现代农业发展的有效衔接。

9.2 小农户和现代农业发展有机衔接存在的问题

9.2.1 小农户耕地分布零散

农村的耕地是按家庭成员的数量均匀分布的，每个家庭占有的耕地面积较小，耕地分布零散。目前，小农户经营的土地大部分处于分散状态。这既有家庭联产承包责任制下土地均分等历史原因，也有人均土地资源紧张等现实原因。小农户按户进行生产，把大面积的土地分割成若干小块，大型机械由于碎片化的土地分割而无法耕作。小农户生产经营管理相对松散，与现代农业发展需要的规模化生产存在很大差距。这些问题成为阻碍现代农业发展的重要因素。农业分散化经营无法获取专业化分工与合作带来的规模效益，因为小农户的农业生产要素分配效率低，参与商品市场交易的成本过高，流通效率低，生产经营收入长期处于低位。

我国需要推动土地流转工作，促进农业规模化发展。对土地实行集中经营，可以有效提高耕地利用率，使农村土地的规模优势得到最大限度的发挥。在流转工作的初始阶段，要建立合理的土地流转管理制度，制定因地制宜的扶持政策，规范农业土地流转合同。要加强农村土地流转网络建设，加快推动农村集体产权登记，对承包土地进行集中管理，使土地流转渠道畅通。小农户面对土地内心充满疑虑，需要有关人员积极开展相关工作，遵循合法流转、有偿流转和自愿流转的原则，对小农户详细说明政策内容，促使小农户接受土地流转（李仲科 等，2021）。

9.2.2 小农户处于“弱势地位”

目前，我国的农业农村市场竞争很激烈，相对于新的农业经营主体，小农户的竞争力相对薄弱，容易在市场上被“边缘化”，小农户在市场机制运作方面面临诸多限制（罗宗艳，2021）。受天气等自然因素影响，农产品生产不能集中，但实际消费需求集中在一定时间内。小农户在信息获取、传递、处理等方面都较为滞后，不能根据市场需求变化及时调节生产计划，农产品的生产存在盲目性，导致其抵抗自然和市场风险的能力较弱。新型农业经营主体是小农户的“升级版”，在推动乡村振兴过程中，更好地满足了农村社会和经济发展的需求。新型农业经营主体的市场竞争力很强，能够在农业农村市场上占据一席之地。小农户无法有效地将所有小农户团结在一起，从某种程度上说，他们必须“单打独斗”，这会削弱其竞争力。此外，小农户还存在资金短缺、技术匮乏、发展理念落后等问题。

小农户在农业合作社没有实质性发言权。农业合作社主要由核心成员和普通成员组成，核心成员是大股东，在合作社中占据重要地位，控制农业合作社的经营管理和利益分配。小农户缺乏参与利润分配的机会，无法真正参与合作社的经营管理，处于“弱势地位”。在这种情况下，小农户的利益得不到保障，无法形成主人翁意识，同时难以分享合作社的合作利益，以及现代农业的管理经验和技能。农业企业具有资金、技术、信息、市场等方面的资源优势。小农户与农业企业合作可能成为农业企业转嫁风险的对象。大多数农业企业会强调经营效率而忽视小农户的利益。农业企业与小农户仅仅建立简单的资产租赁、劳动力雇佣和产品买卖等关系。例如，龙头企业通常采用“订单农业”模式与小农户合作，即小农户负责农业生产，龙头企业负责农产品加工并将产品销售出去。这个过程看起来很清楚，实际上却存在很多不确定因素，使二者之间无法建立长期稳定的合作关系，因此，要完善农业企业与小农户之间的利益联结机制。

9.2.3 农业社会化服务体系建设滞后

在现代农业发展过程中，健全的社会化服务体系是农业现代化稳定发展的重要保障，可以为农民提供产前、产中、产后服务，解决种植、供给等实际问题。农业社会化服务体系是我国农业的重要组成部分。农业现代化由现代农业经营体系、现代农业生产体系、农业社会化服务体系组成。小农户生产规模小、技术水平低，必须对其进行生产、经营、管理等方面的指导和培训。各类农村社会化服务机构的发展势头很猛，对农业发展起到了一定的推动作用，但目前面向小农户的农业社会化服务体系建设仍然滞后。当前，我国小农户产前需要资金、技术服务，产中需要病虫害防治服务，产后需要农产品的收储、加工和销售等方面的服务。小农户要想更好地适应市场，就必须有相应的服务机构。

9.2.4 缺乏先进的农业生产技术和人才

实现农业现代化的基本条件是先进的农业生产技术，然而小农户农业生产规模小、生产工具比较简单且技术含量低，在采用先进农业技术时面临一些困难。我国大部分小农户以家庭为单位进行农业生产经营，缺乏现代农业生产经营知识，因此必须对其进行相关指导。当前，以农业技术培训为主的部门和组织更注重农产品的整合营销，缺乏对现代农业生产技术的传授。小农户由于受教育程度不高，难以掌握现代农业生产技术，很难适应现代农业的发展。

从事农业经营活动的小农户对商品经济和技术改进有防范心理和排斥心理，这种小农经济思维已经成为农业可持续发展的障碍，导致小农户与现代农业发展渐行渐远。小农户非常依赖传统的生产路径，保持着落后的经营观念，而现代农业需要将大量时间和成本花在新品种与新技术的推广上。在这样的背景下，小农户更注重规避风险，采取观望的态度。

此外，农村资金投入少，缺乏系统的、长效的农业人才培训体系，农业生产效率低，农村基础设施条件差，种种原因导致农村地区对高素质农业人才的吸引力不足，大量的技术人才不愿意长期驻扎在农村，为农民提供指导，这与现代农业的发展趋势相违背。当前，我国很多农业科技组织都设在县、乡，农村也有专门的技术人员。但是，在实践中，缺乏统一的协调机制，导致对农业技术人员的功能定位不明确，农业技术推广工作浮于表面。农村地区人才流失严重，乡村振兴后备力量严重缺乏，亟须培养一支高素质、会技术、能经营、懂管理的农业人才队伍，推动新型农业的发展。

9.2.5 农业劳动力不足

改革开放以来，城镇化进程加快，农民进行农业生产获得的收入偏低，于是大量农村劳动力流向了城镇，留在农村的大多是老弱妇孺，农村劳动力结构趋向老龄化。有数据显示，2021 年城镇居民人数比上年增加 1205 万人，人数增长至 91425 万人，其中，农村居民人数继续下降，2021 年为 49835 万人，比 2020 年减少 1157 万人；与 2020 年相比，常住人口的城镇化率有所提高，达到 64.72%。越来越多的农民倾向于外出务工，大量农村剩余劳动力转移到城市，这一情况导致农业精耕细作无法维持，劳动力缺乏的形势严峻，土地产出率大大降低，无人种地问题日益严重，已引起社会各界的广泛关注。

要振兴乡村，必须有大批青年劳动力返乡。政府应出台相关政策和奖励措施，鼓励青年劳动力返乡创业，并为回乡的劳动力提供技术培训和经验交流的机会，帮助他们弥补技术上的不足，提高他们回乡创业的信心。此外，农村卫生、教育等方面保障亟待提升。唯有切实解决农民问题，营造生态宜居的农村环境，青年人才会心甘情愿地返回家乡创业。

9.2.6　对小农户生产的重视程度不够

在推进农业现代化进程中，我们一直强调努力实现农业规模化经营，认为小农户不能与现代农业发展良好结合，忽略了小农户在现代农业中的作用和地位，并且存在消灭小农户即可实现农业现代化的错误思想。在政策方面，目前已有多项政策支持发展农业经营主体，但支持小农户和现代农业发展有机衔接的政策寥寥无几。直到党的十九大报告第一次正式提出“实现小农户和现代农业发展有机衔接”，才开始强调小农户在发展现代农业中的重要性。

农民在生产和生活中遇到的问题被忽略，逐渐成为“疑难杂症”，制约着小农户的健康发展，使其难以在乡村振兴中正常发挥作用。政府对小农户问题的忽略，使农民发展难度加大，很难享受到政策红利。这会使小农户的发展动力受到制约，影响其参与乡村建设的积极性，进而在一定程度上制约小农户与现代农业发展的有机衔接。

9.3　小农户和现代农业发展有机衔接的模式

我国结合农村地域特色，深入研究农业市场需求，再根据市场需求开发当地农产品，逐步建立了特色鲜明的农业产业链。小农户和现代农业发展有机衔接的模式主要有五种。

9.3.1　“小农户+互联网”模式

“小农户+互联网”模式，即利用网络进行农业资源整合，该模式能加速现代智能化技术在小农户生产和运营中的应用。着力推广农产品电子商务，鼓励农民通过互联网进行网上购销，让农产品在线上和线下同步流通，小农户的农产品可以在任何地点被产地经销商采购，极大地提高了农产品流转的便利性。产地经销商从小农户手中采购到农产品之后，将其运送到规模更大的农产品销售市场，再向线上市场扩散，最后通过线上交易传播到更多的消费者手中。便捷的农业产品线上销售中心增强了农产品货物的流通性，也为人们的生活提供了极大便利。地方政府或企业可以建立网上平台，实现网上预约、订购、销售一体化。我国出台了一系列支持“小农户+互联网”的政策，促进了智能农业的发展。

9.3.2 “小农户+合作社”模式

小农户没有足够的优势，不能独立解决土地、技术、资金等问题，而“小农户+合作社”的模式可以解决这些问题。截至 2021 年 11 月底，我国依法登记的农民合作社达到 221.9 万家，县级及以上示范社达到 16.8 万家。近年来，我国农业合作社的数量一直在稳步增加。从国家政策的角度来看，为了促进我国农村发展，政府对建立农民专业合作社给予了积极的支持和鼓励。在政策支持的基础上，我国加强了农机合作社农业机械装备的现代化。农业合作社带动小农户发展现代农业，帮助农民解决生产规模不经济、市场需求导向差等问题——生产前统一购买生产资料，生产中统一进行植物保护，生产后进行标准化一体加工，从源头上把控农产品的质量。

“小农户+合作社”模式主要有以下三种：一是销售方式，即小农户与合作社签订农产品购销协议，由合作社统一销售。小农户也可以参与农产品的品牌建设。有些农业合作社会采取二次返利，按照购买的农产品数量，将相应的收益返还给小农户。在这种合作方式下，小农户可以利用互联网进行乡村环境、农产品品质等方面的宣传，从单一的农产品提供者转变为农业合作社经营的参与者。二是租借，即农业合作社通过土地流转、土地入股、资金入股等方式，将农产品集中在一起，进行统一的生产和销售。农民和合作社签订土地租赁协议，小农户把土地的使用权交给合作社，合作社把土地流转给合作企业，合作社负责生产和市场的风险，农民只收取固定的租赁资金。三是产权方式，即小农户以出资或提供土地的形式获得股份，成立合作社并且参与农业合作社的各项经营，同时拥有收益管理权。小农户通过社内就业或入股、分红等方式增加工资性收入和财产收入。这种方式提高了农户的收入水平，并促使农户收入多元化。合作社把分红作为农民共享合作社收入的重要途径，并与农民共同承担风险。在这种方式下，农户和合作社是利益共同体，这有助于减少合作社和农户的机会主义行为。

9.3.3 “小农户+种植大户/家庭农场”模式

我国的农业生产以家庭经营为主，而家庭农场和种植大户是规模较大、集约化程度较高的新型农业经营主体，在某种程度上能够起到示范带动小农户生产经营的作用。家庭农场保留了小农户家庭承包经营的传统优势，是一种以家庭为主要劳动力，将农业生产规模化、集约化、商品化，以农业收入为主要经济来源的新型农业经营主体。家庭农场和种植大户可以与观光旅游、养生休闲相结合，建立一种新的经营模式，起到延伸产业链、价值链的作用，带动小农户共享增值收益，从而达到一定的规模经济效益，推动农业经济快速向前发展。该模式将文化、旅游、食品、文化等产业深度结合，发展休闲农业、康养农业，提高农业产业链效能，扩大农民增收途径。同时，可以把农业和当地的文化资源结合起来，建立具有一定规模的农业文化旅游示范基地，在增加农民收入的同时，充分利用文化的支撑作用，促进农业文化的宣传。

9.3.4 “小农户+农业龙头企业”模式

农业龙头企业是一种具有较强经济实力和较高生产效率的新型农业生产经营主体。“农业龙头企业引导”，是以农业龙头企业为中心，通过协议的方式，把小农户纳入产业链，实现产销一体化的经营方式。龙头企业是以市场为导向、以经济利益为纽带、以农产品为交易对象的农产品加工流通企业，通过订单农业、吸纳就业、股份合作、村企对接等形式带动小农户发展。政府推动龙头企业发展可以促使其组织并带动小农户的发展，从而实现纵向一体化发展。近几年，我国大部分农业企业担负起了推动农民发展农业生产并且取得经济效益的重要任务。

农业龙头企业从两个方面推动小农户和现代农业的有机融合：一方面，加速现代科技的普及，通过培训、指导等方式帮助小农户掌握现代农业科学技术，并且将其应用于农业生产经营当中；另一方面，小农户生产的农产品很难在农业市场上广泛销售，模范农业企业利用强大的组织能力，对小农户的农业生产经营进行科学高效的指导并带领小农户进入市场，作为中介帮助小农户实现与市场的有效对接。农业龙头企业通过统一生产资料、统一生产管理、统一收购农产品等方式在产前、产中、产后全过程提升农产品质量，有效提升了小农户在农业市场的竞争力（李奕好、刘辉，2021）。这种经营模式解决了小农户和大市场之间的矛盾，改善了小农户和大市场之间的关系。但是，由于没有其他渠道，小农户进入市场的渠道主要由龙头企业掌控，小农户无法与市场进行真正有效的沟通。企业很容易把生产和市场风险转移到农民身上，同时对小农户的收益进行限制，小农户得到的只有自己的劳动报酬，而农资供应、农产品加工和销售等环节的利润则由企业垄断。

9.3.5 “小农户+社会化服务组织”模式

土地流转在农民当前已经知道适度规模经营能够给自己带来利益的前提下普遍存在，但是在“人多地少”的现实情况下，农民不可能盲目地扩大土地规模，他们必须参与社会化分工，形成纵向的规模经济，促进小农户与现代农业融合，有效提高农业利用率，推动我国农业向现代化方向发展。随着科学技术的飞速发展，社会化服务机构成为农业生产的重要环节，从产中到产后，从生产资料到播种、施肥、物流、市场、信息等，涉及农业生产的各个方面。农业社会化服务代替了小农户的经营要素，可以促使决策和经营能力提升。社会化服务组织在加强基础设施建设的同时，也可以利用信息技术等方面的专业化知识解决关键环节的服务需求难题，为小农户提供全产业链的低成本服务，帮助小农户有效地整合、利用资源，最大限度发挥资源的作用，提高小农户的收益水平。用新型农业生产技术取代传统的生产方式，可以减少生产费用，推动绿色农业的发展。目前，我国最具代表性的服务规模经营模式就是土地托管。一般来说，土地托管分为全托管和半托管。全托管，是指小农户与托管组织签订协议后，托管组织对土地实行从种到收的全程化管理；半托管，是指将某一个或某几个生产环节委托给托管组织管理。对托管服务提供机构来说，可以通过托管多个小农户的土地达到规模化的服务，并以规模优势减少农资收购和机械化操作的费用，进而降低成本。不同的服务机构可以发挥各自的优势实现对土地和农业资源的综合利用，从而获得更好的效益，实现农民收入的最大化，推动实现小农户和现代农业的有机结合。

第10章 Chapter 10

新型农业经营主体的发展历程、现状及建议

10.1 新型农业经营主体的发展历程

谈到农业生产经营的主体，人们通常首先想到传统的、以家庭为单位从事农业生产的农户。1978 年，我国开始实行家庭联产承包责任制，小农经济十分普遍。小农经济的特征是利用手工业的劳动工具在分散的土地上进行农业生产，从而达到某种程度的自给自足。“小农模式”虽然是一种比较稳定的经营形式，但是生存环境相对封闭，资源流动比较困难。这种模式与当时的国情和历史条件吻合，具有经济合理性。

近年来，我国传统意义上的农民逐渐向更高层次、更高报酬收益的区域和产业转移，特别是 2000 年以后，转移速度加快。《中国农村发展报告 2020》指出，中国的城镇化率在 2025 年估计将达到 65.5%，农村转移人口将超过 8000 万，农业人口将持续下降，农民的就业和经营状况也将发生变化。工业化、现代化、城镇化进程的推进和人口流动政策放宽等，导致传统农户参与农业生产的积极性下降，从事粮食生产的传统农民数量持续减少，许多农民开始转向非农行业。由于城乡劳动力市场的衔接，传统农民越来越多地将农业生产作为副业，农业人口以老年人为主。留在乡村务农的青壮年数量越来越少，大量青壮年到城市找了稳定的工作并将自己的土地闲置或者转出。目前，大批农村劳动力不是在农忙时节往返于城乡之

间，而是选择在城市长期居住。以师昌绪为首的 15 名两院院士在 2012 年曾建议，中国这个人口大国应从战略角度考虑新生代农民弃农问题，避免国家陷入无人种地的窘境。无人种地问题在我国引起了热烈讨论，在当前情况下，劳动力投入的减少必然导致耕地产量的下降。

随着农业发展逐渐趋向于现代化、科技化、规模化，从事粮食生产的传统农民数量虽持续减少，但新型农业经营主体逐渐涌现出来。农业经营主体从之前的以小农户为主，不断转变为多种类型的新型农业经营主体并存，呈现多元化发展趋势。“新型农业经营主体”首次提出是在 2012 年的中央农村工作会议上。新型农业经营主体，是指以商品化生产为主要目的的农业经营与服务组织，由生产方式的变化和农业结构的创新产生。新型农业经营主体涉及的范围比较广，包括农产品的生产、销售、服务等各个环节。新型农业经营主体逐步替代传统农户，成为我国现代农业发展的必然趋势。近几年，各地政府均加大了财政支持力度，推出了一系列政策，以发展新型农业经营主体为主要战略目标，引导社会力量积极培育和发展新型农业经营主体。党的十七届三中全会提出，“允许农民以转包、出租、互换、转让、股份合作发展多种形式的适度规模经营。开展专业大户、家庭农场、农民专业合作社等规模经营主体”。家庭农场、农业龙头企业、养殖大户、农业合作社等新型农业经营主体逐渐在农业生产领域蓬勃兴起。新型农业经营主体是在传统基础上发展起来的新型主体，是现代农业多元化发展的重要产物。

专业大户、家庭农场历史久远，早在 20 世纪 80 年代就有了“种田能手”“养殖大户”的概念。党的十八届三中全会鼓励有条件的地区积极发展专业大户、家庭农场、农民专业合作社等新型农业经营主体。2013 年中央一号文件突出了“专业大户”和“家庭农场”对农业发展的重要性。原农业部针对农业管理、服务等多个方面提出了一系列扶持意见，在 2014 年发布了《农业部关于促进家庭农场发展的指导意见》。到 2021 年，我国的家庭农场数量已经达到 390 万家，增长迅速，发展势头良好，规模经营稳步发展。

农业合作社是一种农户合作生产互助组织，帮助农户降低农业风险，提高市场竞争力。该组织诞生于 20 世纪 50 年代，后来由于家庭联产承包责任制的推广而逐渐解体。在推进农业现代化、规模化发展的进程中，农业合作社重新建立和发展起来。农业合作社发挥辐射带动作用，带动了全国近一半的农户，普通农户占成员总数的比重较大，达到95.4%，27.8万家农民合作社为小农户提供农业社会化服务，全国贫困地区培育发展农民合作社72万家，直接吸纳带动51.2万个建档立卡贫困户发展乡村产业，从而改善了建档立卡贫困户的经济状况。

农业企业把工商资本引进农村，努力实现农业产业化，是我国农业发展中的又一个进步。“农业产业化”是20世纪90年代初由山东省首创的概念，1995年在《人民日报》上刊载的《论农业产业化》一文，推动了我国的农业产业化进程（李宏、郑天佑，2021）。1996年，农业部设立了农业产业化办公室，并自2000年起对全国农业产业化重点企业进行评选。农业企业通过处理、加工、运输、销售等环节把农业经营与消费者联系在一起，农业经营与农业发展绩效具有较强的协同关系。这些充满活力且有较高收益的农业企业可以推动农业发展。此外，农业企业与小农户的积极联系可以有效降低农村的贫困水平。

传统农业生产经营主体存在着劳动力供给不足、科技水平落后、农产品与市场关联度低、产品销售渠道狭窄、农产品质量较低等问题，阻碍了我国农业现代化的进程，传统的经营主体已经不能很好地满足当代农业发展的需求。传统经营主体与新型经营主体在价值观念、文化素质、生产技能、经营方式等多个方面存在着差异，无论是生产、储存、运输，还是销售粮食，新型农业经营主体都比传统农户更有优势。新型农业经营主体有更多的形式、更大的发展空间、更多的资本、更先进的技术等优势。新型农业经营主体的“新”在于不但可以使原有的经营主体规模化、现代化、信息化，而且可以通过政府的引导，使农业经营具有更好的发展形势。新型农业经营主体逐渐成为我国粮食生产的重要力量，对于提高我国粮食生产能力、实施粮食安全战略具有重要的现实意义。随着“三农”问题研究的深入，国家在政策上提高了对发展新型农业经营主体的重视程度，农业现代化逐渐被列入战略规划。采用先进的农业生产技术和专业的管理团队提高新型农业经营主体的生产销售能力，有助于实现农产品的商品化、产业化目标，提高农业生产效率和农业资源利用率，促使新型经营主体得到更好的培育，继而带动我国农村地方经济的发展。新型农业经营主体有较强的市场敏感性，可根据市场需求组织农产品标准化、品牌化生产，提高农产品质量，推动农业劳动生产率持续提高，积极促进农业一二三产业融合（李波，2022）。各类新型农业经营主体持续创新，加快新品种、新技术、新设备的应用，推动农业经营稳步发展，逐渐成为乡村振兴的关键。

根据我国当前阶段的农村实际，新型农业经营主体在农业生产经营中占据越来越重要的地位，虽然农村农业领域的发展初步取得成效，但是有待继续完善与开发，以持续推动我国新型农业的发展。

10.2 当前新型农业经营主体的发展现状

发展新型农业经营主体是实现粮食增产、农民致富的关键，是推动乡村振兴的有效推动力。目前，我国经济已由高速发展阶段向高质量发展阶段转变，新型农业经营与服务主体是推动农业向规模化、现代化、集约化方向发展的重要力量。

近年来，政府对农业发展的重视程度日益提高，逐步加大了对新型农业经营主体的培育力度。财政部、农业农村部和国家发展改革委等部门相继出台了关于农地流转的各项政策和制度，对推进农村土地集中化管理意义重大。习近平总书记指出，我国当前农业重大战略是加快发展新型农业经营主体，加快建立以农户家庭经营为基础、合作与联合为纽带、社会化服务为支撑的立体式复合型现代农业经营体系。政府通过多种形式的金融政策，为各类新型农业经营主体的发展提供了政策和资金支持。党的十八大以来，我国出台了一系列支持新型农业经营主体发展的政策措施，如《关于加快构建政策体系培育新型农业经营主体的意见》《关于加快发展农业生产性服务业的指导意见》《新型农业经营主体和服务主体高质量发展规划（2020—2022 年）》等。国家出台的政策和法规表明了国家对发展新型农业经营主体的重视程度。大力推动家庭农场、农业合作社、农业社会化服务机构等新型农业经营主体发展，培育新型农业经营主体是我国农业现代化建设的必然要求。严格贯彻落实我国农业现代化发展要求，大力鼓励和支持新型农业经营主体发展，保障政策的有效落实，可为振兴农业奠定基础。

目前，根据我国农业产业发展实际情况和农村生产经营活动的主要特点，培育的新型农业经营主体包括从事农业生产活动的核心龙头企业，农业合作社，家庭农场和农村种植、养殖大户四类。与传统农业经营主体相比，新型农业经营主体更具有优势和发展空间，能够有效推动我国现代化农业不断发展。

从事农业生产的龙头企业通常规模较大，经营业务覆盖面较广，包括采购、生产加工、销售等多个环节。龙头企业不仅能创造自身的收益，还能促进当地合作社和农户的发展，强调“联农带农、示范引领”的原则。从 2000 年到 2021 年，农业农村部共确定了 7 批 2089 家国家农业重点龙头企业，平均每批认定 299 家。2000 年，被认定的国家重点龙头企业数量仅为 137 家，第六批获认定的农业产业化国家重点龙头企业数量最多，达到 427 家，可见我国农业龙头企业发展势头良好。从区域分布来看，龙头企业主要分布在东部地区和传统农业省份，并且在数量上东部地区具有明显优势。

农业合作社是一种典型的新型农业经营主体合作方式，它将耕地、劳动力、资金、科学技术等联系在一起，由村委会组织，农民自愿加入。农业合作社的经营宗旨是提升参与成员的农业收益，改善当地农民的经济状况。我国依法登记的农民合作社数量在 2021 年已经达到 221. 9 万家，县级及以上示范社达到 16. 8 万家，农业合作社数量一直在稳步增加。农业合作社不仅数量在增加，质量也在不断提高，由单一的数量扩大逐渐转变为同时重视数量和质量方面的发展。农业合作社的服务范围比较广，具体包括购买农业生产资料、推广和使用相关农业技术、为传统农民提供农机服务、加工和销售农业产品等。目前，我国农业合作社服务水平不断提高，服务覆盖面持续扩大，农业产业化发展势头很好。农业合作社与农户之间的合作逐步由生产、销售转变为生产、加工、运输、销售等多种经营相融合的方式，有效地推动了农业的发展。但是，农业合作社存在内部管理和收益分配等问题，很多农业合作社并不具有“所有者与惠顾者同一”这一本质特征，大量的利好政策未必能真正落实到大多数农民身上。

家庭农场的主要特征是以家庭和农户为单位，家庭收入的主要来源是农场的收入。家庭农场适合适度规模经营和生产，实现集约化的农产品生产，将生产、加工、销售融为一体，经营范围比较广，利用机械化作业的方式极大地提升了农业生产效率。有数据显示，2021 年，我国家庭农场达到 390 万家，得到政府扶持资金的家庭农场数量在不断增加。随着政府对农业发展支持力度的不断加大，农民的相关权利得到保障，土地流转的速度加快，在一定程度上促进了我国家庭农场的发展。

种植大户和养殖大户也是以家庭和农户为单位从事农业生产经营，但与传统的农业经营主体相比，种植大户和养殖大户更强调农业专业化经营，其业务规模要比传统的农户大得多。从耕地面积划分标准来说，北方地区一般将拥有 100 亩以上耕地的农户视作种植大户，而南方地区则将拥有 30 亩以上耕地面积的农户视作种植大户，每个地区有自己的标准，具体以当地实际发布的规定为准。

为促进新型农业经营主体的发展，提高农业生产力，国家对部分农村地区和农业项目给予支持。一方面，重点扶持有发展潜力和竞争能力的小规模农业项目，优先让当地龙头企业和农业合作社承接新型农业项目；另一方面，在金融服务方面，降低对农业企业、合作社和农户的金融贷款门槛，地方政府可以为需要资金的新型农业经营主体提供贷款担保（伍音子，2022）。在技术投入和人才引进方面，我国针对农业生产技术相对落后、高技能人才缺乏的情况，积极帮助新型农业经营主体提升技术水平，展开了一系列农业培训。经过不断努力，农业生产技术落后、人才匮乏等问题得到一定程度的缓解。新型农业经营主体专业化水平提高具体表现在以下三个方面：第一，农业人员的专业化程度有所提高。相关资料表明，在农业龙头企业和农业合作社的从业人员中，有 25%接受过高等教育，农业人员文化水平的提升为新型农业经营主体的发展打下了坚实的基础。第二，新型农业经营主体的农业生产流程日趋专业化，农业机械装备水平不断提升，有科技含量的农业机械设备利用率持续上升。第三，新型农业经营主体的营销渠道更加专业化。随着互联网的高速发展，5G、大数据、云计算等新技术促使众多新型农业经营主体越来越重视对互联网营销平台的构建，从第三方电商平台、App 等着手不断拓宽营销渠道（刘国刚，2018）。许多新型农业经营主体已经进入第三方电商平台，在家中或经营场所接通了网络。

从总体上看，新型农业经营主体的出现使农业生产的发展水平得到了显著提高。然而，虽初见成效，但其发展仍存在诸多问题，如发展不平衡、不充分等，仍需要在农村经济发展、农业现代化建设进程中解决。就发展水平而言，我国农业基础设施相对落后、企业规模小、集约化水平低、产业链不完整、经营理念落后。目前，我国的新型农业经营主体还处在发展初期，有些新型农业经营主体的经营管理不规范，社会化服务能力不强，社会化服务体系不健全，金融、土地、财税等方面的扶持政策仍然需要完善。对于新型农业经营主体，必须提高各级政府的指导和服务水平。要在深化农村经济改革的同时抓住农业经营的发展机遇，加大对新型农业经营主体的支持力度，深入探讨各类经营主体的发展状况和发展困境，建设符合中国特色社会主义发展要求的现代化农业经营系统。

10.3 新型农业经营主体发展建议

10.3.1 优化农业产业布局

若想切实解决新型农业经营主体的发展问题，创造良好的发展环境是基础，同时要加大对新型农业经营主体的扶持力度，优化我国农业布局。科学合理的农业产业布局对于建设新型农业经营主体具有相当重要的意义，应从各地区实际出发，充分考虑地区资源优势、产业基础、生态环境与市场需求，坚持因地制宜的原则。在实际中，可以搭建“短期+中期+长期”的农业发展模式，从短期收益产业、中期收益产业、长期收益产业三个方面入手，鼓励当地农业经营主体同时参与到三个不同周期的农业生产当中，从而有效拉长农业生产经营的盈利周期，进而提高收益水平（徐妍、马昭才，2021）。

此外，要充分发挥农业新型经营主体的发展优势，建立“种养结合”“农业+生态旅游”“农业+采摘”等现代农业模式。相关部门应做好以下工作：加大对新型农业经营主体发展的政策宣传力度，使广大农户、合作社管理者了解国家政策，并且有效获得政府的扶持，提高发展的信心，鼓励更多农村居民踊跃参与新型农业经营主体的建设与发展；加大对资金、技术、劳动力等要素的投资，强化农产品生产、信息资源共享，建立新型农业经营主体之间的联系，加大农田基础设施建设投入力度，不断完善新型农业经济组织体系；重点扶持龙头企业、农业合作社提高农产品加工、销售能力，扶持新型农业经营主体夯实生产基础，促进集约化、现代化发展；大力推广和运用国家农业科技成果，尤其是农业生产一体化技术的应用，提升农业经济效益水平。

10.3.2 完善土地流转服务体系

2021 年，农业农村部发布的《农村土地经营权流转管理办法》明确指出，鼓励地方政府设立土地承包经营权流转市场或者农村产权交易市场。由于更多的乡村劳动力涌入城市以及新型农业经营主体的数量不断增加、规模不断扩大，农村土地利用效率不断提高。在此背景下，由政府引导建立农村产权交易服务中心，强化农村土地交易市场的经营，能在一定程度上保证买卖双方的安全，有效防止产权纠纷。此外，可以鼓励农民通过合法途径进行土地流转。基层政府应当建立农村土地经营仲裁委员会负责处理各种纠纷，切实保障农民的合法利益，探究与创造土地流转的稳定机制，防止恶意竞争和哄抬价格的情况发生。完善的土地流转体系和规范的土地交易市场，可以为新型农业经营主体的发展提供保障。政府应当针对当地情况，结合农民意愿，对农户进行合理引导，稳妥推进农村土地流转市场的建设，积极建立综合性农村土地流转有形市场，完善县、乡、村三级土地流转服务体系（杨金广，2022）。土地流转信息平台主要为各乡镇和农村地区的土地供需双方提供信息、签订合同指导等服务。土地流转服务中心为本区域的农民提供信息公开、价格评估、合同签订、法律咨询、纠纷解决、档案管理等全方位的服务，从而形成较为稳定的土地流转关系，促使农村土地流转规范化。要对土地流转的各个环节进行统一的监督和规范，引导农民依法、自愿、有偿流转土地承包经营权。强化农村土地流转的农业发展建设，大力支持龙头企业、专业合作社、集体经济组织、家庭农场等新型经营主体参与，形成“公司（合作社）+基地+农户（家庭农场）”的生产模式。积极探索土地股份合作制的实现形式，采用底金、分红、劳务收入等方式进行土地流转，既能促进农业生产的发展，又能提高农民收入。

10.3.3 完善新型农业经营主体政策服务体系

目前，我国新型农业经营主体的建设处于发展探索阶段，缺乏经验，要使新型农业经营主体健康发展，必须建立健全政策制度体系，充分考虑新型农业经营主体的发展需求和局限性。相关部门要从人才、技术、环境、资金、土地等多方面进行综合考虑，实施扶持政策、优惠政策和补贴政策，如以奖代补、购买服务等。各乡镇要积极争取财政补贴，以最大限度保证资金的供给，切实解决农业合作社、家庭农场等新型农业经营主体发展中存在的资金问题。建议健全扶持家庭农场、农民专业合作社等新型农业经营主体的优惠政策，大力支持和鼓励新型农业的建设。地方政府要积极采取奖补措施，根据当地的实际情况给予农村种植、养殖大户，家庭农场，农民专业合作社，农业企业等新型农业经营主体适当补助，与此同时，对发展较好的新型农业经营主体进行奖励以示鼓励，提高其积极性。政府相关部门要切实落实农业新型经营主体的税收优惠政策，积极引导其参与电子商务、休闲农业、物流等领域，提高新型农业经营主体各个方面的效益，并根据新型农业经营主体的发展趋势，开发符合其业务需求的保险产品。

10.3.4　重视农业人才建设

新型农业经营主体所需的劳动力应具备较高水平的农业综合素质，既有较强的理论知识和农业生产技术，又有较强的实践经验，能在农业专业领域作出突出贡献。从当前农业生产经营主体的状况来看，这一领域的人才十分匮乏。在农业人才建设方面，建议从以下三个方面着手：第一，建立系统的农业产业化人才培训体系，在提高新型农业经营主体法人各项素质的同时，努力培育懂技术、会管理的专业化农业管理人才。第二，支持各地教育培训机构针对新型农业经营主体展开培训，建立高水平的教师队伍，完善教学设施设备，提高教育培训的综合条件，健全教育信息化的教学方法，积极在全国范围建立“产教结合”“创业孵化基地”“农民田间学校”等（于超，2020）。第三，支持大学生、外出务工返乡农民等在农村地区投资创办家庭农场、农民合作社等新型农业经营主体，鼓励农业专业人才回乡发展，为家乡建设、农业发展提供动力，加强对新型农业经营主体的管理，推进涉农科研机构、高等院校等农业技术推广机构和新型农业经营主体之间的长期合作。

10.3.5　建立利益联盟提升服务品质

若想有效解决当前我国新型农业经济发展面临的问题，必须进一步完善农村集体经济组织，加强农民和农业合作社之间的联系，建立利益同盟，增强农业主体的稳定性。农户与合作社的利益关系不确定，可能导致多种经营风险，从而造成农户与合作社之间的信任危机，进而对新型农业经营主体的发展产生不利影响。因此，要积极探索新型农业经营主体发展模式，如：以“农业主体+基地+贫困户”模式为契机，以完善的经营管理机制带动当地的农业生产；保证农户的基本分红，使农户与合作社之间的利益联系更加紧密，提高农民生产的积极性。

应建立多种激励措施，鼓励广大新型农业经营主体带动贫困人口致富，提高农村农民的收入水平。为了进一步发展新型农业合作组织，应开展对周边村庄的调研，建立农户管理档案，对各类新型农业经营主体进行日常监督、指导和跟踪服务。一方面，可以发挥监管作用，为新型农业主体设计合理的规划，不断完善其内部管理和分配体系；另一方面，可以整合项目扶持资金，让具有较大发展空间的农业经营主体获得更多的资金支持，从而推动当地新型农业的发展。

10.3.6 兼顾多种经营主体

发挥不同新型农业经营主体的优势，有效促进我国现代农业的多元化发展。

家庭农场的主要劳动力是家庭成员，通过农业生产取得的收益为家庭的主要经济来源，是一种具有一定规模和技术含量的新型农业经营主体。家庭农场虽然具有很强的连续性，但是其内部组织相对松散，因此应当制定农业发展规划，加强对其理念和技术的指导，努力提高产品品质，推进标准化和规模化经营，真正促进家庭农场的健康发展。

农业合作社经营范围包括种植、加工、服务等，建议在各个环节加强农业合作社与农户之间的联系，把分散在不同地区的小农户结合起来，从而达到扩大规模、降低成本的目的。

10.3.7 重点提升供给能力

要想切实解决新型农业经营主体的发展问题，可以通过不断加强新型农业经营主体的供给能力，提升产品质量、产量和服务，使消费者对新型农业主体有信心。新型农业经营主体可以结合地域特点，打造具有地域特色的农产品品牌。同一品牌能够吸纳更多的小农户、家庭农场、农业合作社，促进新型农业经营主体分享品牌优势，积极规范自身的生产经营。此外，应当大力提倡农业绿色生产，把绿色生产方式与供给、施肥、防治等多个方面有机结合起来，创建“绿色健康”农产品品牌。农业生产运作过程中会产生许多农业生产废弃物，如秸秆、养殖废弃物、猪粪等，可以进一步探索对这些生产废弃物的循环利用，以提高农业资源的利用率，促使农业经营主体获得更多经济收益。

10.3.8 优化金融服务体系

2021 年 5 月，财政部、中央农办等多部门联合印发了《关于金融支持新型农业经营主体发展的意见》，指出金融机构应当为满足一定条件的新型农业经营主体提供免担保的信用贷款支持。在政府的指导下，金融机构要积极向市场渗透，不断提升自身的服务能力。

优化金融服务可以从两个方面入手。第一，金融机构信贷部门可以家庭农场、农民专业合作社等新型农业经营主体为对象，建立信用管理信用体系，在金融产品和服务方式上进行创新，对信用评级好的新型农业经营主体给予合理的授信额度和利率优惠，扩大抵押担保物的范围。采取“共同分险、见贷即保”的金融业务模式，可以有效降低银行的信贷风险，推动“三农”信贷稳步发展。支持家庭农场、农民专业合作社等新型农业经营主体以大型农业机械设备等作为抵押进行贷款，银行要不断创新信贷品种，简化贷款程序，为新型农业经营主体提供高质量的服务（刘婷婷，2022）。在乡镇政府的领导下，金融机构和保险公司积极参加，成立惠农、支农担保机构，对辖区内各个新型农业经营主体的经营状况、信贷情况、信用水平等进行核实。这样既可以帮助一些新型农民解决由于没有实物产权抵押而不能进行贷款的问题，又可以在农村建立健全信贷制度，为新型农业经营主体的长期发展创造有利条件。第二，要大力发展政策性农业保险，拓宽农业保险领域，开发满足新型农业经营主体需要的保险品种，完善农业保险的各项服务，把商业经营与政府补助相结合。加强农业保险的风险管理，尽最大可能降低农业生产经营过程中的风险，保证家庭农场、农民专业合作社等新型经营主体的可持续经营。在统筹城乡发展的道路上，必须培养一批懂经营、会经营的新型农业经营主体，促进农业的规模化、标准化、产业化发展，从而有效推进乡村振兴。

参考文献

［1］班杜拉．思想和行动的社会基础：社会认知论［M］．林颖，译，上海：华东师范大学出版社，2007.

［2］陈飞，翟伟娟．农户行为视角下农地流转诱因及其福利效应研究［J］．经济研究，2015，50（10）：163-177.

［3］陈闻冠．创业人才的素质和识别方法研究［D］．上海：同济大学，2007.

［4］陈向军，莫莉．基于三维资本结构的人才成长评价模型［J］．工业工程与管理，2008（6）：83-88.

［5］陈锡文．实施乡村振兴战略，推进农业农村现代化［J］．中国农业大学学报（社会科学版），2018（35）：5-12.

［6］程聪．创业者心理资本与创业绩效：混合模型的检验［J］．科研管理，2015，36（10）：85-93.

［7］程华，卢凤君，谢莉娇．农业产业链组织的内涵、演化与发展方向［J］．农业经济问题，2019（12）：118-128.

［8］邓大才．社会化小农：一个尝试的分析框架：兼论中国农村研究的分析框架［J］．社会科学研究，2012（4）：89-96.

［9］邓娜，汪发元，柯凤英，等．农业创业教育培训不同模式效果比较分析［J］．湖北农业科学，2014，53（18）：4505-4510.

［10］段远鹏．创业人才培养系统研究［J］．科学管理研究，2008，26（6）：70-73.

［11］房路生，顾颖，张晓宁．企业家社会资本与企业创业绩效关系：基于陕西省经验的实证分析［J］．生态经济，2010（4）：114-119.

［12］盖豪，颜廷武，张俊飚．感知价值，政府规制与农户秸秆机械化持续还田行为：基于冀、皖、鄂三省1288份农户调查数据的实证分析［J］．中国农村经济，2020（8）：106-123.

[13] 高小锋，魏凤．创业环境对农民新创企业绩效的影响［J］．贵州农业科学，2014，42（3）：223-227.

[14] 郭军盈．我国农民创业的区域差异研究［J］．经济问题探索，2006（6）：70-75.

[15] 郭庆海．新型农业经营主体功能定位及成长的制度供给［J］．中国农村经济，2013（4）：4-11.

[16] 郭庆海．小农户：属性、类型、经营状态及其与现代农业衔接［J］．农业经济问题，2018（6）：25-37.

[17] 郭艳平，谭莹．新农人成长的影响因素及政策路径［J］．农业经济，2016（4）：68-69.

[18] 国务院第三次全国农业普查领导小组办公室，国家统计局．中国第三次全国农业普查综合资料［M］．北京：中国统计出版社，2019：241.

[19] 韩剑鸣．农村电子商务供应链发展模式及定价探讨［J］．商业时代，2013（17）：43-45.

[20] 韩喜艳，刘伟，高志峰．小农户参与农业全产业链的选择偏好及其异质性来源：基于选择实验法的分析［J］．中国农村观察，2020（2）：81-99.

[21] 韩旭东，杨慧莲，郑风田．乡村振兴背景下新型农业经营主体的信息化发展［J］．改革，2018（10）：120-130.

[22] 韩俊．中国农民工战略问题研究［M］．上海：上海远东出版社，2009.

[23] 韩朝华．个体农户和农业规模化经营：家庭农场理论评述［J］．经济研究，2017，52（7）：184-199.

[24] 韩庆龄．村社统筹：小农户与现代农业有机衔接的组织机制［J］．南京农业大学学报（社会科学版），2020，20（3）：34-43.

[25] 何秀荣．关于我国农业经营规模的思考［J］．农业经济问题，2016，37（9）：4-15.

[26] 何燕玲．“淘宝村”及新农人现象解析：遂昌模式带来的启示［J］．人力资源管理，2018（2）：176-178.

[27] 黄洁，蔡根女，买忆媛．农村微型企业：创业者社会资本和初

创企业绩效［J］. 中国农村经济，2010（5）：65-73.

［28］黄洁. 基于创业者社会资本的农村微型企业创业研究［J］. 中国农村经济，2010（5）：65-73.

［29］黄梅，吴国蔚. 人才生态链的形成机理及对人才结构优化的作用研究［J］. 科技管理研究，2008（11）：189-191.

［30］黄祖辉，俞宁. 新型农业经营主体：现状、约束与发展思路：以浙江省为例的分析［J］. 中国农村经济，2010（10）：16-26，56.

［31］黄祖辉. 改革开放四十年：中国农业产业组织的变革与前瞻［J］. 农业经济问题，2018（11）：61-69.

［32］黄天辰，韩京才. 基于Agent技术的CAS分析与建模［J］. 计算机仿真，2005，22（9）：58-60.

［33］黄群慧. 企业家激励约束与国有企业改革［M］. 北京：中国人民大学出版社，2000.

［34］黄宗智. 华北的小农经济与社会变迁［M］. 北京：中华书局，2000.

［35］胡银根，杨春梅，董文静，等. 基于感知价值理论的农户宅基地有偿退出决策行为研究：以安徽省金寨县典型试点区为例［J］. 资源科学，2020，42（4）：685-695.

［36］胡迪，杨向阳，王舒娟. 大豆目标价格补贴政策对农户生产行为的影响［J］. 农业技术经济，2019（3）：16-24.

［37］胡雯，张锦华，陈昭玖. 小农户与大生产：农地规模与农业资本化：以农机作业服务为例［J］. 农业技术经济，2019（6）：82-96.

［38］胡乃娟，孙晓玲，许雅婷，等. 基于Logistic-ISM模型的农户有机肥施用行为影响因素及层次结构分解［J］. 资源科学，2019，41（6）：1120-1130.

［39］胡恺丽，卫晓霞，班纬，等. 农户参与订单农业行为及其影响因素研究［J］. 科技和产业，2019（5）：17-23.

［40］胡江霞，文传浩. 人力资本、社会网络与移民创业绩效：基于三峡库区的调研数据［J］. 软科学，2016，30（3）：36-40.

［41］胡俊波. 农产品电子商务发展模式研究：一个模式构想［J］. 农村经济，2011（11）：11.

［42］霍雨佳．市场化服务缺失下小农户与产业组织的深度融合研究:基于农业产业集群的小农户转型升级思考［J］．农村经济，2018（12）：79-85.

［43］侯晶，侯博．农户订单农业参与行为及其影响因素分析［J］．湖南农业大学学报（社会科学版），2018（2）：17-24.

［44］姜维军，颜廷武．能力和机会双轮驱动下农户秸秆还田意愿与行为一致性研究：以湖北省为例［J］．华中农业大学学报（社会科学版），2020（1）：47-55，163-164.

［45］姜安印，陈卫强．小农户存在的价值审视与定位［J］．农业经济问题，2019（7）：73-83.

［46］姜安印，杨志良．小农户的道德伦理能保证农产品质量安全吗：基于226份肉羊养殖户的调查数据［J］．江西财经大学学报，2021（1）：91-103.

［47］姜长云．农业产业化龙头企业在促进农村产业融合中的作用［J］．农业经济与管理，2017（2）：5-10.

［48］蒋剑勇，郭红东．创业氛围、社会网络和农民创业意向［J］．中国农村观察，2012（2）：20-27.

［49］金媛，王世尧．政府脱贫目标与农户行为选择偏差：理论与产业扶贫项目的经验证据［J］．财经研究，2019，45（6）：29-41.

［50］柯江林，孙健敏，石金涛，等．人力资本、社会资本与心理资本对工作绩效的影响：总效应、效应差异及调节因素［J］．管理工程学报，2010，24（4）：29-35，47.

［51］乐冬．基于统筹城乡信息平台的农产品电子商务模式研究［D］．北京：中国农业科学院，2012.

［52］黎常．社会文化特征对区域创业活动影响差异研究［J］．科学学研究，2014，32（12）：1888-1896.

［53］李波．大力培育新型农业经营主体 构建农业农村发展新动能［J］．中国农机监理，2022（5）：18-19.

［54］李宏彬，李杏，姚先国，等．企业家的创业与创新精神对中国经济增长的影响［J］．经济研究，2009（10）：99-108.

［55］李宏，郑天佑．新型农业经营主体发展的现状、困境与对策［J］．安徽农业科学，2021，49（13）：224-228，235.

［56］李菁，欧良锋．买方市场、农地产权冲突与大规模农地流转困境：以安徽省五河县訾湖村为例［J］．农村经济，2014（6）：31-35.

［57］李援越，吴国蔚．基于生态学的高技能人才开发研究［J］．科技管理研究，2010（16）：134-138.

［58］李文媛．小农户与现代农业发展有机衔接路径研究［D］．沈阳：辽宁大学，2021.

［59］李云新，王晓璇．农民专业合作社行为扭曲现象及其解释［J］．农业经济问题，2017（4）：14-22.

［60］李奕妤，刘辉．小农户与现代农业发展有机衔接的模式研究：以汨罗市为例［J］．湖南农业科学，2021（10）：103-107.

［61］李月．东湖国家自主创新示范区人才生态系统研究［D］．武汉：华中科技大学，2012.

［62］李月，徐顽强．生态学视角下的高新区人才生态系统要素研究［J］．学术论坛，2012，35（6）：80-83.

［63］李仲科，曾燕红，邓晨．关于小农户与现代农业的衔接探究［J］．山西农经，2021（13）：149-150.

［64］李志刚．扎根理论方法在科学研究中的运用分析［J］．东方论坛，2007（4）：90-94.

［65］林嵩．创业生态系统：概念发展与运行机制［J］．中央财经大学学报，2011（4）：58-62.

［66］林乐芬，法宁．新型农业经营主体融资难的深层原因及化解路径［J］．南京社会科学，2015（7）：150-156.

［67］凌守兴．我国农村电子商务产业集群形成及演进机理研究［J］．商业研究，2015（1）：104-109.

［68］刘闯，仝志辉，陈传波．小农户现代农业发展的萌发：农户间土地流转和三种农地经营方式并存的村庄考察：以安徽省D村为个案分析［J］．中国农村经济，2019（9）：30-47.

［69］刘畅，齐斯源，王博．创业环境对农村微型企业创业绩效引致路径的实证分析：基于东北地区实地调研数据［J］．农业经济问题，2015（5）：104-112.

［70］刘畅，王博，王馨．农村微型企业创业环境对创业绩效影响的

实证研究［J］. 农业现代化研究，2015，36（4）：636-642.

［71］刘国刚．我国农村新型农业经营主体的发展现状及存在问题研究［J］. 农村经济与科技，2018，29（4）：218，220.

［72］刘强，刘浩源．农业创业型本科人才培养的途径探索［J］. 中国高教研究，2008（8）：61-62.

［73］刘同山，孔祥智．小农户和现代农业发展有机衔接：意愿、实践与建议［J］. 农村经济，2019（2）：1-8.

［74］刘婷婷．新型农业经营主体培育及其组织模式创新研究［J］. 山西农经，2022（10）：54-56.

［75］刘婷婷．新型农业经营主体的融资困境与金融支农改革路径［J］. 农村经济，2016（3）：73-77.

［76］刘云，陈德棉，谢胜强．创业人才素质的不同境界研究［J］. 现代管理科学，2011（1）：5-7.

［77］陆利军，何建雄．财政扶持新型农业经营主体发展路径探索：以湖南省为例［J］. 中国农业信息，2016（10）：15-16.

［78］芦千文，苑鹏．农业农村现代化中的小农户发展动态与衔接机制研究［J］. 江淮论坛，2021（4）：60-67.

［79］卢洋啸，孔祥智．改革开放以来小农户与现代农业有机衔接的探索：文献综述视角［J］. 经济体制改革，2019（6）：89-95.

［80］路逸妃，窦学诚．产业链视角下农民专业合作社整合与提升研究［J］. 农业科技管理，2019（4）：50-53.

［81］罗宗艳．小农户与现代农业有机衔接思考［J］. 合作经济与科技，2021（23）：40-41.

［82］罗明忠，陈明．人格特质、创业学习与农民创业绩效［J］. 中国农村经济，2014（10）：62-75.

［83］罗浩轩．中国农业资本深化对农业经济影响的实证研究［J］. 农业经济问题，2013（9）：4-14.

［84］马驰，喻文婷．农民创业的 SWOT 分析［J］. 福建讲坛，2007（12）：110.

［85］孟丽，钟永玲，李楠．我国新型农业经营主体功能定位及结构演变研究［J］. 农业现代化研究，2015，36（1）：41-45.

［86］穆燕鸿，王杜春，迟凤敏．基于结构方程模型的农村电子商务影响因素分析：以黑龙江省 15 个农村电子商务示范县为例［J］．农业技术经济，2016（8）：106-118.

［87］农业部农村经济体制与经营管理司课题组．农业供给侧结构性改革背景下的新农人发展调查［J］．中国农村经济，2016（4）：2-11.

［88］普特曼，克罗茨纳．企业的经济性质［M］．上海：上海财经大学出版社，2000.

［89］恰亚诺夫．农民经济组织［M］．北京：中央编译出版社，1996.

［90］秦剑，张玉利．社会资本对创业企业资源获取的影响效应研究［J］．当代经济科学，2013，35（2）：96-106.

［91］亓莱滨．李克特量表的统计学分析与模糊综合评判［J］．山东科学，2006，19（2）：18-23.

［92］曲建勋．农民的产生及其发展对策［J］．职业时空，2005（18）：20-21.

［93］屈小博．培训对农民工人力资本收益贡献的净效应：基于平均处理效应的估计［J］．中国农村经济，2013（8）：55-64.

［94］阮文彪．小农户和现代农业发展有机衔接：经验证据、突出矛盾与路径选择［J］．中国农村观察，2019（1）：15-32.

［95］阮荣平，曹冰雪，周佩，等．新型农业经营主体辐射带动能力及影响因素分析：基于全国 2615 家新型农业经营主体的调查数据［J］．中国农村经济，2017（11）：17-32.

［96］孙红霞，郭霜飞，陈浩义．创业自我效能感、创业资源与农民创业动机［J］．科学学研究，2013，31（12）：1879-1888.

［97］孙圣红．小农户与现代农业衔接的突出问题及应对策略［J］．农业经济，2020（10）：18-19.

［98］宋达佑．我国农村电子商务运营模式优化研究［D］．武汉：华中师范大学，2016.

［99］商华，王苏懿．价值链视角下企业人才生态系统评价研究［J］．科研管理，2017，38（1）：153-160.

［100］沈邦仪．关于人才生态学的几个基本概念［J］．人才开发，2003（12）：22-23.

[101] 盛宇飞，李明．小农户与现代农业的有机衔接路径研究［J］. 山西农经，2021（13）：157-158.

[102] 石智雷，谭宇，吴海涛．返乡农民工创业行为与创业意愿分析［J］. 中国农村观察，2010（5）：25-47.

[103] 舒尔茨．改造传统农业［M］. 北京：商务印书馆，1987.

[104] 谭跃进，邓宏钟．CAS 理论及其应用研究［J］. 系统工程，2001，19（5）：1-6.

[105] 唐林，罗小锋，张俊飚．社会监督、群体认同与农户生活垃圾集中处理行为：基于面子观念的中介和调节作用［J］. 中国农村观察，2019（2）：18-33.

[106] 唐靖，姜彦福．初生型创业者职业选择研究：基于自我效能的观点［J］. 科学学与科学技术管理，2007（10）：180-185.

[107] 田霖．扎根理论评述及其实际应用［J］. 经济研究导刊，2012（10）：224-225.

[108] 田喜洲，谢晋宇．人力资本、社会资本及心理资本对员工绩效和工作态度的影响差异［J］. 科学学与科学技术管理，2012，33（8）：174-180.

[109] 汪爱娥，包玉泽．农业产业组织与绩效综述［J］. 华中农业大学学报（社会科学版），2014（4）：23-30.

[110] 汪发元．中外新型农业经营主体发展现状比较及政策建议［J］. 农业经济问题，2014，35（10）：26-32，110.

[111] 汪向东．“新农人”与新农人现象［J］. 新农业，2014（2）：18-20.

[112] 王迪，王迎军，秦剑，等．高层领导者心理资本和社会资本对企业绩效的影响研究［J］. 管理学报，2015，12（5）：687-695.

[113] 王慧，易自力，任湘．社会主义新农村建设与农业创业型人才的培养［J］. 中国电力教育，2008，7（13）：26-28.

[114] 王莉，赵一夫，刘慧．粮食定价机制改革背景下农户生产决策行为研究［J］. 经济与管理，2019，33（3）：36-42.

[115] 王睿．企业微博营销影响因素与短期效果测量研究［D］. 北京：北京邮电大学，2012.

[116] 王进．高层次创业人才评价指标体系亟待完善［J］. 中国人

才，2014（7）：54-55.

［117］王晓文，张玉利，杨俊．基于能力视角的创业者人力资本与新创企业绩效作用机制研究［J］．管理评论，2012，24（4）：76-93.

［118］王亚娟．大学生创业生态系统概念模型研究［J］．中国成人教育，2017（2）：29-33.

［119］王征兵．论新型农业经营体系［J］．理论探索，2016（1）：96-102.

［120］王志杰．区域科技创业系统的运行机制及政策研究［D］．南京：东南大学，2015.

［121］文亮，刘炼春，李海珍．中小企业创业者能力与创业绩效关系的实证研究［J］．系统工程，2011，29（11）：78-83.

［122］吴石磊，王学真．创业投资引导基金与现代农业发展对接机制研究［J］．求是学刊，2016，43（6）：67-73.

［123］吴艳，温忠麟．结构方程建模中的题目打包策略［J］．心理科学进展，2011，19（12）：1859-1867.

［124］伍音子．新型农业经营主体培育：现状、问题与路径创新［J］．现代农业研究，2022，28（2）：12-14.

［125］项国鹏，宁鹏，罗兴武．创业生态系统研究述评及动态模型构建［J］．科学学与科学技术管理，2016，37（2）：79-87.

［126］谢平，罗昆，孙文学．农业创业培训机构跟踪服务农民存在的矛盾与建议：以湖北省为例［J］．江苏农业科学，2014，42（5）：422-424.

［127］谢文帅．中国小农户和现代农业发展有机衔接研究［D］．长春：吉林大学，2022.

［128］解蕴慧，张一弛，高萌萌．谁会成为创业者：主动性人格及社会资本对创业意愿的影响［J］．南京大学学报（哲学·人文科学·社会科学），2013（2）：148-156.

［129］熊彼特．经济发展理论［M］．北京：商务印书馆，1990.

［130］熊彼特．资本主义、社会主义与民主［M］．北京：商务印书馆，1999.

［131］徐妍，马昭才．新型农业经营主体高质量发展问题研究与对策［J］．农村经济与科技，2021，32（24）：288-290.

[132] 徐勇．农民理性的扩张："中国奇迹"的创造主体分析：对既有理论的挑战及新的分析进路的提出 [J]．中国社会科学，2010（1）：103-118.

[133] 徐旭初，吴彬．合作社是小农户和现代农业发展有机衔接的理想载体吗？[J]．中国农村经济，2018（11）：80-95.

[134] 杨金广．关于新型农业经营主体发展的思考 [J]．河南农业，2022（4）：54-55.

[135] 杨玲丽．共生理论在社会科学领域的应用 [J]．社会科学论坛，2010（16）：149-157.

[136] 杨勇，王志杰．区域科技创业生态系统运行机制及政策仿真研究 [J]．科学学与科学技术管理，2014，35（12）：99-108.

[137] 杨永珍．新型农业经营主体发展存在问题与对策措施探讨 [J]．中国农业信息，2017（7）：17-19.

[138] 叶敬忠，张明皓．"小农户"与"小农"之辩：基于"小农户"的生产力振兴和"小农"的生产关系振兴 [J]．南京农业大学学报（社会科学版），2019（19）：1-12.

[139] 叶敬忠，豆书龙，张明皓．小农户和现代农业发展：如何有机衔接？[J]．中国农村经济，2018（11）：64-79.

[140] 于超．发展新型农业经营主体 打造现代农业生力军 [J]．农业科技通讯，2020（9）：49-50，231.

[141] 余晓洋，郭庆海．小农户嵌入现代农业：必要性、困境和路径选择 [J]．农业经济与管理，2019（4）：10-17.

[142] 原驰．电子商务服务业集聚区演化发展研究 [D]．大连：大连理工大学，2016.

[143] 霍兰 H. 隐秩序：适应性造就复杂性 [M]．周晓牧，韩晖，译．上海：上海科技教育出版社，2011.

[144] 左晶晶，谢晋宇．社会网络结构与创业绩效：基于 270 名科技型大学生创业者的问卷调查 [J]．研究与发展管理，2013，25（3）：64-73.

[145] 张海鹏，曲婷婷．农地经营权流转与新型农业经营主体发展 [J]．南京农业大学学报（社会科学版），2014，14（5）：70-75，83.

[146] 张红宇．中国现代农业经营体系的制度特征与发展取向 [J].

中国农村经济，2018（1）：23-33.

［147］张洪霞．新生代农民工社会融合的内生机制创新研究：人力资本、社会资本、心理资本的协同作用［J］．农业现代化研究，2013，34（4）：412-416.

［148］张慧鹏．现代农业分工体系与小农户的半无产化：马克思主义小农经济理论再认识［J］．中国农业大学学报（社会科学版），2019，36（1）：16-24.

［149］张玲斌，董正英．创业生态系统内的种间协同效应研究［J］．生态经济，2014，30（5）：103-105.

［150］张健，姜彦福，林强．创业理论研究与发展［J］．动态经济学动态，2003（5）：71-74.

［151］张敬伟，马东俊．扎根理论研究法与管理学研究［J］．现代管理科学，2009（2）：115-117.

［152］张鹏，邓然，张立琨．企业家社会资本与创业绩效关系研究［J］，科研管理，2015，36（8）：120-128.

［153］张晓燕．美日两国农业电子商务发展的经验与启示［J］．经济纵横，2011（9）：106-109.

［154］张新光．关于小农经济的理论争论与现实发展［J］．农业经济问题，2008（4）：95-100.

［155］张雪占．基于流通视角的新农人培育路径探究［J］．农业经济，2018（4）：73-74.

［156］张毅，石玉，李兴桃，等．农科院校创新创业型人才培养模式探索：以山西农业大学本科生寿光创业实践为例［J］．高等农业教育，2015（10）：43-46.

［157］张永安，李晨光．CAS 应用领域研究展望［J］．管理评论，2010，22（5）：121-128.

［158］张悦．农产品供应链变革对小农户的影响及我国的对策［J］．宏观经济研究，2012（9）：100-105.

［159］张照新，赵海．新型农业经营主体的困境摆脱及其体制机制创新［J］．改革，2013，228（2）：78-87.

［160］张治栋，荣兆梓．创业氛围的演化与突破［J］．安徽大学学报

(哲学社会科学版), 2009, 33 (2): 116-122.

[161] 郑风田. 制度变迁与中国农民经济行为 [M]. 北京: 中国农业科技出版社, 2000.

[162] 郑黎阳, 张心灵. 社会资本、信息可得性与农户订单农业参与行为: 来自内蒙古534户种植户调研问卷 [J]. 干旱区资源与环境, 2021 (2): 28-33.

[163] 周方涛. 基于AHP-DEA方法的区域科技创业人才生态系统评价研究 [J]. 管理工程学报, 2013, 27 (1): 8-14.

[164] 周婷. 创业人才培养研究综述与发展趋势 [J]. 经营管理者, 2010 (13): 195-195.

[165] 周稽裘. 再建农村教育的伟大工程 [J]. 中国职业技术教育, 2012 (4): 18-22.

[166] 周静, 曾福生, 张明霞. 农业补贴类型、农业生产及农户行为的理论分析 [J]. 农业技术经济, 2019 (5): 75-84.

[167] 周小虎, 毕轲. 创业生态系统对海归创业人才效能的影响: 以江苏省为例 [J]. 技术经济, 2017, 36 (8): 76-84.

[168] 周小虎, 姜凤, 陈莹. 企业家创业认知的积极情绪理论 [J]. 中国工业经济, 2014, 371 (8): 135-147.

[169] 周月书, 笪钰婕, 于莹. "互联网+农业产业链" 金融创新模式运行分析: 以大北农生猪产业链为例 [J]. 农业经济问题, 2020 (1): 94-103.

[170] 周志超. 新时代农业供给侧结构性改革研究: 以南宁市为例 [J]. 经济论坛, 2018 (1): 49-52.

[171] 赵浩兴, 张巧文. 农村微型企业创业者人力资本对创业绩效的影响研究: 以创业效能感为中介变量 [J]. 科技进步与对策, 2013, 30 (12): 151-156.

[172] 赵頔, 陈璐. 关于构建高校创新创业人才教育生态系统的探讨 [J]. 中国大学生就业, 2015 (10): 48-54.

[173] 朱红根, 解春艳. 农民工返乡创业企业绩效的影响因素分析 [J]. 中国农村经济, 2012 (4): 36-46.

[174] 朱明芬. 农民创业行为影响因素分析: 以浙江杭州为例 [J].

中国农村经济，2010（3）：25-34.

［175］朱江，伍聪．基于 Agent 的计算机建模平台的比较研究［J］．系统工程学报，2005，20（2）：160-166.

［176］朱荣．基于扎根理论的产业集群风险问题研究［J］．会计研究，2010（3）：44-96.

［177］仲理峰．心理资本研究评述与展望［J］．心理科学进展，2007，15（3）：482-487.

［178］ABDULLAHAA，SULAIMAN N N. Factors that influence the interest of youths in agricultural entrepreneurship［J］. International Journal of Business & Social Science，2013，4（3）：288-320.

［179］ABDUL G，MUBASHIR M，BURHAN A，et al. Analyzing farmers' preferences for traditional and model cattle markets in Punjab，Pakistan［J］. Pakistan journal of agricultural sciences，2017（54）：949-954.

［180］AGGELOPOULOS S，PAVLOUDI A，GALANOPOULOS K. Geographical development of agricultural entrepreneurship：the case of pig farming in Greece［J］. Journal of development and agricultural economics，2011，3（2）：48-55.

［181］BARNUM H N，SQUIRE L. An econometric application of the theory of the farm-household［J］. Journal of development economics，1979（7）：79-102.

［182］BECKER G S. A theory of the allocation of time［J］. Economic journal，1965（9）：493-517.

［183］CAROLIS D，LITZKY B，EDDLESTON K. Why networks enhance the progress of new venture creation：the influence of social capital and cognition［J］. Entrepreneurship theory and practice，2009，33（5）：527-546.

［184］COHEN B. Sustainable valley entrepreneurial ecosystems［J］. Business strategy and the environment，2006，15（1）：1-14.

［185］DOLLISSO A. Integrating agricultural entrepreneurship into high school agriculture curriculum［J］. Journal of agricultural education，2010，51（3）：125-133.

［186］EMMANUEL S. Using shadow wages to estimate labor supply of agricultural household［J］. American journal of agricultural economics，1994（5）.

[187] FAUCHART E, GRUBER M. Darwinians, Communitarians and Missionaries: the role of founder identity in entrepreneurship [J]. Academy of management journal, 2011, 54 (5): 935-957.

[188] FOSTER G, SHIMIZU C. Entrepreneurial ecosystems around the globe and company growth dyna- mics [R]. Geneva: World Economic Forum, 2013.

[189] GARTNER W B. A conceptual framework for describing the phenomenon of firm creation [J]. Academy of management review, 1985, 10 (4): 696-706.

[190] GIDEON D M, ROBERT A B. Person-entrepreneurship fit: why some people are more successful as entrepreneurs than others [J]. Human resource management review, 2003 (13): 281-301.

[191] GLANSDORFF P, PIRGOIGNE I. Thermodynamics theory of structure, stabilityand fluctuations [M]. New York: Wiley-Interscience, 1971.

[192] GLASER B G, STRAUSS A L. The discovery of grounded theory: strategies for qualitative research [M]. New York: Aldine, 1967.

[193] HANNAN M T, FREEMAN J H. The population ecology of organization [J]. American journal of sociology, 1977 (82): 929-964.

[194] HARTMAN H. Managers and entrepreneurs: a useful distinction [J]. Administrative science quarterly, 1959 (3): 429-451.

[195] HAYTER C S. Constraining entrepreneurial development: a knowledge-based view of social networks among academic entrepreneurs [J]. Research policy, 2016, 45 (2): 475-490.

[196] HMIELESKI K M, CARR J C, BARON R A. Integrating discovery and creation perspectives of entrepreneurial action: the relative roles of founding CEO human capital, social capital, and psychological capital in contexts of risk versus uncertainty [J]. Strategic entrepreneurship journal, 2016, 9 (4): 289-312.

[197] HOLLAND J H. Complex adaptive system [M]. Reading: Addison Wesley, 1995.

[198] HORNADAY J A, ABOUD J. Characteristics of successful entrepreneurs [J]. Personnel psychology, 1971, 24: 141-153.

[199] HUSSIN M R M, KARIA N, ALIHAMID A J. Small farmers and

factors that motivate them towards agricultural entrepreneurship activities [J]. Journal of agribusiness marketing. 2012 (5): 47-60.

[200] SENGER IGOR, JOAO AUGUSTO ROSSI BORGES, JOAO ARMANDO DESSIMON MACHADO. Using structural equation modeling to identify the psychological factors influencing dairy farmers' intention to diversify agricultural production [J]. Livestock science, 2017 (203): 97-105.

[201] IRELAND R, HITT M, CAMP S, et al. Integrating entrepreneurship and strategic management actions to create firm wealth [J]. Academy of management executive, 2001, 15 (1): 49-63.

[202] ISENBERG D. Introducing the entrepreneurship ecosystem: four defining characteristics [J]. Forbes, 2011 (5): 25-31.

[203] ISENBERG D J. How to start an entrepreneurial revolution [J]. Harvard business review, 2010, 88 (6): 40-50.

[204] KOLTAI R. Ghana entrepreneurial ecosystem analysis [R]. London: Prepared for the United Kingdom's Department for International Development, 2013.

[205] LAUWERE C C. The role of agricultural entrepreneurship in Dutch agriculture of today [J]. Agricultural economics, 2015 , 33 (2) : 229-238.

[206] LOUW A, VERMEULEN H, KIRSTEN J, et al. Securing small farmer participation in supermarket supply chains in South Africa [J]. Development southern Africa, 2007, 24 (4): 539-551.

[207] LUTHANS F, YOUSSEF C M. Human social and now positive psychological capital management: investing in people for competitive advantage [J]. Organizational dynamics, 2004, 33 (2): 143-160.

[208] LUTHANS F, LUTHANS K, LUTHANS B. Positive psychological capital: going beyond human and social capital [J]. Business horizons, 2004, 47 (1): 45-50.

[209] LUTHANS F, AVOLIO B J, AVEY J B, et al. Positive psychological capital: measurement and relationship with performance and satisfaction [J]. Personnel psychology , 2007 , 60 (30): 541-572.

[210] MASON C, BROWN R. Entrepreneurial ecosystems and growth oriented entrepreneurship [R]. Paris: Final Report to OECD, 2014.

[211] MILL J S. Principles of political economy with some of their applications to social philosophy [M]. London: John W. Parker. 1848.

[212] MOORE J F. Predators and prey: a new ecology of competition [J]. Harvard business review, 1993, 71 (3): 75-83.

[213] MOORE J F. The death of competition: leadership and strategy in the age of business ecosystems [M]. New York: Harper Business, 1996.

[214] NIGEL K, ELASABETH S, ALAIN D J. Transactions costs and agricultural household supply response [J]. American journal of agricultural economics, 2000 (5): 245-259.

[215] NOBUYUKI H. Who succeeds as an entrepreneur? An analysis of the post-entry performance of new Firms in Japan [J]. Japan and the world economy, 2003 (15): 211-222.

[216] ODUM E P. The strategy of ecosystem development [J]. Science, 1969 (164): 262-270.

[217] OCHIENG D O, VEETTIL P C, QAIM M. Farmers' preferences for supermarket contracts in Kenya [J]. Food policy, 2017 (68): 100-111.

[218] PALMER M. The application of psychological testing to entrepreneurial potential [J]. California management review, 1971, 13 (3): 38-54.

[219] PHAIBUN Y, CHUENJIT A. A model of farmers intentions towards organic farming: a case study on rice farming in Thailand [J]. Journal article, 2020 (6): 30-39.

[220] POMEROY L R, et al. Concepts of ecosystem ecology [M]. New York: Springer-Verlag, 1988.

[221] RAFIA AFROZ, MUHIBBULLAH M D, MOHAMMED NIAZ MORSHED. Factors affecting the intention of the rice farmers to adopt the integrated cash waqf environmental protection model: an empirical study in Kedah Malaysia [J]. Journal of Asian finance economics and business, 2019 (6): 189-199.

[222] RICKLEFS R E. Ecology [M]. London: Chiron Press, 1973.

[223] SCHIPMANN C, QAIM M. Supply chain differentiation, contract agriculture, and farmers' marketing preferences: the case of sweet pepper in

Thailand [J]. Food policy, 2011, 36 (5): 667-677.

[224] SCHUMPETER J A. The theory of economic development [M]. Cambridge: Harvard University Press, 1934.

[225] SEQUEIRA J, MUELLER S L, MCGEE J E. The influence of social ties and self-efficacy in forming entrepreneurial intentions and motivating nascent behavior [J]. Journal of developmental entrepreneurship, 2007, 12 (3): 275-293.

[226] SHANE S A. Who is publishing the entrepreneurship research? [J]. Journal of management, 1997 (23): 83-95.

[227] SHANE S, VENKATRAMAN S. The promise of entrepreneurship as a field of research [J]. Academy of management review, 2000, 25: 217-226.

[228] SPILLING R. The entrepreneurial system: on entrepreneurship in the context of a mega-event [J]. Journal of business research, 1996, 36 (1): 91-103.

[229] STRAUSS J. Determinatants of food consumption in rural Serra Leone: an application of the quadratic expenditure system to the consumption leisure component of a household-firm model [J]. Journal of development economics, 1982 (3): 327-353.

[230] STEVENSON H, ROBERTS M, GROUSBECK H. New business ventures and the entrepreneur [M]. New York: McGraw-Hill, 1994.

[231] TANSLEY A G. The use and abuse of vegetational concepts and terms [J]. Ecology, 1935, 16 (3): 284-307.

[232] VOGEL P. The employment outlook for youth: building entrepreneurship ecosystems as a way forward [C]. Saint Petersbury: Conference Proceeding of the G20 Youth Forum, 2013.

[233] VON M, LUDWIG. Human action: a treatise on economics [M]. New Haven: Yale University Press, 1949.

[234] WINTER D G. The power motive [M]. New York: Free Press, 1973.

[235] WOODWARD W. A social network theory of entrepreneurship: an empirical study [M]. University of North Carolina at Chapel Hill, 1988.

[236] WOOLDRIDGE M J, JENNINGS N R. Intelligent agent: theory and practice [J]. Knowledge engineering review, 1995, 10 (2): 115-152.

附录　开放性编码分析表

附表1　开放性编码分析表

编号	原始资料信息	概念化
A1	现在办个企业比以前容易多了，很多流程都简化了，而盖章注册什么的效率都很高	工作人员办公效率较高
A2	我们预估明年的产值是一千万元，我们大家都非常有信心，都非常努力地工作	努力实现目标
A3	我刚开始创业那会儿，得到处跑业务，别人凭什么用你的产品，你不会来事儿不行，要广交好友，说不定哪个朋友就给你介绍客户了呢	社交能力
A4	肯定要有沟通能力啊，我们天天跟农民、客户、供应商打交道，不会沟通怎么行	沟通能力
A5	很多人感觉创业很难，不知道如何着手，如果有相关的创业服务机构为他们提供指导和服务，就不会轻易放弃创业了	信息咨询服务
A6	别看我们靠土地吃饭，卖东西的时候门道可多了，我们隔壁村的老刘跟我们搞一样的东西，质量还不如我们家，卖的价格可比我们高	市场公平公正
A7	在创业过程中，肯定会遇到各种各样的问题，但我一直都觉得没有什么是解决不了的	任何问题都能解决
A8	企业所在地的政府相关部门应给予农业创业企业税收方面的优惠，这有助于创业企业快速成长	优惠的税收政策
A9	成立企业组织还涉及挺多法律方面的知识，我在成立之前会进行相关方面的咨询和学习	创业法律指导
A10	我们还是要与政府人员搞好关系，毕竟我们有很多业务、流程需要与他们打交道	与政府人员的关系
A11	我认为农业创业人才要有很强的学习能力，毕竟这个时代瞬息万变，稍有懈怠就可能跟不上形势，得时刻保持学习的心态，活到老学到老	学习能力
A12	完善的融资政策不仅能帮助创业者获得资金，也能减少创业失败带来的损失	完善的融资政策

续表

编号	原始资料信息	概念化
A13	办企业一定要在交通便利的地区，这样才能及时地运输原材料、产品，而且现在有专门的运输公司，根本不需要自己来搞	交通便利
A14	我们那边很多银行愿意贷款给企业，而在利息上还有优惠啥的	容易获得低息贷款
A15	身体是革命的本钱，身体健康才能开展事业啊	身体健康
A16	也不是一帆风顺，2011 年那会儿我们就亏损了几百万元，但是我们没有想过放弃，咬牙挺了过来	克服挫折
A17	不同地区的文化氛围也能影响一个人是否创业，像温州这种地区有鼓励大家创业的文化和氛围，创业的人自然就多，创业成功率也高	当地文化鼓励创业
A18	我在创业中会时刻保持充沛的精神，这样才能给我的员工和团队传递积极的能量	工作时精力充沛
A19	要随机应变，谁知道会发生什么情况，你得及时变通	应变能力
A20	有一些农产品的种植和采摘依靠水电资源或者设备，因此在水电便利的地区创办企业能够降低成本	水电便利
A21	我觉得自己对公司未来的规划和目标是正确的	目标正确
A22	受过高等教育当然具备更强的素质和能力，我了解的农业创业人才学历普遍较高	学历较高
A23	我以前在一家私企做过管理，在管理方面还是有一些经验的，这对我现在创业帮助挺大的	管理经验
A24	创业能力不是与生俱来的，可以经过后天的学习和培训，对创业人才开展相关创业培训还是很有帮助的	参加创业培训
A25	我认为农业创业人才应具备管理方面的知识，毕竟创办企业离不开日常的经营和管理	管理知识
A26	我们这里土质老好了，种出来的大米又软又香，没通路那会儿，人们不找我们买，说是光油费都得上万元，种再好有啥用，卖不出去	方便销售产品
A27	感觉一下子大家都去创业了，我周围的同学、朋友也都在创业	参与创业的人较多
A28	我以前在一个养鸡场打过工，知道饲养什么时候应该注意什么，我现在做土鸡蛋，以前的经验还是有很大帮助的	打工经验
A29	具备创业经验的农业创业人才会更有优势	创业经验

续表

编号	原始资料信息	概念化
A30	我觉得做农产品这块，不能做那些老产品，得把老的变成新的，这样大家才愿意买	创造新产品
A31	我本身学畜牧，现在又做这个，有时也会找搞研究的朋友聊聊，看看现在有哪些新的疫苗	与研究机构交流
A32	创办企业时也要对原材料进行考虑，原材料丰富、容易获得的地区运输成本会低一些	原材料丰富
A33	我觉得产品卖得好一个很重要的点就是卖的人少，我们在这块卖没人跟我们抢	市场竞争压力小
A34	一定要随时了解市场变化，我们做农业创业的要有敏锐的市场嗅觉，如果反应慢半拍，市场变化了，你的产品大家不喜欢了，就赚不到钱了	市场洞察能力
A35	有些地区的创业用地会有一定的优惠，这对鼓励农业创业有很大的帮助	创业用地优惠政策
A36	目前，我算是达到了给自己制定的阶段目标，公司也步入了正轨，一切和我预计的相差不大	按期望发展
A37	现在农产品的销售不再像以前，很多都是依托电商平台，网络销售甚至成为某些企业的主要销售渠道，因此对创业企业而言，网络通信设备的畅通也很重要	通信便利
A38	我觉得我还是挺乐观的，当遇到不确定的事情时，我总是往好处想，期盼有好的结果	期盼好结果
A39	有些地区金融机构设置了一些创业基金，为农业创业企业在资金方面提供帮助，这有助于创业企业的发展	创业基金
A40	我对我们公司的前景还是非常乐观的，目前市场上做我们这个的还不多，而且销量一直在增加	企业未来会良好发展
A41	政府部门应该积极打造规范的创业环境，要不断完善创业方面的政策法规	政府规范创业的法制环境
A42	我觉得创业离不开家人的支持，父母、妻子支持你，你创业自然有动力	家人的支持
A43	农产品不像其他产品，很多都是依靠土地种植，对土质的要求很高，而且不同土壤适宜种植的农作物不同，因此在创业的时候要考虑产品的种植地区是否有可用的土地	可用土地资源
A44	在经营企业的时候，要与供应商搞好关系	供应商关系
A45	当然要与银行的人搞好关系了，我还会请他们吃饭，关系搞好了人家才会借钱给我	与金融机构的关系

续表

编号	原始资料信息	概念化
A46	我们当地对农业办企业啥的特别鼓励，有好多优惠政策，像税收、贷款之类的	当地政府出台了许多优惠政策
A47	我会经常参加行业协会举办的活动，在活动中不仅能了解最新的市场行情和国家政策，还能结识很多人	参与行业协会活动
A48	搞企业有的时候就像种树，你要给它浇水、施肥、驱虫。企业运营中肯定会出现问题，但是出了问题不能视而不见，要及时解决，不然一个小问题也会变成大问题	主动解决问题
A49	办企业这么长时间了，我在和客户、供应商沟通的时候还算顺利，没出现什么大的问题	沟通顺利
A50	我们得做出跟别人不一样的东西，市场上已经卖烂的肯定不行，市场上没有的我们有，别人才会找我们买	创新
A51	卖东西不是光质量好就行了，得有资源、有渠道	有广阔的市场资源
A52	顾客就是上帝，客户是我们的衣食父母，我们要了解他们想要什么，才能做出有特色的农产品	客户关系
A53	资金问题是创办企业时的最大问题，现在获得资金的渠道越来越多了，这也为创业者提高了创业的可能性	融资渠道多样
A54	我们企业目前的利润很可观，也在不断增长中	利润增长
A55	政府部门应该为那些想要创业并且具有一定能力的人提供项目和机会	政府提供创业项目
A56	我大学读的专业是农业经济学，我现在创办企业也算是干了老本行，我觉得有农业方面的相关知识还是挺重要的	农业专业背景
A57	我们那边还挺鼓励创业的，政府为我们也提供了很多帮助，一听说我是大学生，就帮我介绍各种资源	当地政府态度较好
A58	我觉得我的表达能力还不错，和员工开会的时候，他们也能准确理解我的想法	准确表达自己
A59	我会随时关注国家出台的政策，看看哪些与我们相关	关注出台的政策法规
A60	刚创业的时候压力特别大，但是一想到家人对我的期望和我自己的目标，再大的压力我也能面对	扛得住压力
A61	我会经常和其他企业的管理者交流，学习他们各方面的经验	与其他企业的关系
A62	我有几个朋友都是做这个的，也不像别人想的那样非得拼个你死我活，大家都是搞创业的，遇到困难帮助一下，多个朋友多条路	与竞争对手的关系
A63	我们公司算不上大，但是比刚开始那会儿要好多了，员工也增加了	规模扩大

续表

编号	原始资料信息	概念化
A64	虽然我们企业现在的规模不算很大，但是我觉得挺成功的	认为自己成功
A65	你得多打听消息，消息特别重要，举个例子，今年市场上土豆少，土豆价格高，大家一看肯定都去种土豆了，结果明年全是土豆，肯定要赔钱	从市场上获得有效消息
A66	我虽然不是学农出身，但是我经常参加一些农业知识讲座和培训，毕竟在这个行业工作还是得具备一些相关知识	参加农业知识培训
A67	市场上的产品每年的价格不一样，我们企业今年做这个赚了钱，到明年可能就不赚钱了	市场变化程度
A68	企业和研究机构合作还是很有必要的，研发的新产品能很快地投入生产并且在市场上推广，研究机构能帮助企业提高市场占有率	成果转化
A69	我周围有创业成功的人，我会经常和他们交流，学习他们的创业经验	成功的创业榜样
A70	农业这块儿吧，有的时候入行没那么简单，你得掌握农作物的规律，有的人根本连韭菜和麦苗都分不清，咋可能做好呢	知识培训服务
A71	现在注册、登记、审批等流程比以前简化多了，有些中介机构可以帮你全程办理	注册、登记、审批程序帮助
A72	刚开始做的时候不知道怎么跟客户打交道，也不知道客户的想法，现在有了各种软件，也经常和他们交流了，客户对我们越来越满意了	顾客满意度提高
A73	我们公司每年都有和研究所的合作项目	研发合作